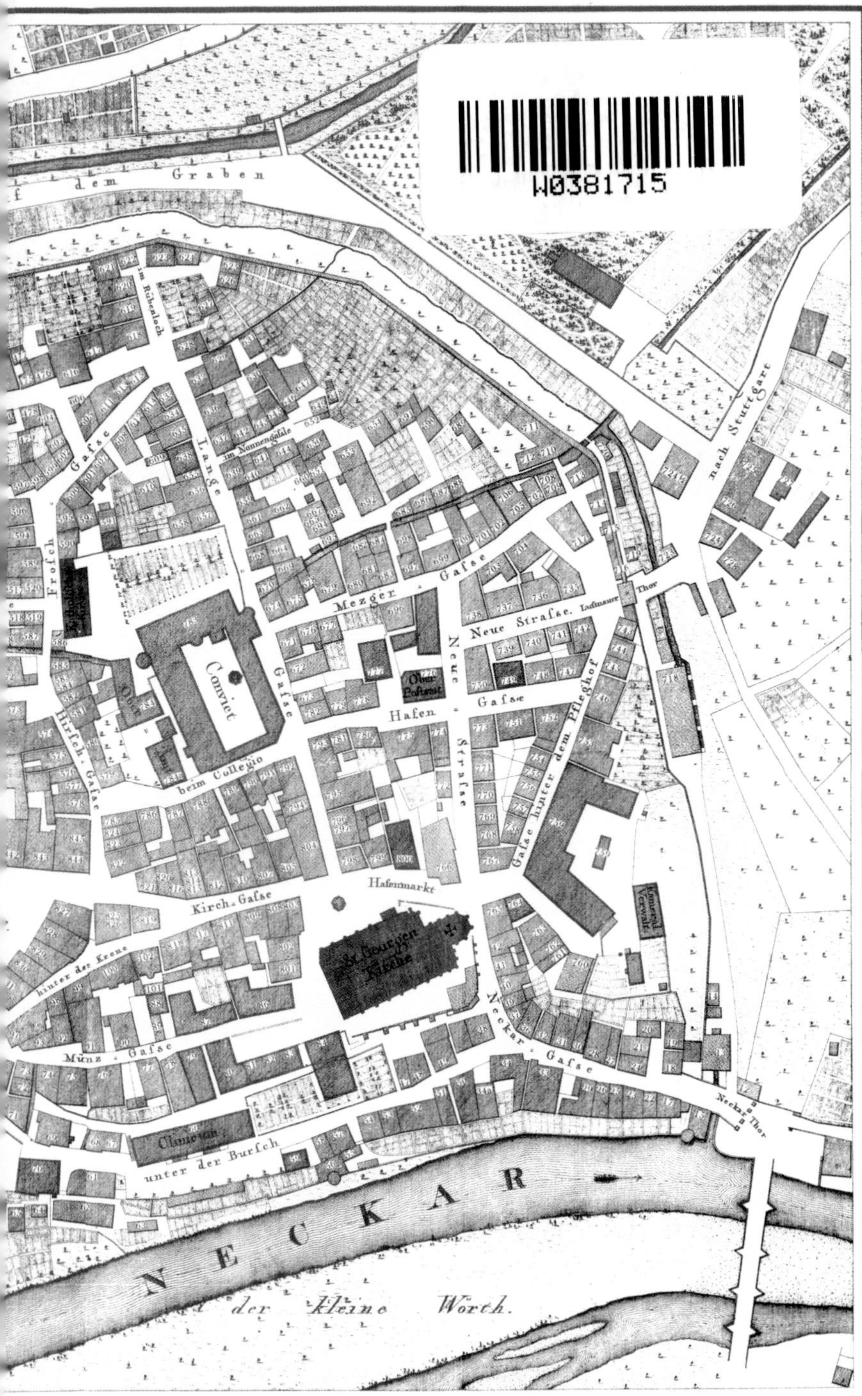

en aus dem Jahre 1819

er von 1825.

Kleine Tübinger Stadtgeschichte

Wilfried Setzler
Benigna Schönhagen
Hans-Otto Binder

Silberburg-Verlag

Professor Dr. Wilfried Setzler,
geboren 1943, leitete bis 2008 das Kulturamt der Stadt Tübingen und ist Honorarprofessor an der Fakultät für Philosophie und Geschichte der Universität Tübingen. Er ist Verfasser zahlreicher landes- und geistesgeschichtlicher Veröffentlichungen.

Dr. Benigna Schönhagen,
geboren 1952, ist Historikerin und Leiterin des Jüdischen Kulturmuseums Augsburg-Schwaben. Sie ist Autorin von »Tübingen unterm Hakenkreuz« und mehrerer Beiträge zur Landesgeschichte, insbesondere zur regionalen Zeitgeschichte.

Dr. Hans-Otto Binder,
geboren 1940, ist Akademischer Oberrat im Ruhestand am Historischen Seminar der Universität Tübingen. Er veröffentlichte Bücher zur neueren Geschichte Südwestdeutschlands.

Von Hans-Otto Binder stammen die Texte über das Königreich Württemberg (mit Ausnahme des Kapitels über die Dichter) und über die Zeit von 1945 bis heute (zusammen mit Wilfried Setzler), von Benigna Schönhagen die Texte über die Weimarer Republik und die NS-Zeit. Die weiteren Texte verfasste Wilfried Setzler, der auch die Bebilderung vornahm.

2. Auflage 2013

Umschlaggestaltung: Frank Butzer, Tübingen.
Druck: Gulde-Druck, Tübingen.
Printed in Germany.

ISBN 978-3-8425-1287-0

Besuchen Sie uns im Internet
und entdecken Sie die Vielfalt unseres Verlagsprogramms:
www.silberburg.de

Inhalt

Vorwort

Wer unsere »Kleine Geschichte« zur Hand nimmt, wird schnell feststellen, dass »klein« nur unser Buch ist, Tübingen selbst aber über eine große, bedeutsame Geschichte verfügt. Einen ersten Höhepunkt erlebte die Stadt als Wirtschafts- und Machtzentrum der Pfalzgrafen von Tübingen. Mit der wagemutigen Gründung der Universität 1477 wurde die Stadt zur wichtigsten Ausbildungsstätte der Elite Württembergs. Zugleich wurde sie eine Hochburg abendländischer Gelehrsamkeit, ein »hortus scientiae«, Sitz der Musen. Als geistiges Zentrum des Landes besaß Tübingen über Jahrhunderte den Rang einer zweiten Hauptstadt. Stadt und Universität blieben bis heute über die Zeiten hinweg eng verbunden und verwoben.

Trotz ihrer Bedeutung hat die Stadt noch keine Gesamtdarstellung ihrer Geschichte gefunden. Jürgen Sydows gelehrte und viele Details abwägende 1974 erschienene »Geschichte der Stadt Tübingen« endet zeitlich mit dem Jahr 1342, dem Verkauf der Stadt an Württemberg. Ihre Fortsetzung bleibt ein Desiderat der Forschung.

Unsere »Kleine Tübinger Stadtgeschichte« wendet sich an alle an Tübingen Interessierten. Sie skizziert erstmals die ganze Geschichte der Stadt von den Anfängen bis heute.

Mancher Kenner Tübingens wird den einen oder anderen Namen, das eine oder andere Ereignis vermissen. Wir konnten und wollten nicht alles aufzählen, erwähnen. Unsere »Kleine Geschichte« bietet einen Überblick und möchte einen Einstieg in die Stadtgeschichte ermöglichen, die Augen öffnen für die noch heute sichtbaren oder erkennbaren Spuren der Vergangenheit und neugierig machen auf die gesamte Stadtgeschichte.

Die »Kleine Stadtgeschichte« versteht sich auch als ein kleiner Dank der Autoren an »einen Ort, den man weit auf Erden vergeblich sucht«.

Wilfried Setzler
Benigna Schönhagen
Hans-Otto Binder

Die ersten menschlichen Spuren: Vor- und Frühgeschichte

Im Tübinger Raum lassen sich die ersten menschlichen Spuren für die so genannte mittlere Steinzeit nachweisen, die etwa vom 8. bis 4. Jahrtausend vor Christus anzusetzen ist. Eine Zeit also, in der die Menschen noch als Jäger und Sammler lebten, auf der Suche nach Nahrung umherziehen mussten und deshalb noch keine beständigen Siedlungsplätze unterhielten. Werkzeuge aus Stein hatten sie sich aber bereits geschaffen; entsprechende archäologische Relikte stammen von einem Gelände auf dem Spitzberg nordöstlich der Ödenburg. Ein Siedlungsplatz der nachfolgenden jungsteinzeitlichen so genannten Bandkeramischen Kultur wurde östlich des Ammerhofs in der Flur »Wasserfalläcker« ausgemacht.[1]

Ein außergewöhnlicher Fund, der 1985 bei der Aushebung einer Baugrube in Weilheim zu Tage trat, belegt bronzezeitliche Kultur aus dem beginnenden 2. Jahrtausend vor Christus.[2] Zum Vorschein kam damals eine etwa 4,50 Meter hohe Stele, auf deren Vorderseite in flachem Relief fünf Stabdolche dargestellt sind, bronzezeitliche Herrschafts- oder Würdezeichen. Die Rückseite der Stele ist mit Rillen und näpfchenartigen Vertiefungen verziert. Das Stück ist einzigartig nördlich der Alpen. Verwandte Stelen, allerdings nur etwa halb so hoch, sind aus Südtirol bekannt. Welche Bewandtnis es mit diesen Stelen hat, ist unbekannt. Möglicherweise handelt es sich bei ihnen um Kultgegenstände oder um Herrschaftssymbole. Ein aus derselben Zeit stammender Einzelfund, ein frühbronzezeitliches Randleistenbeil mit Rillenverzierungen, wurde vor Jahrzehnten unterhalb des Stauwehrs aus dem Neckar gebaggert. Eine Siedlung aus jener Zeit ist allerdings nicht nachweisbar.

Etwas mehr archäologische Quellen finden sich zu der von Kelten getragenen Hallstattzeit, wie der Zeitraum vom 8. bis 6. Jahrhundert vor Christus genannt wird. Es handelt sich dabei ausschließlich um Grabhügel, die meist in Gruppen beieinander liegen beziehungsweise lagen. So beispielsweise im »Geigerle«, wo der Name der Hallstattstraße an neun kleinere, inzwischen abgegangene Grabhügel mit Brandbestattungen erinnert. Von dem großen, im 19. Jahrhundert noch mindestens 45 Grabhügel umfassenden Gräberfeld auf Waldhäuser Ost, das fälsch licherweise den Namen »Römergräber« trägt, sind heute noch sechs erkennbar. Reiche Funde, die aus diesen Grabhügeln stammen, darunter 14 goldene Ohrringe und Reste von vierrädrigen Wagen, lassen auch Aussagen zu den sozialen Verhältnissen jener Zeit zu, belegen zumindest die Existenz einer führenden »Oberschicht«. Weitere Grabhügel sind aus den Flurstücken »Neubruch«, »Hägnach«, »Salzgarten« und im »Schindhau« bekannt.[3]

Ein relativ kleiner Hügel wurde 1968 in Kilchberg archäologisch untersucht, rekonstruiert und wieder aufgeschüttet.[4] Sein Durchmesser beträgt etwa 13 Meter; der Hügel wird von einem lückenlos erhaltenen Kranz aus 48 senkrecht gestellten, rund 70 Zentimeter hohen Platten aus Stubensandstein eingefasst. Er enthielt zwei Gräber, die sich beide im Zentrum des Hügels befanden, deren Bestattungszeitpunkte aber weit auseinander lagen. Die zerstreut gefundenen kleinstückigen Knochen des älteren, dank der beiliegenden Keramik auf das 8. bis 7. Jahrhundert vor Christus datierten Grabmals belegen, dass der Tote entsprechend dem Bestattungsritus seiner Zeit verbrannt worden war. Die jüngere, 2 auf 3,4 Meter große Grabgrube enthielt die Skelettreste eines Mannes und zahlreiche Beigaben, darunter ein eisernes Messer, eine bronzene Gewandbrosche und einen goldenen Ohrring. Die Beigaben erlaubten, die Bestattung auf das 6. vorchristliche Jahrhundert zu datieren. Entdeckt wurden auch die Bruchstücke zweier kleinerer Steinfiguren, zudem eine größere Stele, die wohl eine menschenähnliche Gestalt darstellt und ursprünglich auf der Spitze des Hügels stand. Der Hügel und

Die Weilheimer Stele: ein außergewöhnliches Relikt bronzezeitlicher Kultur aus dem beginnenden 2. Jahrtausend vor Christus

Keltische Grabstele aus der Hallstattzeit. Die Stele wurde 1968 in Kilchberg gefunden.

die Steine, in Nachguss, können vor Ort in der Kilchberger Straße »Am Keltengrab« besichtigt beziehungsweise bestiegen werden.

Aus der jüngeren, nach La Tène, einem Fundort in der Schweiz, benannten Keltenzeit sind nur wenige Überreste bekannt: eine Fibel von der Waldhäuser Höhe und ein Körperflachgrab in Derendingen, das 1914 aufgedeckt wurde. Keltische Siedlungen, zu denen die Funde oder die Grabhügel gehörten, sind bislang nicht nachzuweisen.

In der den Kelten folgenden römischen Zeit hat der Tübinger Raum eine nur unbedeutende Rolle gespielt.[5] Neben vereinzelten Kleinfunden konnten spärliche Siedlungsspuren am Weilersbach und im Bereich des Käsenbachs aufgedeckt werden. Sicher ist, dass eine römische Straße, von Sumelocenna (Rottenburg) über Wurmlingen und Unterjesingen her führend, das Stadtgebiet durchzog. Bei verschiedenen Bauarbeiten wurde sie in der Herrenberger Straße sowie in der Rümelin- und in der Hölderlinstraße angeschnitten. Weiter führte die Straße das Neckartal entlang über Lustnau und Kirchentellinsfurt ins römische Grinario (Köngen).

Von der alamannischen Besiedlung bis zum Verkauf an Württemberg

Die Alamannen kommen

Wie andere Dörfer und Städte, deren Namen auf »-ingen« enden, verdankt Tübingen seine Existenz einer Besiedlung durch die Alamannen[1], einem germanischen Stammesverband, dessen Kern aus Sueben, Schwaben, bestand. Sein selbst gewählter Name war wohl ein politisches Programm: »Alle Mannen« sind aufgerufen zur offensiven Auseinandersetzung mit der Römerherrschaft. Im Jahr 213 wird in der römischen Geschichtsschreibung erstmals von einer »gens Alamannorum« berichtet, die der Kaiser Caracalla in einer Schlacht besiegt hat.

In den Folgejahren bildeten die Alamannen eine immer ernstere Bedrohung für das Römerreich. Einfälle in den Jahren 233 bis 235, bei denen sie in breiter Front zwischen Inn und Mosel den Limes überrannten und weit ins Land vorstießen, konnten von den Römern zunächst noch einmal zurückgeschlagen werden. Doch wurden weiterhin die römischen Gebiete jenseits des Limes »durch Raubzüge der Alamannen massiv heimgesucht«[2], was schließlich – wie jüngste Forschung plausibel macht – gegen Ende des 3. Jahrhunderts zur Aufgabe des Obergermanisch-Raetischen Limes und zur Zurücknahme der Grenzlinie an Rhein, Iller und Donau führte.[3] Die provinzialrömische Bevölkerung, sofern sie nicht schon in den zurückliegenden, konfliktreichen Jahrzehnten das Land geräumt hatte, zog weitgehend ab. Die Reste verschmolzen mit der neuen Bevölkerung. Die alten Siedlungen wurden zu einem großen Teil aufgegeben; unter Beibehaltung alter landwirtschaftlicher Nutzflächen entstanden neue alamannische Siedlungen, »-ingen«- und »-heim«-Orte.

Eckstein an der Stiftskirche aus einem romanischen Vorgängerbau. Die Inschrift lautet: »der stain lit an der dr[i]d Kirche uf dieser hofstat«.

Allgemein nimmt man an, dass die »-ingen«-Orte »nach ihren Bewohnern, die Bewohner nach ihrem Sippenoberhaupt oder Ortsgründer« benannt wurden. Der Name Tübingen leitet sich demnach von einem Personennamen, wohl Tuwo, ab und bedeutet zusammen mit dem »patronymischen ingen-Suffix« »bei den Blutsverwandten des Tuwo« oder »bei den Leuten, die in der von Tuwo gegründeten Siedlung wohnen«.[4]

Über die ersten Jahrhunderte der Neubesiedlung ist, abgesehen von der Namensgebung, fast nichts bekannt. Es gibt kaum archäologische Funde und nur ganz wenige zeitgenössische Nachrichten über die Alamannen, zudem fallen diese wenigen – etwa bei römischen Schriftstellern – auch noch kärglich aus. Die Zeit war wohl geprägt von weiteren kriegerischen Auseinandersetzungen mit dem Römerreich. Streifzüge der Alamannen nach Süden und Feldzüge der Römer, die immer wieder tief in das von den Alamannen besetzte Gebiet vordrangen, wechselten sich ab. Zudem erlebte das Gebiet den Durchzug anderer Stämme, etwa der Vandalen.

Gegen Ende des 5. Jahrhunderts, die Alamannen werden nach und nach dem Frankenreich eingegliedert und schließlich christianisiert, fließen die historischen Quellen etwas reichlicher, wenngleich immer noch spärlich. Vor allem informativ sind dabei die ab der Mitte des 5. Jahrhunderts gebräuchlichen Reihengräberfriedhöfe, wie sie aus dem 6. und 7. Jahrhundert auch in Unterjesingen, Derendingen und Lustnau bekannt sind.

Auch auf der Tübinger Markung, mitten im Herzen der Altstadt, wurde ein alamannischer Friedhof aufgedeckt. Bei Kanalisationsarbeiten stieß man 1936 in der Münzgasse direkt vor der Stiftskirche auf mindestens sechs Grabstellen, 1960 wurden weitere drei bei Bauarbeiten gefunden. Die Grabbeigaben lassen eine Datierung auf das letzte Drittel des 6. Jahrhunderts zu. »Eine Besiedlung im Stadtkern Tübingens« kann man so »getrost schon um die Mitte des 6. Jahrhunderts ansetzen«[5].

Wo allerdings die zum Friedhof gehörende Siedlung zu suchen ist, darüber streiten sich die Geister. Lag sie beim Friedhof? Immerhin verkündet eine Inschrift an der Stiftskirche, dass sie – die spätgotische – die dritte Kirche auf »der Hofstatt« sei. Lag sie im Bereich der Marktgasse[6] oder – wie jüngst vermutet wurde – gar jenseits der Ammer auf der Höhe hinter dem Parkhaus König[7]? Wahrscheinlich hat es das »Urdorf« Tübingen nie gegeben. Mit großer Sicherheit waren in frühmittelalterlicher Zeit auf der Tübinger Markung, so wie dies für andere Alamannenorte nachgewiesen ist, mehrere Hofstellen, einzelne Gehöfte, Häusergruppen oder weilerartige Kleinsiedlungen anzutreffen, die mitunter gar ihren Standort wechselten.

Alles, was wir sonst noch über jene Zeit sagen können, baut auf einigen wenigen Indizien auf, basiert vor allem auf Analogschlüsse und Vermutungen. Die Bevölkerung bestand keineswegs, wie früher immer wieder behauptet wurde, aus freien und gleichberechtigten Bauern. Grabfunde machen soziale und rechtliche Unterschiede, eine hierarchische Gliederung der Bevölkerung deutlich. Der Grundbesitz lag wohl überwiegend in

Perlenkette aus einem Alamannen-Grab, das 1936 in der Münzgasse vor der Stiftskirche aufgedeckt wurde

der Hand von adligen Familien, welche die Gesellschaft führten.

Kennzeichnend für das Frühmittelalter ist auch ein enormes Wachstum der Bevölkerung. In einer ersten großen Ausbauphase wird das Siedlungsland etwa ab 600 innerhalb der folgenden zwei Jahrhunderte nahezu verdoppelt. Neue Siedlungen werden angelegt, die man heute an den damals beliebten neuen Ortsnamensendungen auf -dorf, -hausen oder -au erkennen kann. Um Tübingen herum entstehen Waldhausen, Bebenhausen, Pfrondorf, Lustnau, Hirschau, schließlich Wennfeld. Weitere Orte folgen in der so genannten Rodezeit ab dem 9. Jahrhundert, darunter Hagelloch und Schwärzloch.

Die erste schriftliche Nennung Tübingens 1078

Eine erste schriftliche Nennung Tübingens ist uns zum Jahr 1078 überliefert.[8] In der Auseinandersetzung König Heinrichs IV. mit dem von der deutschen Opposition gewählten Gegenkönig, dem schwäbischen Herzog Rudolf von Rheinfelden, fiel im Herbst des Jahres Heinrich nach seinem Canossa-Gang mit einem Heer in Schwaben ein. Über dieses von schweren Verwüstungen begleitetes Ereignis berichten die Zwiefaltener Annales minores und halten dabei fest, dass Tübingen belagert worden sei: »Duwingen obsessa.« Diese Nachricht wird gestützt und ergänzt durch die Gesta Trevirorum, eine im 12. Jahrhundert geschriebene Geschichte der Trierer Erzbischöfe, in der es heißt, dass am 11. November 1078 der auf Seite Heinrichs IV. stehende Erzbischof Udo bei der Belagerung der alemannischen Burg, die Tübingen genannt wird, gestorben sei: »in obsidione castri Alemannorum, quod Twingia vocatur, obiit.« Da beide Quellen nur von einer Belagerung sprechen, wird man wohl annehmen dürfen, dass die Tübinger Burg nicht eingenommen wurde, demnach also über mächtige und starke Befestigungsanlagen verfügte.

Aus diesem geschichtlichen Schlaglicht kann man zum einen folgern, dass die Tübinger Burgherren, die Grafen von

Tübingen, zu den Gegnern des Königs zählten, zum andern dass Tübingen damals bereits einen Herrschaftsmittelpunkt bildete, dass der Burg und dem Ort zentrale Funktionen zukamen. Führt man die Nachricht von der Belagerung der Burg mit anderen historischen Quellen und Anhaltspunkten, den Patrozinien der beiden Kirchen, archäologischen Funden, zusammen, kann man für das 10./11. Jahrhundert eine gewisse Entwicklung nachzeichnen.

Die einzelne Gehöftsiedlung wurde in diesen Jahrhunderten aufgelöst. Im Zusammenhang mit der Einführung der Dreizelgenwirtschaft hat eine Siedlungsverdichtung stattgefunden. Um bessere Erträge zu erwirtschaften, hatte man die Ackerflur in drei Zelgen eingeteilt: Im regelmäßigen Wechsel wurde nun ein Drittel mit Wintergetreide und ein Drittel mit Sommergetreide bebaut, während das letzte Drittel als Brache, vom Vieh beweidet, sich regenerieren konnte. Zwei Siedlungskerne – im Bereich der Stiftskirche und im Bereich der Jakobuskirche – dürfte es, wie

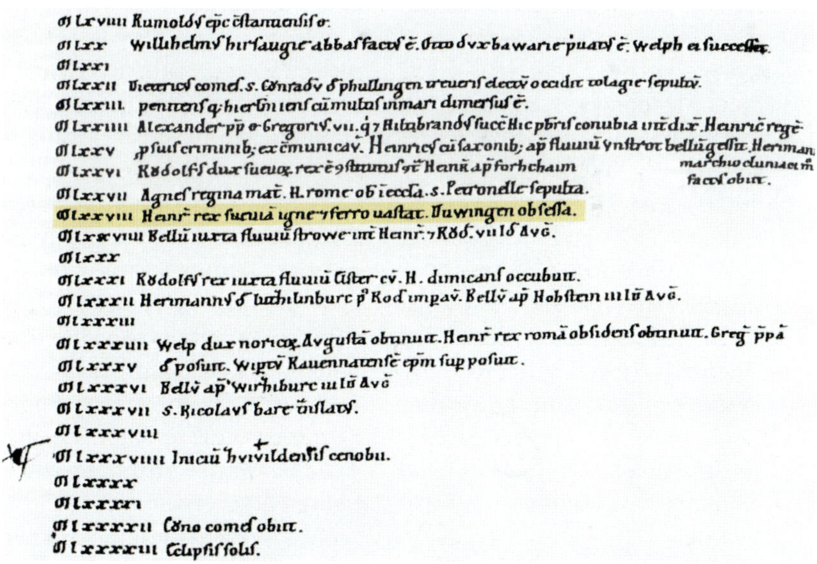

Zum Jahr 1078 notieren die Zwiefaltener Annales minores, dass König Heinrich IV. Schwaben mit Feuer und Schwert verwüstete und Tübingen belagerte. Am Ende der Zeile heißt es kurz und bündig: »Duwingen obsessa.«

nicht nur die Lage beider Altstadtkirchen vermuten lässt, gegeben haben. Dass eben, entgegen der bisherigen Forschungsmeinung, auch schon die spätere Unterstadt in vorstädtischer Zeit besiedelt war, belegen zahlreiche Funde, die 1990 im Bereich des Kelternplatzes gemacht wurden.[9]

Deutlich wird auch, dass die neue Siedlungstopographie die Handschrift einer in gewissem Sinne planenden Herrschaft trägt. Die Lage des mittelalterlichen Tübingens, der heutigen Altstadt, ist merkwürdig, ungewöhnlich und passt in keine gängige Schematisierung. Der Ort liegt auf einem recht schmalen, zum Neckar hin steil abfallenden Geländesattel zwischen Schlossberg und Österberg, der für eine Besiedlung nur bedingt geeignet ist. Da zudem die recht kleine Markung, von feuchten Niederungen und Steilhanglagen besetzt, auch für eine landwirtschaftliche Nutzung nicht gerade die besten Voraussetzungen bietet, deutet vieles darauf hin, dass es sich bei dem hochmittelalterlichen Ort nicht um eine allmählich gewachsene bäuerliche Siedlung handelt, sondern um eine eher machtpolitisch oder verkehrsgeographisch motivierte Anlage.[10]

Der Herr des Ortes verfügte, vielleicht schon seit dem 8. Jahrhundert, nachdem der alamannische Friedhof aufgegeben war, über einen großen Hof, den Herrenhof, den man vor einigen Jahren an der Stelle des heutigen Gebäudes Münzgasse 22 lokalisieren konnte.[11] Daneben lag, wohl auf dem Gelände eines hölzernen Vorgängerbaus, die Kirche, eine stattliche, im 11. Jahrhundert aus Stein errichtete Basilika. Seit wann es in Tübingen überhaupt eine Kirche gab, entzieht sich unseren Kenntnissen. Doch die Lage beim Herrenhof und dessen Recht, den Pfarrer zu benennen, deuten auf eine Entstehung als herrschaftliche Eigenkirche. Einen gewissen zeitlichen Anhaltspunkt bietet ihr Georgs-Patrozinium, da die Verehrung des Heiligen in Schwaben mit der Translation des Georg-Hauptes 896 ins Kloster Reichenau[12] einsetzt und in den folgenden Jahrzehnten eine Blütezeit erlebte.

Eine zentrale Rolle im Ausbau Tübingens zu einem Herrschaftsmittelpunkt spielte die Errichtung der Burg über dem Dorf, die wir in die Zeit um 1050 setzen können.

Die Grafen von Tübingen

Erst mit der Annahme eines Nachnamens wird uns die Familienzugehörigkeit einzelner, in mittelalterlichen Urkunden auftretender adliger Personen bekannt. Dies geschah in der Regel im Zusammenhang mit dem ab etwa 1050 zu beobachtenden Bau von Höhenburgen. Deren Name diente bald auch der individuellen Kennzeichnung der Burgherren, die bei mehreren oder wechselnden Burgen in den ersten Generationen durchaus auch verschiedene Herkunftsnamen tragen können. Schließlich aber verfestigen sich diese Bezeichnungen und bleiben als Familiennamen bestehen, auch dann, wenn deren Angehörige längst ihren Wohnsitz gewechselt oder die Familien sich in viele Linien aufgespaltet haben.

Reitersiegel des Pfalzgrafen Rudolf von Tübingen aus dem Jahr 1188

Im Schenkungsbuch des Klosters Reichenbach werden um 1081 die Brüder Hugo und Heinrich erstmals als Grafen von Tübingen[13] bezeichnet. Sie sind wohl Söhne eines Grafen Hugo, der sich 1079, ein Jahr nach der vergeblichen Belagerung Tübingens durch Heinrich IV., dann schließlich doch hatte dem König unterwerfen müssen. Die sich von nun an immer deutlicher abzeichnende Dynastie ist im Schwarzwald, am mittleren Neckar, auf der Schwäbischen Alb und im Donauraum reich begütert. Sie zählt zu den angesehensten Hochadelsfamilien Schwabens, was sich auch in ihren Heiratsverbindungen ausdrückt. Graf Hugo von Tübingen soll Ende des 11. Jahrhunderts in Sankt Goar bei seiner Hochzeit mit der Gräfin Hemma von Arnstein ein Gefolge von 200 Rittern mit sich geführt haben. Sein Enkel gleichen Namens heiratete die reiche Erbtochter des Grafen von Bregenz, Anwärterin großer Besitztümer am Bodensee und im heutigen österreichischen Bundesland Vorarlberg. Sein Sohn, Rudolf I., wiederum konnte die Tochter des letzten Grafen von Gleiberg ehelichen, was den Tübingern die Stadt Gießen einbrachte.

Doch nicht nur ein glänzendes Konnubium, die Verknüpfung mit anderen einflussreichen süddeutschen Dynastien erhöhten Macht und Ansehen der Tübinger Grafen. Ein gewichtiges Element des Aufstiegs wurde die Verleihung der Würde und des Amtes der Pfalzgrafen von Schwaben durch den staufischen König Konrad um 1140. In der Folge finden wir die Tübinger in der Reichsgeschichte als enge Parteigänger der Staufer in Deutschland wie in Italien.

Ihre Stellung spiegelt sich auch in der Literatur der Stauferzeit, gedenkt ihrer doch Wolfram von Eschenbach in seinem Willehalm und der Tannhuser besingt ihre Gunst gegenüber den Dichtern. Ein für ihr Selbstbewusstsein einmaliges Zeugnis ist die Königswart bei Klosterreichenbach, ein einzigartiges Baudenkmal, »ein Bauwerk ohne Beispiel«, das Pfalzgraf Rudolf lediglich zu dem Zweck errichten ließ, dass man sich seiner erinnere, »damit alle, die hier jagen werden, seiner gedenken und für das Heil seiner Seele beten mögen«.

Die politische Macht, der gesellschaftliche Rang und die wirtschaftliche Kraft des pfalzgräflichen Hauses wird durch die Gründung mehrerer Klöster – für die Benediktiner Blaubeuren, für die Prämonstratenser Obermarchtal und für die Zisterzienser Bebenhausen – sowie zahlreicher Städte unterstrichen, darunter Blaubeuren, Böblingen, Bregenz, Feldkirch, Herrenberg, Horb, Langenargen, Leutkirch, Sargans, Scheer, Sindelfingen, Tettnang, Werdenberg und natürlich Tübingen.

Die Tübinger Fehde

Ein besonderes, schon von den Zeitgenossen als bemerkenswert erachtetes Ereignis, das den Rang und die Bedeutung der Pfalzgrafen widerspiegelt, bildete die große Fehde zwischen den Tübinger Pfalzgrafen und den Welfen in den 60er-Jahren des 12. Jahrhunderts.[14] Den Anlass bot ein

Die Tübinger Fehde zwischen Pfalzgraf Hugo von Tübingen und Welf VII. Das Bild zeigt den Kampf vor der Stadt Tübingen im Herbst des Jahres 1164.

Streit um das reiche Bregenzer Erbe. Pfalzgraf Hugo, mit der einzigen Tochter des Grafen von Bregenz verheiratet, beanspruchte nach dem Tod des Schwiegervaters das reiche Erbe seiner Frau und geriet darüber in Konflikt mit Welf VI., dem Bruder seiner Schwiegermutter. Da der Streit in die große, hochpolitische staufisch-welfische Kontroverse mit hineinspielte, wurde er schon bald über eine reine Erbauseinandersetzung hinausgehoben und führte zu einer großen kriegerischen Auseinandersetzung, die schließlich »den schwäbischen Raum erschütterte«. 1164 kulminierte die Angelegenheit. Unter Führung von Welf VII. zog im Herbst dieses Jahres ein großes, rund 2200 Bewaffnete umfassendes Heer plündernd durch das pfalzgräfliche Gebiet in Richtung Tübingen. Zum welfischen Aufgebot gehörten unter anderem die Bischöfe von Augsburg, Speyer und Worms, der Herzog Berthold von Zähringen, die Markgrafen von Baden, der Graf von Pfullendorf und sein Schwiegersohn, Graf Albrecht von Habsburg.

Auf der Seite der Tübinger standen neben anderen der staufische Herzog Friedrich von Schwaben, der allein 1100 Krieger zur Verfügung stellte, die Grafen von Zollern und wahrscheinlich auch die Grafen von Württemberg. Am Samstag, den 5. September, traf gegen Abend das welfische Heer vor Tübingen ein, wo sich Pfalzgraf Hugo und seine Verbündeten verschanzt hatten. Welf schlug sein Lager vor der Stadt, wohl im Wennfeld, auf, das ihm zum »Wendefeld« wurde und möglicherweise dem Ort erst seinen Namen gegeben hat. Aus einem kleinen Scharmützel am Sonntag auf dem Oberen Wöhrd jenseits des Neckars entwickelte sich ein ungeordneter und Kräfte raubender Angriff des welfischen Heeres am Steilhang des Neckars hoch zur Burg, wo man gewissermaßen ausgeruht und gut formiert die erste Welle der Angreifer in Empfang nahm, einfing und entwaffnete. Alsbald wandte sich der durch den Fluss geteilte Rest des Welfenheers zur planlosen Flucht. Fast ohne eigene Verluste konnten die Tübinger 900 Angreifer gefangen nehmen und reiche Beute machen. Welf selbst entkam mit nur drei Begleitern und fand Schutz auf der Reichsburg Achalm bei Reutlingen.

Zwar hat zuletzt, der Krieg zog sich noch gut zwei Jahre hin, auf Intervention des Königs Friedrich Barbarossa Pfalzgraf Hugo klein beigeben und auf einen Teil seiner Ansprüche verzichten müssen, dennoch fand diese Tübinger Fehde – der glanzvolle Sieg veranlasste Pfalzgraf Hugo zur Stiftung des Klosters Obermarchtal – bei der zeitgenössischen Geschichtsschreibung große Beachtung: Sie zeigt den Rang der Tübinger Pfalzgrafen und die Bedeutung, die ihrem Sitz Tübingen innerhalb ihres »Territoriums« zukam.

Tübingen wird Stadt

Mit dem Bau der Burg und deren Wahl zum Sitz der gräflichen Dynastie wird Tübingen zum Zentrum der Herrschaftsausübung, erhält die Burg eine Mittelpunktfunktion für den gesamten Herrschaftskomplex, wovon nun aber auch der Ort profitiert, dessen Entwicklung hin zur Stadt die Grafen bestimmten und bald einleiteten. Die aufwendige und glanzvolle Hofhaltung, zu der beispielsweise auch ein Garten mit edlen Tieren gehörte, die am Hof ein- und ausgehenden niederadligen Dienstmannen, die Ministerialen, darunter mit Heinrich von Rugge ein angesehener Minnesänger, wollten versorgt werden. Sie benötigten ebenso wie die zahlreichen am Hof beschäftigten Handwerker einen Markt, den die Grafen in den ersten Jahrzehnten des 12. Jahrhunderts einrichteten.

Zumindest dürfen wir das, insbesondere den Zeitpunkt, so annehmen. Hauptstütze unserer Annahme ist dabei der »Tübinger Pfennig«, eine Münze, die im Mittelalter, bis ins 14. Jahrhundert im mittleren Neckarraum weit verbreitet war und, wie ihr Name ausdrückt, in Tübingen geprägt wurde.[15]

Die erste Nachricht von einer Tübinger Münze lässt sich, nach neuesten Forschungen, »mit gewissen Vorbehalten in die Zeit zwischen 1115 und 1127 datieren«[16]. Und wie die Numismatik weiß, gehört zu einer mittelalterlichen Münzprägung, neben der königlichen Erlaubnis, auch ein Markt und ein Marktleben, auf dem die Münzen in Umlauf gebracht werden können. Und da es eine gewisse Zeit benötigt, bis sich eine neue Währung durchgesetzt hat, darf man die Anfänge eines Marktes in Tübingen mit großer Sicherheit in die ersten Jahrzehnte des 11. Jahrhunderts setzen, was ja auch mit anderen, bereits erwähnten Indizien korrespondiert. Tübingen zählt also zu den frühesten Marktsiedlungen in Südwestdeutschland.

Die Einrichtung des Marktes war der erste große Schritt hin zur Stadt. Es folgte eine wohl auf mündlichen Vereinbarungen basierende stufenweise Entwicklung, ein Vorgang, der sich mehrere Generationen hinzog und seinen weithin sichtbaren Schlusspunkt im Bau der Stadtmauer erhielt. Doch dürfte der florierende Markt dem Ort schon in kurzer Zeit einen städtischen Charakter und urbane Qualität verliehen haben und die »Stadtwerdung« noch im Verlauf des 12. Jahrhunderts zum Abschluss gekommen sein,

Der Tübinger Pfennig, eine in Tübingen geprägte Silbermünze, die bis ins 14. Jahrhundert im Umlauf war

auch wenn Tübingen erst später, aber halt auch eher zufällig im Jahr 1231 erstmals in einer Urkunde als »Stadt« bezeichnet wird.[17] Immerhin werden 1191 bereits Kaufleute genannt, was Tübingen eben auch als Handelsort, als Stadt, charakterisiert.

Zu den ersten Stadtbewohnern gehörten neben den christlichen Handwerkern, Kaufleuten, Händlern und gräflichen Dienstleuten auch Juden, die allerdings erstmals 1335 verbrieft werden.[18] Dennoch weist die relativ gute Lage der Judengasse am leichten Hang, an zwei Ausfallstraßen, nahe dem Marktplatz, aber nicht mehr direkt an ihm, auf eine Ansiedlung in den letzten Jahrzehnten des 12. Jahrhunderts hin.

Stadtluft macht frei. Die Bürger und ihr Gewerbe

Die Stadtgründer, die Pfalzgrafen von Tübingen, waren auch die Stadtherren. Ihnen stand die Gerichts-, Wehr- und Finanzhoheit zu. Sie kassierten Steuern und kontrollierten die Verwaltung der Stadt. Ihr Vertreter in der Stadt war der »Schultheiß«, den sie einsetzten und der ihren Weisungen unterlag. Erstmals urkundlich belegt wird ein Schultheiß im Jahr 1247, er trägt den Namen Wenigo.

Neben den Stadtherren und ihrem Vertreter treten uns in den Urkunden aber auch die Bürger, als eigene Körperschaft mit Selbstverwaltungsrechten organisiert, entgegen. Als 1262 Augustiner-Eremiten mit »Genehmigung unserer

Das Wappen der Grafen von Tübingen: eine dreilatzige rote Fahne auf goldenem Grund. Es wurde auch zum Wappenbild Tübingens und anderer von den Grafen gegründeten Städte.

Herren« in der Stadt – »infra muros nostre civitatis« – aufgenommen wurden, bewilligten dies »Räte« und »Stadtgemeinde« – »consules et commune civitatis«.[19] Oberstes Organ der Bürgerschaft war der aus zehn oder zwölf Personen, »consules«, bestehende »Rat«, dem das »Gericht«, besetzt mit zwölf »Richtern«, als eine Art beratender Ausschuss in Rechtsangelegenheiten zur Seite stand.

Als eigene Körperschaft führt die Stadt seit dem 13. Jahrhundert ein Wappen und ein Siegel. Ihr Wappen ist wie bei anderen von den Pfalzgrafen gegründeten Städten identisch mit deren Wappen und zeigt auf goldenem Schild eine dreilatzige rote Fahne, die wohl die Übertragung des Pfalzgrafenamtes als »Fahnenlehen« an die Tübinger Adelsfamilie symbolisieren soll. Entsprechend sind die Stadtsiegel gestaltet. In runder oder in schildförmiger Form zeigen sie in der Mitte das Wappen. Den Siegelrand bildet eine Umschrift, die zunächst lautete »Siegel der Bürger des Grafen von Tübingen«, ab 1303 dann nur noch »Siegel der Bürger von Tübingen«.

Als Stadtbürger werden in den historischen Quellen für die ersten Jahrhunderte namentlich genannt vor allem Ministeriale, Dienstmannen der Pfalzgrafen, Angehörige des Adels der Umgebung sowie begüterte und reiche Familien, die durch Handelsgeschäfte groß geworden sind. Attraktiv und anziehend war die Stadt aber auch für die Bauern der Umgebung. Zwar steht hinter dem von Jakob Grimm erst im 19. Jahrhundert geprägten Schlagwort »Stadtluft macht frei«[20] nicht jener weitgehende Freiheitsbegriff, wie wir ihn heute verstehen. Doch der mittelalterliche Grundsatz »Wer ein Jahr und einen Tag hinter der Mauer sitzt, ist frei« meint schon die Befreiung von Acker und Scholle, die Freiheit von der bäuerlichen Hörigkeit und Leibeigenschaft und macht so die Übersiedlung in die Stadt gerade auch für unfreie Bauern attraktiv. Wiederholt intervenierte das Kloster Bebenhausen bei den Pfalzgrafen, weil ihm die »Hörigen« wegliefen, und klagte diese aus der Stadt.

Im Sogfeld der Stadt kam es zu »Wüstungen«, zur Aufgabe von Siedlungen in der Umgebung. Beispiele dafür bieten

»Hindebach« an der Westgrenze gegen Unterjesingen, der Weiler Lachen, der Herbstenhof und vor allem der Weiler Wennfeld[21], dessen Markung schließlich in der Tübinger aufging.

Ein Zeugnis der Blüte Tübingens findet man auch im 19-seitigen Fragment eines Bruderschaftsbuchs aus Trier mit Pilgernamen aus der Zeit von etwa 1150 bis 1200. Nach Auffindung der Gebeine des Heiligen Apostels Matthias 1127 war in Trier ein bedeutsames, weit über Deutschland hinaus strahlendes Wallfahrtszentrum entstanden. Das Buch enthält die Namen von 18 Tübinger Pilgern, acht Frauen und zehn Männer. Wörtlich heißt es dort: »De Tuingin: Junta, Lucart, Henricus, Drude, Crethe, Cerardus, Cerdrut, Arnoldus, Johannes, Wilhelmus, Cerradus, Beatrix, Henricus, Hildegont, Soldide, Henricus, Gerdrut, Gerardus.«[22]

Leider erfahren wir nichts über den Beruf der Genannten. Natürlich herrscht, anders als im Dorf, eine Arbeitsteilung in Tübingen, doch sind uns Details erst aus späteren Zeiten, etwa durch die Marktzollordnung von 1388 bekannt. Eine wichtige Funktion hatte die schon genannte Münzstätte, die einem ganzen Straßenzug den Namen gab. Ab 1226 werden bis ins 14. Jahrhundert hinein immer wieder »Münzer« und »Münzmeister« namentlich genannt. Von ansässigem Gerberhandwerk wissen wir durch die 1985/90 erfolgten Grabungen unter dem Kornhaus, wo unter der Brandschicht von 1280 Gerber- und Lohgruben aufgedeckt wurden, deren Bauholz in den Jahren 1190/91 gefällt worden war.[23] Wahrscheinlich wurden neben dem Leder in Tübingen auch Tuche hergestellt – 1310 erweist sich »Reinhard der Tucher« als Wohltäter des Augustinerklosters – und sicherlich Gegenstände des täglichen Gebrauchs, Kleidung, Hausrat. In der Stadt gab es Badestuben, Bäcker, Metzger, Gastwirte, Müller: all jene Handwerksberufe und Dienstleistungsunternehmen, wie wir sie von anderen Städten oder späteren Zeiten kennen. In einer Quelle von 1302 werden Wein und Getreide als wichtigste Waren des Handels in Tübingen bezeichnet.

Vom Wachstum der Stadt und dem Bau der Mauer

Die Marktsiedlung, die Stadt, wuchs allem Anschein nach rasch, sodass schon um 1150 die vor noch gar nicht langer Zeit erbaute, möglicherweise allerdings auch kriegsbeschädigte Pfarrkirche abgerissen und unter teilweiser Verwendung alter Mauerzüge eine neue noch größere Basilika errichtet wurde: der »zweite Kirchenbau auf dieser Hofstatt«. Und, nur rund 50 Jahre später, um 1200, wurde mit der Jakobuskirche in Tübingen ein zweites Gotteshaus aus Stein, nun im Ammertal, erbaut.

Wie und in welchen Abschnitten die bauliche Entwicklung der Stadt erfolgte, lässt sich nicht mit Sicherheit sagen, mit einem Blick auf die heutige Straßenführung und auf die Lage einzelner markanter Gebäude kann man gewisse Vermutungen anstellen, etwa dass das Hasengässle oder die Schmiedtorstraße oder gar der Ammerkanal ältere Stadtgrenzen waren.

Eine nicht zu unterschätzende Rolle bei der baulichen und wirtschaftlichen Entwicklung der Stadt spielte der Bau eines Kanalsystems, das die Ammer weit außerhalb der Stadt anzapfte und deren Wasser in mehreren Läufen durch

Bei Ausgrabungsarbeiten in der Jakobuskirche

Zwei rundbogige Nischen in der Jakobuskirche aus romanischer Zeit

die Stadt führte. Zumindest der Hauptkanal entlang der Ammergasse, der Kornhausstraße und der Metzgergasse lieferte, wie dendrochronologische Untersuchungen ergaben, schon vor 1150 Wasser, das vielfältig genutzt werden konnte. Der Kanal selbst wird erstmals 1310 genannt.

Ein großes, gewaltiges Unterfangen bildete die Ummauerung der Stadt, die viele Arbeitskräfte band und eine riesige Menge an Material erforderte. Sie setzte neben dem technischen Können eine erhebliche Wirtschaftskraft und ein nicht geringes Finanzpotential voraus. Erst eine konsolidierte, das heißt eine den Gründungs- und Anfangsschwierigkeiten entwachsene Bürgergemeinschaft konnte sich dem Mauerbau zuwenden. Mit Blick auf die Verhältnisse anderenorts wird man davon ausgehen können, dass die Pfalzgrafen und die Bürger die Lasten des Mauerbaus gemeinsam getragen haben.

Natürlich diente die Mauer in erster Linie der Sicherheit der Stadtbewohner, doch markierte sie auch einen besonderen Rechts-, Friedens- und Freiheitsbezirk. Bis zur Befestigung der Städte waren nur die großen Kultbezirke, Bischofssitze und Klöster, sowie die Burgen und Pfalzen ummauert. So wie sich hinter Klostermauern ein vom bäuerlichen Alltag abgehobenes geistig-geistliches Leben und hinter den Zinnen einer Burg adelig-höfisches Leben abspielte, so signalisierte die Stadtmauer bürgerlich-urbanes Leben, bürgerlich-urbane Sitte und Kultur.

Wann die Mauer, in welchen Abschnitten und in welchem

Umfang, aufgebaut wurde, ist umstritten. In einem noch heute erhaltenen Mauerabschnitt bei der Neckarbrücke unmittelbar am Fluss sind sauber behauene Buckelquader zu erkennen, die für die späte Stauferzeit typisch sind. Da sich der Bau von Stadtmauern oft über Jahrzehnte hinzog und eine erste urkundliche Erwähnung zum Jahr 1262 überliefert ist, sind mindestens Teile der Mauer spätestens in der ersten Hälfte des 13. Jahrhunderts errichtet worden.

Ihren endgültigen Umfang hat die Stadtmauer möglicherweise schon vor dem großen Brand von 1280 und damit früher, als man bisher in der Literatur meist annahm, erreicht. Allerdings berichten die Sindelfinger Annalen zum 24. März 1292, dass ein Heer der Hohenberger Grafen, die mit den Tübingern in Fehde lagen, in Tübingen Häuser und Scheunen, die »ante civitatem«, also vor der Stadt, lagen, niederbrannten, was man auch so interpretieren könnte, dass damals ein Teil der im Ammertal befindlichen »Unteren Stadt« noch nicht in den Mauerring einbezogen war. In einem Güterverzeichnis des Klosters Bebenhausen von 1356 wird erstmals der gesamte Mauerring in seinem Verlauf beschrieben, wie er uns

Staufische Buckelquader in der Tübinger Stadtmauer am Neckar

Das Wappen des Spitals, eine Hand mit Brot, weist auf eine der sozialen Funktionen des Spitals hin. Dieser Wappenstein befindet sich in der Pfarrkirche zu Weilheim, die einst dem Spital gehörte.

aus dem Katasterplan von 1819 auch bekannt ist.

Allem Anschein nach schritt innerhalb der Stadtmauern der Ausbau einer städtischen Infrastruktur zügig voran. Von den Augustiner-Eremiten, die 1262 in die Stadt aufgenommen wurden und denen innerhalb der Stadtmauern am Neckarhang ein Platz zum Bau eines Klosters zugewiesen wurde, war schon die Rede. Sie konnten ihre Kirche bereits 1276 weihen. Zahlreiche Schenkungen von Gülten (Grundstückserträge), Zinsen und Gütern an das neue Kloster, das ein eigenes Begräbnisrecht hatte, bezeugen eine enge personelle Verbindung zwischen ihm und der städtischen »Ehrbarkeit« sowie den Angehörigen des niederen Adels der Umgebung. Auf Grund seines hohen Ansehens wurde aus seinem Konvent 1306 der »Provinzial« der rheinisch-schwäbischen Ordensprovinz berufen.[24]

Nur zehn Jahre nach den Augustinern treffen Franziskaner in Tübingen ein, die mit Unterstützung des Pfalzgrafen Heinrich von Tübingen in der Stadt an der später nach ihnen benannten Barfüßergasse eine Niederlassung gründeten, zu der ebenfalls eine Kirche und ein Friedhof gehörten.[25]

Die Handschrift der Pfalzgrafen ist auch zu erkennen bei der Stiftung eines Spitals[26], zumindest macht dessen Lage auf pfalzgräflichem Grund und Boden ein Mitwirken der Stadtherren plausibel. Ein Gründungsjahr ist nicht überliefert, doch nennt eine Urkunde von 1291 das Spital zur Versorgung von »Elenden aller Art« bereits als bestehend und in Funktion. Eine weitere Einrichtung der Sozialfürsorge wird gar schon 1283 genannt, ein Sondersiechen- oder Leprosenhaus, das Personen mit ansteckenden Krankheiten aufnahm und außerhalb der Stadtmauern an der Markungsgrenze zu Lustnau hin lag (heute Pauline-Krone-Heim).

Zur Infrastruktur der Stadt gehörte auch eine Lateinschule, deren Existenz 1312 erstmals bezeugt ist, sowie als Zeichen der Blutgerichtsbarkeit ein Galgen, der 1204 genannt wird.

Rückschläge bei der Stadtentwicklung konnten nicht ausbleiben. Schon die Erstnennung Tübingens stand mit einem Kriegszug in Verbindung, weitere folgten. Von den Verheerungen durch die Grafen von Hohenberg war schon die Rede. Am schlimmsten aber traf in der Anfangsphase Tübingen ein Stadtbrand, dessen Ursache wir nicht kennen. Die zeitgenössischen Sindelfinger Annalen notieren, dass am 9. Juli 1280 die Stadt abgebrannt sei. Eine spätere Quelle spricht von 150 abgebrannten Häusern.

Wie auch immer: Ein großer Teil der Stadt, mindestens ein größerer Bereich des im Ammertal gelegenen Stadtviertels wurde damals eingeäschert. Bei den Grabungen unter dem Kornhaus kam diese Brandschicht zu Tage. Die Fällzeit von Hölzern einer Neubebauung konnte auf den Winter 1280/81 datiert werden,[27] was die schriftlichen Quellen bestätigt.

Zentralfunktion

Tübingen zeigt sich auch im Vergleich mit anderen Städten als rasch konsolidiert, wirtschaftlich kräftig und überlokal bedeutsam. So zählt beispielsweise ein 1275 in der Diözese Konstanz angelegtes Verzeichnis »Liber decimationis« die Tübinger Pfarrkirche zu den einkommensreichsten des großen Bistums. Vor allem aber hatte die Stadt von Anfang an, so wie offensichtlich geplant, Bedeutung für das gesamte Herrschaftsgebiet der Pfalzgrafen, hatte Zentralfunktionen, die sich auch nach dem Niedergang der Pfalzgrafen erhalten haben. So galten die Tübinger Maße und Gewichte im gesamten pfalzgräflichen Einflussbereich. So wurden beispielsweise die Tübinger Gewichte in Böblingen angewandt, das Tübinger Getreidemaß, 1243 erstmals genannt, in Nagold, das Tübinger Weinmaß in Balingen. Eine eigene Tübinger Maßeinheit hatte man für die Salzscheiben.

Gleiches lässt sich beim Rechtszug beobachten. Für 25 Städte – darunter Asperg, Trochtelfingen, Münsingen, Blaubeuren, Calw, Nagold, Herrenberg, Leonberg, Rottenburg, Horb –, für das Kloster Zwiefalten und für 50 Dörfer ist das Tübinger Stadtgericht die obere Instanz bei Appellationsangelegenheiten oder Zweifelsfällen.

Wiederholt finden wir bei Städten, die später als Tübingen gegründet wurden, das Tübinger Stadtrecht in Anwendung. So verleiht Graf Rudolf von Tübingen 1263 Sindelfingen die Stadtrechte ausdrücklich »gemäß dem Vorbild der Freiheit der Stadt Tübingen«.

Vom Niedergang der Pfalzgrafen

Trotz ihres Ansehens, ihrer Macht, ihrer wirtschaftlichen und politischen Potenz blieb den Pfalzgrafen von Tübingen ein Aufstieg in den Reichsfürstenstand versagt. Mit verursacht wurde dies durch eine Zersplitterung der Dynastie in viele Zweige und die damit verbundenen Erbteilungen. Schon die Brüder Rudolf und Hugo teilten Ende des 12. Jahrhunderts ihre Besitztümer. Hugo, der die südlichen, meist aus dem Bregenzer Erbe der Mutter stammenden Teile übernahm, begründete die sich wieder in viele Zweige aufspaltende Linie Montfort, deren letzter Zweig, die Grafen von Montfort-Tettnang, im 18. Jahrhundert im Mannesstamm ausstarb. Auch Rudolf, der die nördlichen Stammlande samt Tübingen erhielt, hatte eine reiche Nachkommenschaft, die sich in die pfalzgräflichen Linien Tübingen-Asperg, -Böblingen, -Herrenberg und -Horb aufteilte.

Die Erbteilungen verhinderten allerdings nicht nur den weiteren Aufstieg, sie sorgten, neben anderen Faktoren, auch mit für einen Niedergang, der sich vor allem bei Rudolfs Nachkommen überraschend schnell und gründlich innerhalb weniger Generationen vollzog. Durch den Untergang der Staufer – 1250 stirbt Kaiser Friedrich II., 1254 dessen Sohn

König Konrad IV, 1268 wird Friedrichs Enkel Konradin, der letzte Staufer, in Neapel hingerichtet – entstand ein Machtvakuum im deutschen Südwesten, das andere Adelsfamilien, wie etwa die Württemberger, für sich zu nutzen wussten. Dagegen gerieten die Pfalzgrafen ins politische Abseits und in immer größer werdende wirtschaftliche Schwierigkeiten. Vieles hat außer den erwähnten Erbteilungen dazu beigetragen: eine falsche Wirtschaftspolitik, Missernten und Viehseuchen, verlustreiche Fehden und kriegerische Auseinandersetzungen, ein Verfall der Tübinger Münze, die vom minderwertigen Heller vom Markt gedrängt wurde, eine Veränderung der großen Verkehrswege und, damit verbunden, die Einbuße von Zöllen und Geleitsrechten.

Gegen Ende des 13. Jahrhunderts belegen die Urkunden den Beginn eines Ausverkaufs. Natürlich war auch die Stadt Tübingen von der Verarmung ihrer Stadtherren betroffen, wovon uns vielfältige Zeugnisse überkommen sind. Nutznießer waren das Kloster Bebenhausen und vor allem die Grafen von Württemberg, ein bisschen auch, zumindest zunächst, die Bürgerschaft Tübingens.

Direkt betroffen ist Tübingen erstmals in einer Urkunde vom Oktober 1293, in der dem Kloster Bebenhausen der pfalzgräfliche Fronhof in der Stadt und alle dortigen Weinberge verpfändet werden. Nur ein Vierteljahr später, im Januar 1294, sah sich Pfalzgraf Eberhard »wegen seiner ungeheuren Schuldenlast« gezwungen, den verpfändeten Besitz um 950 Pfund Heller dem Kloster zu verkaufen. Ausdrücklich hält die Urkunde fest, dass damit auch das Patronatsrecht an der Pfarrkirche, die herrschaftliche Kelter und alle landwirtschaftlichen Erträge aus Äckern, Weinbergen und Wiesen verbunden sind. Bebenhausen also wird Großgrundbesitzer in und um Tübingen, was Auswirkungen bis heute hat[28]. Die Expansion von Bebenhausen erlebte ihren Höhepunkt 1301, als es dem Zisterzienserkloster gelang, die Stadtrechte der Pfalzgrafen über Tübingen und damit die Gebiets- und Gerichtshoheit samt aller damit verbundenen Steuern in die Hand zu bekommen. Der Abt von Bebenhausen wurde damals Tübingens Stadtherr. Auch wenn dies letztendlich

Siegel des Pfalzgrafen Götz von Tübingen, der 1342 seine Stadt an Württemberg verkaufte und in den Breisgau übersiedelte

eine Episode blieb, die Pfalzgrafen ein Jahr später noch einmal das Pfand, unter Beteiligung des deutschen Königs, lösen konnten, zeichnet dieser einmalige Vorgang ein treffliches Bild der enormen finanziellen Not des pfalzgräflichen Hauses. Dem Kloster blieb aus der Verpfändung und Wiederlösung dann doch immerhin eine Steuerfreiheit auf seine Güter in Tübingen.

Dass aus der Schwäche der pfalzgräflichen Stadtherren die Tübinger Bürgerschaft, zumindest die politisch führenden städtischen Familien, Stärke und Selbstbewusstsein schöpfte, belegt das 1303 erstmals erscheinende neue Stadtsiegel, dessen Umschrift nun »Siegel der Bürger Tübingens« lautet und nicht mehr wie bisher »Siegel der Bürger des Grafen von Tübingen«. Der gegenüber dem Stadtherren erstarkten Bürgerschaft scheint schließlich gar das zu gelingen, was Bebenhausen versagt geblieben war, nämlich die Übernahme der Stadtrechte.

In einem am 22. März 1335 abgeschlossenen Vertrag übernahmen die Tübinger Bürger Schulden der Pfalzgrafen in Höhe von 3000 Pfund Heller und erhielten dafür, bis November 1344 befristet, fast alle Rechte und Nutzungen der Stadtherren an ihrer Stadt, insbesondere die freie Wahl des Stadtschultheißen, die Finanz- und Steuerhoheit. Doch kam es schließlich ganz anders als damals beabsichtigt und erhofft.

Tübingen wird württembergisch

Eine Nebenbestimmung dieses Vertrags von 1335 hält fest, dass die Tübinger Bürger sich selbständig einen »Vogt«, einen »Beistand, Schützer und Schirmer« wählen dürfen, dies aber tun sollten »mit Rat und Willen« des Grafen Ulrich von

Württemberg. Was sich hierin andeutet, das Interesse der württembergischen Grafen an Tübingen, bestimmt schließlich das weitere Schicksal der Stadt: Am 5. Dezember 1342, also bevor die Verpfändung an die Stadt abgelaufen war, traten die Pfalzgrafen Götz und Wilhelm von Tübingen ihre Stadt und ihre Burg samt dem Amtsbezirk mit allen Rechten und Einkünften an Graf Ulrich von Württemberg und dessen Söhne Eberhard und Ulrich um 20 000 Pfund Heller ab. Einen Tag später entbanden sie die Tübinger Bürger all ihrer Verpflichtungen und Gelübde ihnen gegenüber.[29]

Vom Verkauf ausgeschlossen waren lediglich einige Rechte am und im Schönbuch, das dortige Jagdrecht und die »Hundslege« in Bebenhausen, das heißt das Privileg im Kloster auf dessen Kosten Jagdhunde zu halten. Doch auch diese Reste wurden schließlich zwischen 1344 und 1357 an Bebenhausen und an Württemberg verkauft.

Was letztendlich zum Verkauf Tübingens geführt hat, zur Aufgabe der Stadt und jener Burg, die den Pfalzgrafen

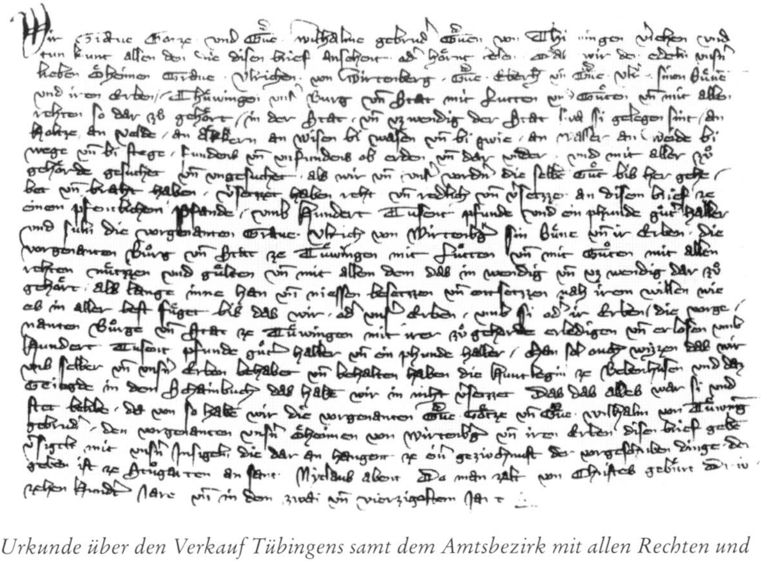

Urkunde über den Verkauf Tübingens samt dem Amtsbezirk mit allen Rechten und Einkünften an die Grafen von Württemberg am 5. Dezember 1342

Pfalzgraf Götz von Tübingen. Wandgemälde in Bebenhausen

württembergisch. Als politische Kraft verschwinden die Pfalzgrafen am Neckar – ein Nachspiel als Herren von Lichteneck bei Freiburg im Breisgau dauert bis ins 17. Jahrhundert.[30] Die Pfalzgrafen werden abgelöst von den Grafen von Württemberg. Die Geschichte der Stadt Tübingen ist von 1342 an fest eingebettet in die Geschichte Württembergs und wird von dieser, bis heute, geprägt und bestimmt.

Den Machtwechsel kommentiert Ludwig Uhland später in seinem Gedicht »Der letzte Pfalzgraf«:

»Ich Pfalzgraf Götz von Tübingen
Verkaufe Burg und Stadt
Mit Leuten, Gülten, Feld und Wald;
Der Schulden bin ich satt.
Zwei Rechte nur verkauf ich nicht,
Zwei Rechte, gut und alt;
Im Kloster eins mit schmuckem Turm,
Und eins im grünen Wald.
Am Kloster schenkten wir uns arm
Und bauten uns zu Grund,
Dafür der Abt mir füttern muß
Den Habicht und den Hund.«

ihren Namen gegeben hat, entzieht sich unserem Wissen. Waren es nur die Schulden oder möglicherweise vor allem der Sieg des Stärkeren? Handgreifliche Streitigkeiten, in deren Verlauf Pfalzgraf Götz von einem Dienstmann der Württemberger gefangen gesetzt wurde, wie eine Urkunde vom Januar 1342 berichtet, sind jedenfalls vorausgegangen.

Wie auch immer: Im Dezember 1342 wurde Tübingen

Die »andere« Stadt, die heimliche Hauptstadt Württembergs

Die württembergische Stadt im Spätmittelalter

In einer Phase geradezu stürmischer württembergischer Expansion war Tübingen nun also eine württembergische Stadt geworden, eine unter etwa dreißig anderen. Sie musste sich einfügen in ein neues, gerade im Entstehen begriffenes Verwaltungssystem.[1] An Stelle des Schultheißen führte nun ein von Württemberg eingesetzter Vogt das Stadtregiment, hatte den Vorsitz bei Gericht, die Finanz- und Wehrhoheit. Die städtischen Selbstverwaltungsrechte, 1388 wurden die mündlich überlieferten Rechtssätze erstmals in einem »Stadtrecht« schriftlich fixiert, blieben gewahrt, doch erfolgte ein Umbau der Rechte von Rat und Gericht. Das oberste Organ innerhalb der Stadt, zuständig auch für die Rechtsprechung, war nun das aus zwölf Personen bestehende »Gericht«. Es verfügte über ein Selbstergänzungsrecht und wählte die ihm zur Seite stehenden zwölf Räte, die eine Art Anwartschaft auf das Richteramt hatten.

Die Mittelpunktsfunktion für ein größeres Herrschaftsgebiet, die Tübingen in der pfalzgräflichen Blütezeit hatte und die durch den Niedergang der Pfalzgrafen bereits geschwächt worden war, wurde durch den

Reiterwappen des Grafen Eberhard von Württemberg, des neuen Stadtherren von Tübingen

Verkauf an Württemberg weiter eingeschränkt. Allerdings brachte der Besitzwechsel auch einen gewissen Ausgleich. Tübingen wurde wie die anderen württembergischen Städte Sitz eines »Amtes«. Es erhielt die den Grafen gehörenden Dörfer der Umgebung als Amtsorte zugewiesen, was sich schließlich bei der überaus erfolgreichen Erwerbspolitik der Württemberger im 14. und 15. Jahrhundert auf eine stolze Zahl von über zwei Dutzend Dörfer summierte. Um 1500 zählten zum Amt, für das auch der Tübinger Vogt zuständig war und dessen Kanzlei der Tübinger Stadtschreiber versorgte, die Orte Altenburg, Altenriet, Bodelshausen, Breitenholz, Degerschlacht, Derendingen, Dörnach, Dußlingen, Entringen, Gniebel, Gönningen, Häslach, Jettenburg, Kayh, Kusterdingen, Mähringen, Mössingen mit Belsen, Nehren, Ofterdingen, Öschingen, Rommelsbach, Schlaitdorf, Sickenhausen, Walddorf, Weilheim und die Hälfte von Altingen.[2]

Die einstige »Hauptstadtfunktion« hatte Tübingen verloren, doch behielt die Stadt im Reigen der württembergischen Städte eine Spitzenposition hinter Stuttgart nach Rang, Personenzahl und Wirtschaftskraft. Nicht jede württembergische Stadt hatte ein Schloss, zwei Männerklöster und seit einiger Zeit auch Frauenklöster in ihren Mauern. Dazu kamen zwei Schulen: Neben der schon erwähnten Lateinschule am Österberg besaß Tübingen eine »deutsche« Knabenschule, 1482 erstmals genannt, wohl die älteste in ganz Württemberg.[3]

Ein starkes städtisches Selbstbewusstsein und eine erhebliche Wirtschaftskraft demonstrierten der um 1435 erfolgte Bau des großen Kauf- und Rathauses am Marktplatz, das zum Sitz von Gericht und Rat wurde, der Bau des Kornhauses 1453 sowie ein 1470 begonnener Neubau der Pfarrkirche, der »dritten an dieser Hofstatt«.

Eine gewisse Gefährdung ergab sich aus der 1442 erfolgten Teilung der Grafschaft Württemberg, bei der Graf Ludwig nicht Tübingen, das in seinen Teil fiel, sondern Urach zur neuen Residenz erwählte. Doch konnte Urach zu keiner Zeit ernsthaft mit Tübingen konkurrieren, zumal die in Tübingen tonangebenden Familien ungebrochen neben der Stuttgarter Ehrbarkeit, mit der sie in vielerlei Weise verwandtschaftlich verbunden waren, auch zu den führenden, wirtschaftlich potentesten und politisch mächtigsten im ganzen Land, in beiden Grafschaften, gehörten.

Welche Bedeutung schließlich Eberhard im Bart, der Sohn des Grafen Ludwig von Württemberg, zumal mit Blick auf das Ziel einer Wiedervereinigung Württembergs, Tübingen zumaß, zeigte sich vor allem bei der Errichtung einer beide württembergischen Grafschaften umfassenden Landesuniversität. Er war es auch, der dann, als 1482 beide Grafschaften im Münsinger Vertrag wieder zusammengeführt wurden, Tübingen offiziell den Rang einer zweiten Haupt- und Residenzstadt verlieh.

Die Universitätsgründung

Das wichtigste Ereignis für die Stadt und ihre Bewohner seit deren Erwerb durch die württembergischen Grafen, ein Eckpfeiler, ja, die Basis der weiteren Geschichte der Stadt, wurde 1477 die Gründung einer Universität innerhalb ihrer Mauern.[4] Von da an ist die Geschichte der Stadt und deren Entwicklung bestimmt und geprägt von der Hochschule, vom Mit- und Gegeneinander. »Tübingen hat keine Universität, Tübingen ist eine«, beschreibt dies ein in der Nachfolgezeit entstandenes Bonmot.

Einen »Brunnen des Lebens« wolle er »graben«, aus dem »von allen Enden der Welt geschöpft werden mag tröstliche und heilsame Weisheit«, so schreibt der württembergische Graf Eberhard im Bart (1445–1496) über die beabsichtigte Gründung seiner Universität in Tübingen. »Attempto«, ich wage es, war seine Devise. Und Wagemut war wahrlich vonnöten, schien doch der deutsche Südwesten hinreichend mit Hohen Schulen in Heidelberg, Basel, Freiburg und Ingolstadt versorgt, zudem waren bislang nur Könige, Kurfürsten, Erzherzöge und hohe geistliche Würdenträger als Hochschulstifter aufgetreten. Eberhard aber war lediglich ein Graf, der zudem nur über die eine Hälfte der 1442 geteilten Grafschaft Württemberg verfügte.

Doch dessen ungeachtet realisierte er ab 1476 seinen Plan unbeirrt, umsichtig und behutsam in wohl überlegten Schritten. Zunächst holte er die notwendige generelle Zustimmung der päpstlichen Kurie für ein Generalstudium in Tübingen ein, schließlich verstanden sich im Spätmittelalter die Universitäten noch als kirchliche Anstalten, wurden doch die akademischen Grade vom Universitätskanzler in päpstlicher Lizenz verliehen. Zudem benötigte Eberhard die päpstliche Einwilligung für die beabsichtigte wirtschaftliche Absicherung der Hochschule, plante er doch seine Gründung reichlich mit Kirchengütern auszustatten, über die er und seine Mutter die Patronatsrechte besaßen, darunter das reiche Augustiner-Chorherrenstift zu Sindelfingen.

Porträt des Universitätsgründers, Graf Eberhard »im Bart«, umgeben von Palmen, die reiche Frucht tragen und mit Eberhards Devise »Attempto« (ich wage es) versehen sind. Glasscheibe in der Tübinger Stiftskirche, um 1480

Barbara Gonzaga aus Mantua, Ehefrau Eberhards, in einem Rosenhag mit dem Wappen ihrer Familie zu Füßen. Glasscheibe in der Tübinger Stiftskirche, um 1480

Die Zustimmung des Papstes erfolgte, auch dank guter Beziehungen, die Eberhard über die Familie seiner Frau Barbara Gonzaga aus Mantua in Oberitalien zum Stuhl Petri hatte, reibungslos und rasch. Am 11. Mai 1476 genehmigte

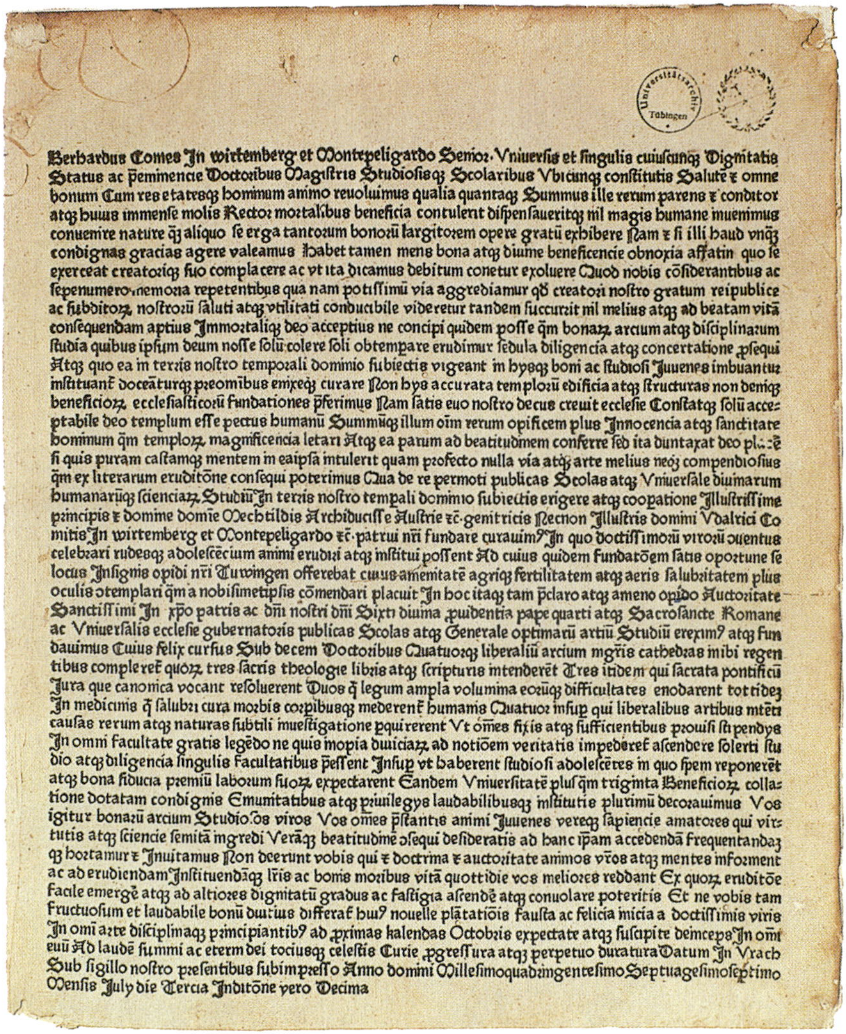

Eberhardus Comes In wirtemberg et Montepeligardo Senior. Vniuersis et singulis cuiuscunqȝ Dignitatis
Status ac p̄eminencie Doctoribus Magistris Studiosisqȝ Scolaribus Vbicunqȝ constitutis Salute ⁊ omne
bonum Cum res etatesqȝ hominum animo reuoluimus qualia quantaqȝ Summus ille rerum parens ⁊ conditor
atqȝ huius immense molis Rector mortalibus beneficia contulerit dispensaueritqȝ nil magis humane inuenimus
conuenire nature q̄ȝ aliquo se erga tantorum bonorū largitorem opere gratū exhibere Nam ⁊ si illi haud vnq̄ȝ
condignas gracias agere valeamus Habet tamen mens bona atqȝ diuine beneficencie obnoxia affatim quo se
exerceat creatoriqȝ suo complacere ac vt ita dicamus debitum conetur exoluere Quod nobis cōsiderantibus ac
sepenumero memoria repetentibus qua nam potissimū via aggrediamur qđ creatori nostro gratum reipublice
ac subditoꝝ nostrorū saluti atqȝ vtilitati conducibile videretur tandem succurrit nil melius atqȝ ad beatam vitā
consequendam aptius Immortaliqȝ deo acceptius ne concipi quidem posse q̄m bonaꝝ arcium atqȝ disciplinarum
studia quibus ipsum deum nosse solū colere soli obtempare erudimur sedula diligencia atqȝ concertatione ꝓsequi
Atqȝ quo ea in terris nostro temporali dominio subiectis vigeant in hysqȝ boni ac studiosi Juuenes imbuantur
instituant̄ doceāturqȝ preomibus eniveqȝ curare Non hys accurata templorū edificia atqȝ structuras non deniqȝ
beneficioꝝ ecclesiasticorū fundationes p̄ferimus Nam satis euo nostro decus creuit ecclesie Constatqȝ solū acce-
ptabile deo templum esse pectus humanū Summūqȝ illum oīm rerum opificem plus Innocencia atqȝ sanctitate
hominum q̄m temploꝝ magnificencia letari Atqȝ ea parum ad beatitudinem conferre sed ita duntaxat deo pl[illegible]e
si quis puram castamqȝ mentem in eaipsa intulerit quam profecto nulla via atqȝ arte melius neqȝ compendiosius
q̄m ex literarum eruditōne consequi poterimus Qua de re permoti publicas Scolas atqȝ Vniuersale diuinarum
humanarūqȝ scienciaꝝ Studiū In terris nostro tempali dominio subiectis erigere atqȝ coopatione Illustrissime
principis ⁊ domine domīe Mechtildis Archiducisse Austrie ⁊c· genitricis Necnon Illustris domini Vdalrici Co
mitis In wirtemberg et Montepeligardo ⁊c· patrui nr̄i fundare curauimꝰ In quo doctissimorū virorū ɔuentus
celebrari rudesqȝ adolescēcium animi erudiri atqȝ instituī possent Ad cuius quidem fundatōem satis oportune se
locus Insignis opidi nr̄i Tuwingen offerebat cuius amenitatē agriqȝ fertilitatem atqȝ aeris salubritatem plus
oculis ɔtemplari q̄m a nobisimetipsis cōmendari placuit In hoc itaqȝ tam p̄claro atqȝ ameno opido Auctoritate
Sanctissimi In xp̄o patris ac dn̄i nostri dn̄i Sixti diuina ꝓuidentia pape quarti atqȝ Sacrosancte Romane
ac Vniuersalis ecclesie gubernatoris publicas Scolas atqȝ Generale optimarū artiū Studiū ereximꝰ atqȝ fun
dauimus Cuius felix cursus Sub decem Doctoribus Quatuorqȝ liberaliū arcium mḡris cathedras inibi regen
tibus compleret̄ quoꝝ tres sacris theologie libris atqȝ scripturis intenderēt Tres itidem qui sacrata pontificū
Jura que canonica vocant resoluerent Duos q̄ legum ampla volumina eorūqȝ difficultates enodarent totidem
In medicinis q̄ salubri cura morbis corpibusqȝ mederent̄ humanis Quatuor insup qui liberalibus artibus intēti
causas rerum atqȝ naturas subtili inuestigatione ꝑquirerent Vt omēs fixis atqȝ sufficientibus prouisi stipendys
In omni facultate gratis legēdo ne quis inopia diuiciaꝝ ad notiōem veritatis impederet̄ ascendere solerti stu
dio atqȝ diligencia singulis facultatibus p̄essent Insup vt haberent studiosi adolescētes in quo spem reponerēt
atqȝ bona fiducia premiū laborum suoꝝ expectarent Eandem Vniuersitatē plusq̄m triginta Beneficioꝝ colla-
tione dotatam condignis Emunitatibus atqȝ priuilegys laudabilibusqȝ institutis plurimū decorauimus Vos
igitur bonarū arcium Studiosos viros Vos omēs p̄stantis animi Juuenes vereqȝ sapiencie amatores qui vir-
tutis atqȝ sciencie semitā ingredi Verāqȝ beatitudinē ɔsequi desideratis ad hanc ipam accedendā frequentandā
qȝ hortamur ⁊ Inuitamus Non deerunt vobis qui ⁊ doctrina ⁊ auctoritate animos vr̄os atqȝ mentes informent
ac ad erudiendam Instituendāqȝ lr̄is ac bonis moribus vitā quottidie vos meliores reddant Ex quoꝝ eruditōe
facile emergē atqȝ ad altiores dignitatū gradus ac fastigia ascendē atqȝ conuolare poteritis Et ne vobis tam
fructuosum et laudabile bonū diutius differat̄ huiꝰ nouelle plātatiōis fausta ac felicia inicia a doctissimis viris
In omī arte disciplinaqȝ principiantibꝰ ad ꝓximas kalendas Octobris expectate atqȝ suscipite deinceps In omī
euū Ad laudē summi ac eterni dei tociusqȝ celestis Curie ꝓgressura atqȝ perpetuo duratura Datum In Vrach
Sub sigillo nostro presentibus subimpresso Anno domini Millesimoquadringentesimo Septuagesimoseptimo
Mensis July die Tercia Inditōne vero Decima

Gedruckte Bekanntmachung der Universitätsgründung mit einer Einladung zum Besuch der neuen Hochschule, 1477

Papst Sixtus IV. die Verlegung eines großen Teils des Sindelfinger Stifts nach Tübingen und den Plan, mit den Stifts-Pfründen künftige Hochschullehrer in Tübingen zu »ernähren«. Sodann beauftragte er am 13. November 1476 den Abt von Blaubeuren sowie die Pröpste von Herrenberg und Sindelfingen mit der Überprüfung der ihm vorliegenden gräflichen Angaben und, falls zutreffend, mit der Installation der Hochschule. Und da sich nirgendwo Widerspruch oder Protest regte – offensichtlich waren die Pläne gut vorbereitet und mit den Betroffenen einvernehmlich abgesprochen – konnte Abt Heinrich Fabri von Blaubeuren am 11. März 1477 in einer feierlichen Sitzung zu Urach mit Einwilligung des Papstes die Errichtung der Universität in Tübingen proklamieren, ja, durch die Publikation der päpstlichen Bulle diese für bestehend erklären.

Gelehrte Augustiner-Chorherren aus Sindelfingen waren die ersten Hochschullehrer in Tübingen. Vorne der neue Universitätskanzler Johannes Tegen, links daneben der erste Rektor Johannes Vergenhans. Glasscheibe in der Tübinger Stiftskirche, um 1480

Am 3. Juli 1477 erfolgte die gedruckte Bekanntmachung der Gründung, ein lateinischer »Einladungsbrief«, in dem Graf Eberhard seine Beweggründe erläuterte, allen seinen Helfern, vor allem seiner Mutter, dankte, die Schönheit und Vorzüge der Stadt Tübingen pries, die neuen Lehrstühle vorstellte und mit beredten Worten zum Besuch seiner Hochschule einlud, deren Betrieb am 1. Oktober 1477 beginnen solle, was dann auch so erfolgte.

Bereits am 15. September trugen sich die Gönner und die

künftigen Lehrer der Hochschule in die Universitätsmatrikel ein. Der erste in der Liste ist Abt Fabri, ihm folgen der Universitätskanzler Johannes Tegen, letzter Propst in Sindelfingen und nun erster in Tübingen, zudem weitere 71 Gelehrte und Geistliche. Anschließend immatrikulierten sich für das erste Semester genau 235 Studenten, eine für damalige Zeiten respektable, ja, stattliche Zahl.

Mit der gleichen Sorgfalt und dem Gespür für das Mögliche und Machbare, das Graf Eberhard im Bart bei der soliden und dauerhaften wirtschaftlichen Fundierung bewiesen hat, sorgte er – was besonders wichtig war – für die personelle Ausstattung seiner Universität, deren Grundlage wiederum das Sindelfinger Stift beziehungsweise dessen gelehrte Chorherren bildeten.

Eine nachhaltige Auswirkung hatte die Universitätsgründung auch auf das Tübinger Stadtbild. In ihrem Gefolge kam es zu einer regen öffentlichen wie privaten Bautätigkeit. Die Hochschule akzentuierte mit dem Bau der Burse und der »Sapiens«, Vorläufer der heutigen »Alten Aula«, nicht nur den Neckarhang neu, ihre Bedürfnisse führten zu weitreichenden Veränderungen in der ganzen Stadt. Professoren und ihre Familien, Studenten und der Universität nahe stehende Berufsgruppen, Handwerker wie Buchdrucker, Verleger, Händler und Gastwirte, mussten hinter der Stadtmauer untergebracht, mit Wohn- und Gewerberaum versorgt werden.

Die Stadt um 1500. Ein Rundblick

Wer sich um 1500 Tübingen näherte, sah schon aus der Ferne hohe Mauern, über die Dächer und Türme hinausragten. Die ganze Stadt war wie eine Festung von einem doppelten Mauerring umgeben.[5] Den etwas niedrigeren Vormauern, die mit Bastionen und Wehrtürmen verstärkt waren, folgte ein tiefer Graben und schließlich eine hohe, mit Zinnen bewehrte und mit einem überdeckten Laufgang versehene innere Mauer. Auf ihr saßen, zumindest an der durch den Fluss doppelt gesicherten Neckarfront, Häuser auf.

Wer in die Stadt gelangen wollte, musste eines der fünf mit hohen Türmen geschützten Stadttore passieren. Sie allein regelten den Ein- und Auslass. Jeden Abend wurden sie regelmäßig auf ein Trompeten- oder Glockensignal hin geschlossen. Die Torwächter hatten danach die Schlüssel dem Stadtvogt oder der Hauptwache abzuliefern, mussten sie morgens dann dort auch in Empfang nehmen, um die Tore wieder aufzuschließen. Über Nacht also war die Stadt verschlossen, konnte sie – regulär – von niemandem verlassen werden. Nur in Ausnahmefällen wurden Ein- oder Auslass gewährt.

Tagsüber waren die Tore mit Ausnahmen bei Huldigungen oder Gottesdiensten zwar meist geöffnet, doch wurden sie die ganze Zeit über bewacht. Zum einen weil die Wächter von jedem das Stadttor passierenden auswärtigen Wagen, jedem Karren und jedem Berittenen ein Einlassgeld, das so genannte Weg- oder Pflastergeld kassierten. Die Wächter hatten zum anderen die Aufgabe, Unliebsamen den Zugang zur Stadt zu verwehren oder sich Personen zu notieren, die noch bei Tag die Stadt wieder verlassen mussten, sich nur tagsüber in der Stadt aufhalten durften, etwa Bettler, Hausierer, Juden. Dass dies dann auch tatsächlich geschah, dafür sorgten die so genannten Bettelvögte, die Abend für Abend die Straßen kontrollierten.

Das wichtigste und am meisten frequentierte Tor war das Neckartor, das allen Verkehr über den Fluss kontrollierte. Darauf führte eine zwischen 1482 und 1489 aus Stein erbaute stabile, dem Eisgang und Hochwasser standhaltende Brücke[6] zu, weit und breit, neckarauf- und neckarabwärts die einzig sichere Flussüberquerung.

Eine rege Bautätigkeit hatte der Stadt vor allem in der Regierungszeit des Grafen Eberhard im Bart (1459–1496) zahlreiche neue Bauten beschert, sie modernisiert, ihre Infrastruktur verbessert. So war in den 60er- und 70er-Jahren des 15. Jahrhunderts der Österberg durchstochen und vom Lustnauer Tor zum Neckar hin ein weitgehend unterirdischer Wassergraben angelegt worden, eine technische, von den Zeitgenossen bewunderte Meisterleistung, die das Gefälle zwischen Ammer- und Neckartal ausnützend, mehrere Mühlen,

Stadtsilhouette Tübingens über den Neckar hinweg. Kolorierter Kupferstich von Gabriel Bodenehr, um 1700. Im Vordergrund ist die Neckarbrücke zu sehen.

darunter eine Pulvermühle, antrieb.[7] Von der ersten steinernen Brücke über den Neckar war schon die Rede.

Nach den Ergebnissen einer dendrochronologischen Untersuchung war 1475/76 in der Schmiedtorstraße, heute Bürgeramt, der aus mächtigen Eichenbalken zusammengefügte Herzogliche Fruchtkasten entstanden, der zu den ältesten und imposantesten Fachwerkgebäuden der Stadt zählt.[8] In seiner Funktion als herrschaftliche Vorratskammer, als staatliches Getreidelager und Kelter wird das Gebäude 1491 erstmals erwähnt. Das größte damalige Unternehmen, dessen Bau sich bis weit in das 16. Jahrhundert hinzog, war freilich Hohen-Tübingen, das herzogliche Schloss, das den Bedürfnissen entsprechend sowohl zum Ort fürstlicher Repräsentation als auch zu einer der stärksten Festungen Württembergs ausgebaut wurde.

Dass die Stadt in den Jahrzehnten vor und in dem Jahrzehnt nach 1500 eine Blütezeit erlebte, belegen auch zahlreiche kommunale Bauten. So wurde das 1435 errichtete Rathaus[9] nach der Privilegierung durch Kaiser Friedrich III., der 1471 dem bis dahin im Freien »unter den Wolken« tagenden

Tübinger Gericht und Rat erlaubte, ins Rathaus zu ziehen, immer mehr zum Sitz der Administration, der kommunalen Selbstverwaltung und der herzoglichen Herrschaft aus- und umgebaut. Vorher hatte es, seiner Lage am Markt entsprechend, eher als Kaufhaus gedient. 1508 erhielt der ursprünglich zweigeschossige Bau ein drittes Stockwerk, in das 1514 das württembergische

Bauinschrift an der Stiftskirche: »Ano dm 1483 an sanct urbans tag ward geleit der erst stain an der seitten«

Hofgericht, höchste Gerichtsinstanz des Herzogtums Württemberg, einzog. Einen vorläufigen Abschluss der Umbaumaßnahmen bildete die Anbringung einer vielfach bewunderten – noch heute funktionierenden – großartigen astronomischen Uhr, die der Tübinger Professor und Mathematiker Johannes Stöffler 1511 konstruiert und gefertigt hatte: ein praktisches Instrument zur Anzeige der Mondphasen, dem Stand und Lauf der Gestirne, aber auch Künder der Zeit und ein Symbol der Symbiose von Stadt und Universität.[10]

Fast zeitgleich mit der Aufstockung des Rathauses wurde 1512/13 unter Einbeziehung des Nachbarhauses das Kornhaus erweitert, in dem heute das Stadtmuseum untergebracht ist.[11] Auch die Stiftskirche[12], neben dem Schloss das markanteste Gebäude der Stadt, stammt aus jenen Jahrzehnten. Ihr Bau war ein Generationenprojekt, finanziert aus Mitteln der Kirchenpflege, nachhaltig unterstützt und gefördert von Graf Eberhard im Bart. Beteiligt waren aber auch die adligen Familien der Umgebung und insbesondere die in Tübingen tonangebenden Familien aus der städtischen wie aus der universitären Ehrbarkeit. 1470 wurde der Bau begonnen. 1476/77 erfolgte die Einwölbung des Chores, 1490 die Fertigstellung des Kirchenschiffs. Es entstand eine der schönsten spätgotischen Hallenkirchen Süddeutschlands, eine architektonische Meisterleistung mit einer Ausstattung, die zu dem Besten gehört, was jene Zeit zu bieten hatte: Von herausragender Qualität, von besonderem Rang sind neben dem reichen Figurenschmuck der vom Tübinger Meister Daniel Schürer 1490 geschaffene Lettner, die etwa zeitgleich entstandene steinerne Kanzel und das dem Ulmer Meister Syrlin dem Jüngeren zugeschriebene Chorgestühl von 1491, außer-

Thübingen. Cap. cccxxvj.

ES sind in dieser Statt/wie vor gemeldet/vor zeiten gesessen die Pfaltzgraffen von Thübingen/die jhren Sitz jetzund im Breißgöw haben zu Liechteneck nicht ferr von Kentzingen gelegen. Anno Christi 1164. zog Graffe Welff mit grosser Macht für das Schloß wider Graffe Hugẽ von Thübingen. Es hett d' Welff auff seiner seiten die Bischoff von Speyer/von Wormbs vnd Augspurg/Hertzog Berchtolden von Zäringen/den Graffen von Veringen/ꝛc. Aber Graffe Hug hett auff seiner seiten Hertzog Friderich von Schwaben/die Graffen von Zollern/vnd sonst viel Graffen. Es kam zu einer Schlacht vnd sieget Graffe Hug/vñ wurdẽ viel erschlagẽ auff des Welffes seiten/vñ bey 900. gefangen. Año Christi 1477. vnder Graffen Eberhard võ Wirtenberg ist zu Thübingẽ die Hohe Schul auffgericht worden/darvon die Statt gar trefflich zugenomẽn hat/vñ wird die andere nach Stuckgart im Hertzogthumb gerechnet. Sie ligt am Necker an eim lustigẽ ort/hat ein schön Bergschloß/vñ ist dz Landt fruchtbar darum̃ an Wein/Korn/Obs/Fische/Wildprät vñ dergleichẽ dingẽ. Die hohe Schul hat viel gelehrter Männer erzogẽ/vnder welchẽ Johañes Stöffler/ein hochgelehrter Astronomus der Statt zu seiner zeit nicht ein klein gezierd ist gewesen. Item Wurmlinger Berg vnd Kirch darauff/nicht ferr von Thübingen/gehört zu dem Hohenbergerlandt/vñ ist gar ein seltzame Stifftung vnd gewonheit darauff/welches der Apt von Creutzlingẽ bey Costentz (welchem der Berg zugehört) außrichten muß/so man zu etlichen jaren des Stiffters/der ein Graffe ist gewesen/vnd darauff begraben ligt/sein Jarzeit begehet.

Johannis Stöf
flers bildnus.

Bericht über Tübingen mit Blick in einen Hörsaal. Rechts zu sehen ist das Porträt des berühmten Professors und Mathematikers Johannes Stöffler (1452–1531) aus Sebastian Münsters Cosmographia von 1628.

dem der auf 1497 datierte mit dem Wappen der Tübinger Familie Breuning versehene Taufstein sowie der 1520 vom Dürer-Schüler Hans Schäufelein gemalte Passionsaltar. Zum kostbarsten Schmuck zählen die aus der Straßburger Werkstatt des Peter Hemmel von Andlau stammenden Glasscheiben im Chor aus den Jahren 1476/80, die sogar dem ansonsten Tübingen eher kritisierenden Johann Wolfgang von Goethe bei seinem Besuch 1797 den Kommentar entlockten: sie seien »von der größten Herrlichkeit«[13].

Kaum neigten sich die Baumaßnahmen an der Stiftskirche ihrem Ende entgegen, begann man die romanische Jakobuskirche in der Unterstadt – Pilgerstation auf dem Weg ins spanische Santiago de Compostela – teilweise abzubrechen und durch einen gotischen Neubau zu ersetzen. An dessen Chor wurde laut Inschrift am 10. Juni 1500 der erste Stein gesetzt.[14]

Das finanzielle Engagement der städtischen Oberschicht für allgemeine Belange war in jenen Jahren außergewöhnlich hoch. Man muss sich vergegenwärtigen, dass außer der Aufstockung des Rathauses, der Erweiterung des Kornhauses und dem Bau der Kirchen eine ganze Zahl weiterer kommunaler Projekte, insbesondere im sozialen Bereich, geplant, in Angriff genommen und realisiert wurden. Diese beruhten zu einem großen Teil auf privaten Stiftungen der wirtschaftlich und politisch führenden Familien Tübingens und speisten sich nicht nur aus kommunalen Mitteln.

Eine geradezu expansive Wirtschaftskraft bewies das inzwischen von der Kommune kontrollierte Spital[15], das inzwischen vor allem der Altersversorgung diente, sich aber auch um Waisen, Kranke und Arme kümmerte. In der zweiten Hälfte des 15. Jahrhunderts erwarb es in Tübingens Umgebung Herrschaftsrechte und Grundbesitz in großem Umfang, darunter mehrere große Bauernhöfe, insbesondere das Kirchenpatronat und den Kirchenzehnt in Derendingen, Weilheim und Kusterdingen. Eindrucksvoll belegt noch heute das »Bürgerheim« und das umliegende Gelände samt dem dort ansässigen Fachbereich für Soziales nicht nur die Kontinuität der Funktion über die Jahrhunderte, sondern eben auch die einstige Wirtschaftskraft und bedeutsame Stellung dieser Institution in der Stadt.

Abgerundet wurde das kommunale Sozialangebot, die soziale Fürsorge, durch zwei weitere dem Spital unter- oder nahe stehende Einrichtungen: das 1512 von einem Tübinger Ehepaar gestiftete Seelhaus für fremde Pilger und Bettler und das schon genannte Leprosenhaus.

Zu diesen großen kommunalen, kirchlichen, universitären und herzoglich-herrschaftlichen Bauten und Gebäudekomplexen gesellten sich in Tübingen Bauten und Einrichtungen klösterlicher Institutionen[16]. Die Augustiner schufen sich in den Jahrzehnten um 1500 eine neue Klosteranlage. Nur wenige Schritte vom »Barfüßerkloster« der Franziskaner entfernt war inzwischen im Areal von Hafen-, Metzger- und der Langen Gasse ein Nonnenkloster entstanden; von diesem wiederum nicht weit entfernt, direkt an der Ammer, verfügten seit einiger Zeit Klausnerinnen über ein Domizil, das heutige Nonnenhaus. Zudem gab es in der Stadt Pfleghöfe des Frauenklosters Gutenzell[17], des Benediktinerklosters Blaubeuren und des Zisterzienserklosters Bebenhausen, also klösterliche Niederlassungen, die keine Mönchsgemeinschaft beherbergten, sondern als Stützpunkte zur Verwaltung des Klosterbesitzes in der Umgebung, als Sammelstelle von Naturalien und als Vorratslager dienten. Sie waren zudem zuständig für die Vermarktung der bäuerlichen Abgaben in der Stadt. Alle diese klösterlichen Niederlassungen besaßen ein abgeschlossenes, meist von Mauern umgebenes Areal, zu dem auch Kirchen oder Kapellen, manchmal gar eigene Begräbnisstätten gehörten.

Eine besondere Bedeutung – nicht nur wegen seiner Größe und seiner exponierten Lage – hatte der Bebenhäuser Pfleghof. Der einstige pfalzgräfliche Fronhof lag ursprünglich an der Münzgasse, musste dort nach der Universitätsgründung weichen und wurde um 1500 an neuer Stelle, am so genannten Anatolischen Berg, an der Grenze der Stadt zum Österberg hin, errichtet. Schließlich war das Kloster Bebenhausen das reichste aller württembergischen Klöster und neben dem Herzog von Württemberg der größte Grundeigentümer in der Stadt und in der weiten Umgebung. Sein Abt verfügte

Deicheln, ausgehöhlte Baumstämme mit einer Metallröhre im Innern, leiteten Wasser von außerhalb der Stadt gelegenen Quellen zu den städtischen Brunnen.

über hohes Ansehen und einen hohen politischen Einfluss im Land.[18]

Erweitern wir nun abschließend unseren eingeengten Blick, weg von einzelnen aus dem Häusermeer ragenden Gebäuden, noch einmal auf die Stadt insgesamt, so werden wir unterschiedliche Stadtquartiere erkennen können. Deutlich wird etwa der Unterschied zwischen Ober- und Unterstadt – zwei gebräuchliche Bezeichnungen, die nicht nur geographische Merkmale beschreiben, sondern durchaus auch soziale Unterschiede charakterisierten, die augenfällig waren. Oben: die großen, stattlichen mehrstöckigen Häuser mit Steinsockeln der städtischen Ehrbarkeit, der Angehörigen der Universität; unten: die kleinen, schiefen Häuschen mit kleinen Ställen, Schuppen und Verschlägen der Ackerbürger, Weingärtner, Tagelöhner. Sichtbar wird natürlich auch ein lang hingezogenes Handwerkerviertel, das – mit Werkstätten, Schmieden, Lohgruben, Schlachtbänken, Töpferscheiben, Schöpfrädern, kleinen Hammerwerken versehen – am Hauptkanal der Ammer lag.

Ja, um zu einem abgerundeten Bild vom Äußeren dieser Stadt zu kommen, muss man auch jetzt noch manches hinzuaddieren, zum Beispiel zahlreiche offene Wasserstellen, die Brunnen, die nicht, wie heute, der Zierde dienten, sondern wichtige Stätten der Wasserversorgung für Mensch und Tier waren. Von weit her, von Quellen außerhalb, wurde in hölzernen Deicheln das kostbare Wasser in die Stadt geführt. Fische schwammen in den Trögen, Garanten der Wasserreinheit. Tiere wurden zum Tränken an die Brunnen geführt, Menschen schöpften das Wasser, um es nach Hause zu tragen. Komfortablere Straßenzüge, wie etwa die Lange

Gasse, wurden über Schächte mit dem Abflusswasser versorgt, hausinterne Schieber ermöglichten das Abzapfen von Brauchwasser.

Und natürlich gehörten zum damaligen Straßenbild auch frei laufendes Getier, nächtliche Dunkelheit, Dreck und Schmutz, Rauch und Staub, Badestuben, Scheunen, Holzstapel, Kuhgespanne, Pferdewagen, Misthaufen.

Das äußere Gesicht der Stadt spiegelte in vielfältiger Weise die inneren Verhältnisse der Kommune wieder. Das Äußere gibt Aufschlüsse über die Zusammensetzung und Struktur der Einwohner, ihr Selbstverständnis, ihre soziale und wirtschaftliche Situation, politischen Rechte, gesellschaftliche Struktur, ja, es sagt selbst etwas aus über die Befindlichkeit der Bürger.

Die Stadt um 1500. Ein Einblick

Tübingen hatte zu Beginn des 16. Jahrhunderts etwa 3000 bis 3500 Einwohner. Die Zahl ist nicht exakt bekannt, sie kann aber auf Grund anderer Angaben in etwa geschätzt werden. So nennt zum Beispiel ein »Verzeichnis der Herdstätten« zum Jahr 1525 genau 501 selbständige Haushaltungen.[19] Geht man nun, wie üblich, von sechs bis sieben Mitgliedern pro Haushaltung aus – es gibt allerdings Untersuchungen für andere Städte oder Regionen, die auf eine weit geringere Pro-Kopf-Zahl kommen –, so bestätigt sich die genannte Gesamteinwohnerzahl. Ähnliche Zahlen liefern Steuerschätzungen. Sie machen zudem deutlich – sieht man von der Sonderstellung ab, die etwa Kleriker, vor allem aber die Universitätsangehörigen hatten –, dass die nichtakademische Bevölkerung grob in zwei Gruppen eingeteilt werden kann: in eine relativ starke Oberschicht, vermögend, wirtschaftlich potent, politisch mächtig, und in eine Unterschicht.

Von den für 1525 genannten 501 Haushaltungen gehörten 154, also ein gutes Drittel, den Magistratsfamilien an, jenen Familien, die den Titel »ehrbar« trugen, die ihre Mitglieder in den Magistrat, das Gericht und den Rat entsandten.[20] Die Angehörigen dieser Familien besetzten die städtischen Ämter, traten auf als Stadtschreiber, Schultheißen, Pfleger des Spitals, der Kirchen und Kapellen. Sie verteilten die Pfründe unter sich und lenkten die Bruderschaften. Dass es selbst unter diesen Familien vor allem im Vermögens- und Einkommensbereich Unterschiede gab, zeigt eine Auswertung der Quellen, der Steuerbücher, der Rats- und Ämterlisten: Mehr als die Hälfte des gesamten Steueraufkommens wurde von nur einem Fünftel der Steuerzahler erbracht. Vermögensübersichten zeigen gar, dass etwa die Hälfte des Gesamtvermögens in der Hand von nur acht Prozent der Bevölkerung lag. Nicht selten besaß diese städtische Führungsschicht auch außerhalb der Stadt Tübingen Vermögen wie Höfe oder Einzelgüter. Eine Besonderheit der Magistratsfamilien war auch, dass sie nicht nur untereinander in vielfältiger Weise verwandt und verschwägert waren, sondern dass sich diese Verwandtschaften meist auch über Tübingen hinaus auf andere Städte und die dortigen »ehrbaren Familien« in Württemberg erstreckten.

Zu den Einwohnern darf man noch etwa drei- bis vierhundert Studenten zählen, sodass die Stadt über eine erstaunlich hohe »Studentendichte« verfügte, was für sie Chancen und Risiken barg, der Bevölkerung Vorteile, aber auch Probleme erbrachte. So bedeuteten die Studenten einerseits ein Unruheherd, waren unbotmäßig, in der Regel wenig angepasst, aus besseren Familien stammend, nicht selten adelig oder sich zumindest dem Adel gleich fühlend. So tauchen sie in den Akten dann auch immer wieder als säumige Zahler, weinselig lärmende Randalierer oder unzuverlässige »Kindsväter« auf.[21] Andererseits waren die Studenten aber auch ein wichtiger Wirtschaftsfaktor, ermöglichten den Tübingern Einnahmen durch Vermietung, Kosttische, Dienstleistungen aller Art.

Die Errichtung der Hochschule hat der Stadt aber nicht nur neue Einwohner beschert, ihre Zahl vermehrt; sie brachte auch die Ausgrenzung und Vertreibung einer seit dem 13. Jahrhundert in der Stadt nachweisbaren Minderheit. So hatte Graf Eberhard im Zusammenhang mit der Universitätsgründung 1477 verfügt: »Wir gebieten ernstlichen denen von Tüwingen, dass sie keine Juden in der Stadt [...]

wohnhaft bleiben«[22] lassen sollen, was dann auch in die Tat umgesetzt worden war. 1498 erfolgte die Ausweisung der Juden aus ganz Württemberg.

Ebenfalls in der Zahl klein, aber in ihrer Anerkennung und Bedeutung groß, war die Gruppe der Hochschullehrer.[23] Da gab es zunächst die Professoren der drei Oberen Fakultäten – ein kleiner, doch klar abgestufter, exklusiver Zirkel. Zuoberst die vier Theologen, dann sechs Juristen (drei für geistliches und drei für weltliches Recht) und schließlich noch zwei Mediziner. Ihnen folgten – von deutlich minderem Rang – die Angehörigen der unteren, so genannten »Artistenfakultät«, die etwas mehr als 20 Personen umfasste: vier Kollegiaten, zehn Konventoren sowie je ein Professor für Mathematik, Hebräisch, Griechisch, Poetik und oratoria, zwei Magister am Pädagogium und zwei Resumptoren. Diese strenge hierarchische Gliederung spielte eine große Rolle bei der Selbstverwaltung der Universität. So waren die Professoren der Oberen Fakultäten allesamt Mitglieder des Senats, des wichtigsten Organs der Hochschule; die zahlenmäßig viel größere Artistenfakultät durfte dorthin außer ihrem Dekan lediglich vier weitere Professoren entsenden, blieb im Senat also in der Minderheit. Entsprechend unterschiedlich fiel auch die Besoldung aus. Die Professoren der Oberen Fakultäten erhielten durchschnittlich rund zweihundert Gulden, die Mehrzahl der Artisten nur 40 Gulden im Jahr.

Am Gebäude Rathausgasse 1 befindet sich das Wappen (um 1500) der Familie Breuning, deren »ehrbare« Mitglieder zur führenden Schicht der Stadt zählten.

Für das Zusammenleben von Stadt und Universität waren diese Feinheiten allerdings eher von untergeordneter Bedeutung. Für die Stadt in ihrer Gesamtheit war vielmehr maßgeblich, dass die Universität weit mehr als nur eine gelehrte Bildungsanstalt verkörperte, dass sie eben auch ein Wirtschaftsbetrieb von beachtlichen Ausmaßen, eigener Ökonomie, eigener Verwaltung, eigenem Recht und Gerichtsbarkeit war. Ebenso dass die Universitätsangehörigen der nichtakademischen Stadtbevölkerung gegenüber als eine selbständige, weitgehend geschlossene, fast homogene, eigene Körperschaft auftraten. Zu ihr zählten sämtliche »Docentes, Discentes et Studiis inservientes«, also alle »Lehrenden, Lernenden und der Universität dienstbar Zugehörigen«, oder etwas konkreter ausgedrückt: alle, die sich an der Universität eingeschrieben, immatrikuliert hatten. Selbstverständlich die Studenten und Professoren, neben diesen aber auch deren Familien, deren Mägde, Knechte, Gehilfen, zudem alle, die von der Alma Mater besoldet wurden, etwa die Pedellen oder Schreiber, sowie besondere Berufsgruppen wie die Buchdrucker und Buchhändler[24]. Sie alle genossen als Universitätsbürger, als »cives academici«, bemerkenswerte Privilegien, verbriefte Vorrechte und zahlreiche Vergünstigungen. So waren sie befreit von kommunalen Abgaben, von Einquartierungslasten in Kriegszeiten, von Zöllen und Wegegeldern, konnten steuerfrei Wein ausschenken und Handel treiben, verbilligt auf dem Markt einkaufen und preisgünstig Häuser erwerben. Überdies waren sie von Kriegs- und Wehrdienst freigestellt und mussten sich nicht um die städtische Infrastruktur kümmern, benutzten sie aber wie alle anderen Stadtbürger.

Zudem besaß die Universität eine eigene Gerichtsbarkeit. Die Universitätsverwandten, wie ihre Angehörigen oft genannt wurden, unterstanden nicht dem städtischen Gericht. Das sorgte immer wieder für Ärger bei Nachlasssachen, Erbauseinandersetzungen, in Vormundschaftsangelegenheiten für Waisen, Witwen und andere Pflegschaften. Besonders schmerzlich aber berührte die Stadt, dass Forderungen ihrer Bürger gegenüber Studenten oder Professoren vor dem Konsistorium der Universität verhandelt, Schulden beispielsweise dort eingeklagt werden mussten, nur dort eingeklagt werden konnten und nicht vor dem städtischen Gericht. Am meisten Probleme aber bereitete dabei die Befreiung der Universitätsangehörigen, hier insbesondere der Studenten, von der städtischen Strafgerichts-

Dieses Epitaph in der Tübinger Stiftskirche erinnert an den Professor der Theologie Dietrich Schnepf, dessen Ehefrau Barbara, Tochter des württembergischen Reformators Johannes Brenz, und deren Kinder.

Frühneuzeitliche Schwörstäbe aus städtischem Besitz, die bei Vereidigungen und Abstimmungen im Rats- und Gerichtssaal verwendet wurden

barkeit und damit verbunden von der Polizeigewalt der Stadt.

In der Stadt lebten also neben-, mit- und manchmal auch gegeneinander zwei selbständige, große Körperschaften, die in sich selbst wieder sehr differenziert waren. Für alle galten die städtischen Freiheitsrechte, alle benutzten die städtische Infrastruktur, lebten im Schutz der Stadtmauer, dennoch waren die einen deutlich bevorrechtigt, was permanente Spannungen und immer wieder aufflackernde Konflikte zur Folge hatte.

Natürlich gab es auch freundschaftliche Beziehungen zwischen beiden Körperschaften, die im Übrigen bei allen gegenseitigen Beschwerden und Beschwernissen nicht müde wurden zu betonen, dass sie »gerne ein beständiges gutes Vernehmen und Harmonie unterhalten« möchten. Man begegnete sich bei Feiern und Festen. Kehrte in Pestzeiten die Universität aus ihrem kurzfristigen Exil zurück, veranstaltete der Stadtmagistrat ein Begrüßungsessen für die Professorenschaft.[25] Bei Promotionen waren stets auch städtische Delegierte zugegen, wobei die Promovierten den Magistratsangehörigen Handschuhe schenkten und diese sich mit einem Festwein revanchierten.[26] Zudem gab es auch, wenngleich anfänglich sehr selten, verwandtschaftliche Beziehungen. So heirateten 1514 der Juraprofessor Johannes King, genannt Kingsattler, später mehrmals Rektor der Universität, und Agnes, die Tochter des Gregor Stoffel, der von 1499 bis 1520 als Richter der Stadt, 1516 als Spitalpfleger und 1518 als Bürgermeister aktenkundig wurde.[27]

Der Tübinger Magistrat war sich durchaus bewusst, dass die Universität nicht nur ein gewaltiger Wirtschaftsfaktor war, sondern auch Erhebliches leistete fürs Image, fürs Prestige, fürs Ansehen der Stadt. Von allgemeiner Erkenntnis war, dass die Stadt nur dann im »Flor« stehe, wenn auch die Universität blühe: Und diese blühte und gedieh, zumindest

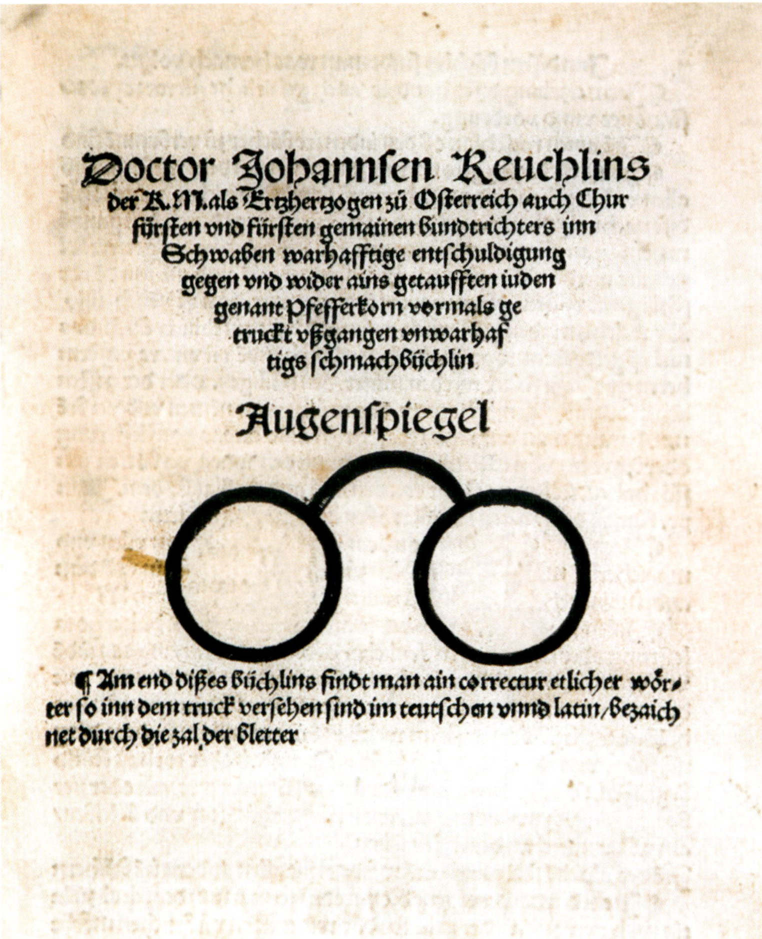

Doctor Johannſen Reuchlins
der K. M. als Ertzhertzogen zů Öſterreich auch Chur
fürſten vnd fürſten gemainen bundtrichters inn
Schwaben warhafftige entſchuldigung
gegen vnd wider ains getaufften iuden
genant Pfefferkorn vormals ge
truckt vßgangen vnwarhaf
tigs ſchmachbüchlin

Augenſpiegel

¶ Am end diſes büchlins findt man ain correctur etlicher wör-
ter ſo inn dem truck verſehen ſind im teutſchen vnnd latin/bezaich
net durch die zal der bletter

Titelblatt des 1511 in Tübingen gedruckten »Augenspiegels« von Johannes Reuchlin

in den ersten Jahrzehnten nach ihrer Gründung, außerordentlich prächtig, nicht nur wirtschaftlich. Die Tübinger Professoren pflegten Verbindungen, die weit über die Grenzen der Stadt und des Landes hinaus reichten, korrespondierten mit ihren Kollegen im ganzen Abendland. In Tübingen wirkte der große deutsche Humanist Johannes Reuchlin; hier wurde, bei dem berühmten Verleger Thomas Anshelm, Reuchlins Augenspiegel gedruckt[28], jenes mutige Gutachten, das sich entschieden und erfolgreich gegen die Vernichtung der hebräisch-jüdischen Schriften wandte. Bedeutende Theologen wie Gabriel Biel und Johannes Staupitz, geistige Väter Martin Luthers, Wegbereiter der Reformation, waren in Tübingen ebenso anzutreffen wie hochverehrte Literaten, darunter der von Kaiser Maximilian zum Poeta laureatus gekrönte, hochgelobte Heinrich Bebel, dem Ulrich von Hutten, als er 1497 fünfundzwanzigjährig in Tübingen die poetische Lektur übernahm, eine eigene Elegie widmete.[29] In Tübingen baute der tief schürfende Kalender-Reformer, Mathematiker und Chronologe Johannes Stöffler[30], von dem Sebastian Münster schreibt, dass er »zu seiner zeit nit ein kleine zierd ist gewesen«, seine Astrolabien und astronomische Uhren. In der hiesigen Burse lernte und lehrte von 1514 bis 1518 Philipp Melanchthon[31], dem man später den Titel praeceptor Germaniae verlieh.

Doch trotz ihres hohen Ansehens, ihrer privilegierten Stellung hatte die Universität in und für die Stadt noch nicht jene dominierende Rolle wie in späteren Jahrhunderten. Noch war Tübingen auch eine Handels- und Gewerbestadt, lebten die wohlhabenden Tübinger Familien überwiegend vom Fernhandel mit Tuch, Getreide und Wein. In diesen Jahrzehnten war die städtische Ehrbarkeit der Universität zumindest noch ebenbürtig, fühlte sich ihr noch gleichgestellt, was sich nicht nur in Rivalitäten, in Rangstreitigkeiten oder in der Kleiderordnung zeigte. Wie selbstbewusst, politisch handlungsfähig und mächtig die städtische Ehrbarkeit war, welche Rolle ihr auch im Herzogtum zufiel, nichts kann dies besser verdeutlichen als der 1514 abgeschlossene Tübinger Vertrag und die Umstände, die Ereignisse, die zu ihm geführt haben.

Tübinger Vertrag 1514

Staatliche Misswirtschaft verbunden mit einem aufwendigen und verschwenderischen Lebensstil des jungen, Pracht und Feste liebenden Herzogs Ulrich von Württemberg[32], der 1503 16-jährig die Regierung antrat, führten in den Folgejahren rasch zu einer hohen Staatsverschuldung. Als der stets in Geldverlegenheiten steckende Fürst Steuererhöhungen durchsetzen wollte, kam es 1514 im Remstal zur offenen Revolte des »Armen Konrad«, die sich rasch im Herzogtum, vor allem auf dem Land und in den kleineren Städten, ausbreitete. Auf Vorschlag des Tübinger Obervogts Konrad Breuning wurde daraufhin in die Universitätsstadt, für deren Sicherheit er sich verbürgte, ein Landtag mit Vertretern der württembergischen Städte einberufen. Die Aufgabe der Versammlung sollte sein, über den Abbau der Staatsschulden und die Niederwerfung des Aufstands zu beraten. Geschickt benutzte Breuning und die hinter ihm stehende württembergische Ehrbarkeit diesen Landtag, um einerseits die Bauern als politische Kraft auszuschalten, andererseits aber auch, um sich Mitspracherechte bei der Regierung und Verwaltung des Landes zu sichern.

Die politische und militärische Schwäche Ulrichs ausnützend, übergab ihm die Versammlung zunächst einen Katalog ihrer »Gravamina«, ihrer Beschwerden, und rang ihm dann, bevor sie überhaupt bereit war, über weiteres zu verhandeln, wichtige Zugeständnisse ab. Im Tübinger Vertrag[33] vom 8. Juli 1514 musste er den Vertretern der Städte, der so genannten Landschaft, ein Budgetbewilligungsrecht einräumen, den freien Zug der Untertanen nicht nur innerhalb des Herzogtums, sondern überhaupt gewähren und zusichern, dass jeder Württemberger, sollte er verhaftet werden, innerhalb von 48 Stunden einem Richter zugeführt wird. Erstmals wurden damit auf dem Festland-Europa Grund- und Menschenrechte schriftlich fixiert. Erst danach war der Landtag zur Tilgung der Schulden und zur Niederwerfung des Aufstandes bereit, was dann auch umgehend geschah.

Zwar war mit diesem Ergebnis Herzog Ulrich vordergründig seine Probleme los, wes-

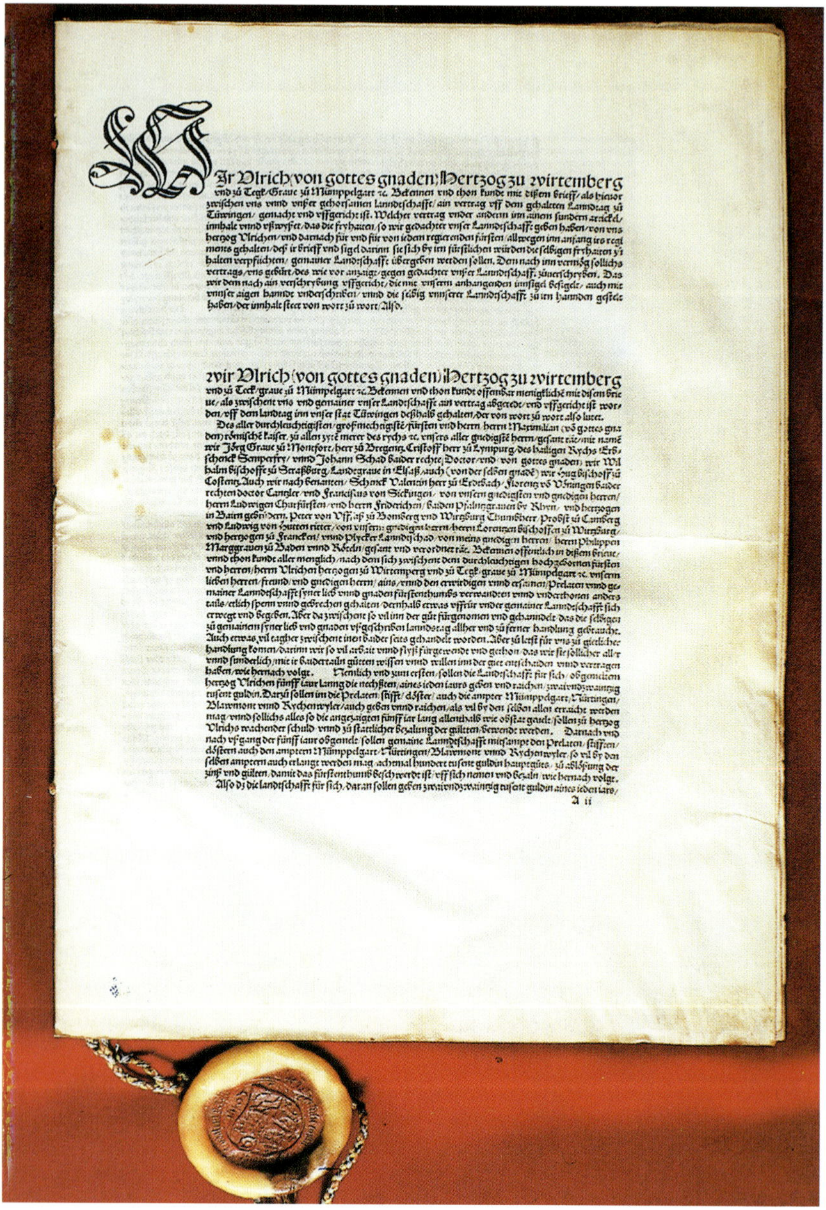

Der Tübinger Vertrag von 1514, in dem erstmals Grund- und Menschenrechte verzeichnet werden. Gedruckt wurde er 1515 bei Thomas Anshelm in Tübingen.

Zum Dank für die Mithilfe bei der Niederschlagung des Aufstands vom »Armen Konrad« 1514 verlieh Herzog Ulrich Tübingen eine Wappenbesserung: Ihr altes Fahnenwappen durfte die Stadt nun mit den württembergischen Hirschgeweihen »mehren«.

halb er denn auch die im Landtag tonangebenden Tübinger belohnte: Die Stadt wurde Sitz des württembergischen Hofgerichts und erhielt eine »Wappenbesserung«. Über der dreilatzigen Fahne der einstigen Stadtgründer durfte Tübingen nun auch die württembergischen Hirschstangen im Wappen und Siegel führen.

Herzog Ulrich hatte mit dem Tübinger Vertrag, eine für ihn bittere Niederlage, eine Einschränkung seiner Macht erlitten. Und kaum war die Lage in Württemberg beruhigt, der Aufstand niedergeworfen, die wirtschaftliche und politische Katastrophe abgewendet, brach der jähzornige und rachsüchtige Herzog alle Verträge und versuchte unter Missachtung seines Eids den Tübinger Vertrag zu revidieren. Ein Schreckensregiment folgte, eine Willkürherrschaft gekennzeichnet von Gewalt und Justizmorden. Die Führer der württembergischen Ehrbarkeit wurden 1516 verhaftet, gefoltert und nach Schauprozessen hingerichtet: der Cannstatter Vogt gevierteilt, Konrad Breuning und sein Bruder Sebastian geköpft.

Letztendlich aber setzte sich der Tübinger Vertrag durch, »das alte, gute Recht«, wie ihn Ludwig Uhland in den Verfassungskämpfen zu Beginn des 19. Jahrhunderts bezeichnete. Er wurde zur »Magna Charta Württembergs«, die jeder Herzog bei seinem Regierungsantritt beschwören musste. Er bestimmte von nun an für Jahrhunderte die württembergische Verfassung, verschaffte der Errichtung des Landtags eine Dauerhaftigkeit, etablierte die bürgerliche »Ehrbarkeit«, die »Landschaft« als politische Kraft neben der fürstlichen Gewalt und schuf somit jenen die württembergische Geschichte prägenden politischen »Dualismus«.

Tübingen wird vorübergehend österreichisch

Die Recht und Gesetz beugende Herrschaft Herzog Ulrichs äußerte sich in jenen Jahren nicht nur in der Rache an Konrad Breuning und dessen Mitstreitern. Hinzu kamen die Ermordung des Hans von Hutten auf der Jagd im Schönbuch durch Ulrich selbst, die Bedrohung seiner Ehefrau Sabina von Bayern und deren Flucht sowie schließlich ein Überfall auf die Reichsstadt Reutlingen aus nichtigem Anlass. Das Maß war voll: Der Kaiser sprach gegen Ulrich die Acht aus, 1519 erklärte der Schwäbische Bund dem Herzog den Krieg, vollstreckte die Reichsexekution, eroberte das Land und vertrieb Ulrich, der sich zuletzt auf der Tübinger Burg verschanzt hatte, dann aber vor der Übermacht – unter Zurücklassung seiner beiden Kinder – floh.[34]

Herzog Ulrich von Württemberg. 1519 musste er sein Land und damit auch Tübingen an Österreich abtreten.

Der junge, gerade gewählte Kaiser Karl V. entschädigte den Schwäbischen Bund, der das Land unter sich hatte aufteilen wollen, übernahm das Herzogtum Württemberg und übergab es seinem Bruder, dem Erzherzog Ferdinand von Österreich, dem nachmaligen deutschen König. Dieser ließ sich 1522 mitsamt seiner Gemahlin Anna von Ungarn im ganzen Land, auch in Tübingen und von seiner neuen Landesuniversität, huldigen.

Von der städtischen Ehrbarkeit wurde das neue habsburgische Regiment begrüßt, auch von einer Mehrzahl der Professoren. Nach den vorausgegangenen Wirren erwartete man nun eine neue Phase der Ruhe und damit auch der wirtschaftlichen und geistigen Blüte, zumal dem Herzogtum – in der Mitte zwischen den niederländischen und österreichischen Landen des Hauses Habsburg gelegen – nun eine zentrale politische Rolle zuzufallen schien.

Doch die Schlacht von Mohács 1526 und die Erbschaft von Ungarn und Böhmen verlagerten die habsburgischen Interessen nach Osten. Württemberg wurde für Habsburg ein Land unter mehreren Ländern. Tübingen, heimliche Hauptstadt von Württemberg, das – unstrittig – geistige Zentrum des Herzogtums, rückte an die Peripherie des habsburgischen Interesses, wurde und war den Habsburgern eine Stadt unter vielen Städten.

Die Teuerungstafel von 1530 am Lustnauer Tor benennt die seit 1528 auf das Vierfache angestiegenen Preise für Grundnahrungsmittel: Korn, Roggen, Hafer, Salz, Schmalz und Wein.

Die Merkmale einer Stagnation, gar Rückläufigkeit werden deutlich. In der Stadt gab es keine großen Bauvorhaben mehr. Auch an der Universität trat Routine an Stelle des Fortschritts, der Schwung der Gründungsjahre erlahmte. Die pro-habsburgische Stimmung in der Bevölkerung schlug um. Die neue Regierung geriet in den Geruch der Fremdherrschaft. Eine Schlechtwetterperiode mit Missernten und Teuerungen kam hinzu, wovon heute noch eine 1532 angebrachte steinerne »Hungertafel« an der Stadtmauer beim Lustnauer Tor zeugt. Schließlich zerbrach der Schwäbische Bund, die stärkste Stütze des Kaisers in Südwestdeutschland, an den inzwischen in ihm ausgebrochenen konfessionellen Gegensätzen.

Einführung der Reformation 1534/35

Mit Hilfe französischer Gelder, unterstützt von Landgraf Philipp von Hessen, konnte Herzog Ulrich von Württemberg 1534 schließlich sein Herzogtum zurückerobern. Schwach war im Verlauf der letzten Jahre die Stellung der Habsburger geworden. Schon sechs Wochen nach Ulrichs militärischem Sieg in Lauffen am Neckar anerkannte und bestätigte ihn König Ferdinand am 29. Juni 1534 als neuen-alten Landesherrn.

Die Folgen waren schwerwiegend, gravierender und anders, als dies viele fürchteten, die, mit Habsburg sympathisierend, vor Ulrichs vermeintlicher Rache ins Ausland flohen. Ulrich zeigte sich erstaunlich wenig rach- oder vergeltungssüchtig. Er wusste, wie sehr er zur Verwaltung seines Landes eben auch auf die ehrbaren Familien angewiesen war. Dennoch brachte seine Rückkehr umwälzende, den Staat und die Gesellschaft total verändernde, geradezu epochale Neuerungen.

So begann Ulrich, der im Exil Anhänger der lutherischen Lehre geworden war, unmittelbar nach seinem Sieg in Württemberg die Reformation einzuführen.[35] Am 2. September 1534 hielt der von ihm damit beauftragte Ambrosius Blarer auf der Kanzel der Stiftskirche die erste evangelische Predigt in Tübingen[36]; am 7. März 1535 wurde die Messe abgeschafft.

Dies war der Beginn eines Bündels von Maßnahmen, die sich über Monate, ja, Jahre hinzogen. Trotzdem veränderten sie relativ rasch in vielfältiger Weise das gesamte gewohnte private und gesellschaftliche Leben. Hand in Hand mit der Reformation ging ja nicht nur eine Neuordnung der kirchlich-religiösen Verhältnisse, der Kirchenorganisation oder des reichen Kirchenguts. Sie hatte ebenso Auswirkungen auf die wirtschaftliche Entwicklung, die sozialen Strukturen, rechtlichen Verordnungen, auf Sitten und Gebräuche, auf All- und Feiertage, das Bildungssystem, die Schulordnung, das Ehestandswesen.[37]

Die Veränderungen zeigten sich augenfällig an vielen Stellen, Orten, Einrichtungen. Etwa als Ende Oktober und Anfang November 1536 »überflüssige« Altäre und »andere anstößige« Bilder aus der Stiftskirche entfernt wurden.[38] Durch die Auflösung oder Zusammenlegung kirchlicher Pfründe, Altarstiftungen, Bruderschaften reduzierte sich die Zahl der Kirchenstellen auch in Tübingen drastisch; die Zahl der Pfarrer, Vikare, Messdiener und Altarhelfer sank auf ein Viertel. Aufgehoben wurden in Tübingen zudem das Augustiner- und das Franziskanerkloster sowie die Gemeinschaft der Beginen, deren Vermögen wurde anderen Einrichtungen zugeschlagen, deren Gebäude anderen Nutzungen zugeführt. Ins Augustinerkloster kam das Evangelische Stift, das leer stehende Franziskanerkloster brannte ab, an seiner Stelle wurde später das Collegium Illustre errichtet, heute Wilhelmsstift, das Beginenhaus wurde Professorensitz.

Die klösterlichen Pfleghöfe wurden profaniert, allerdings nur die der württembergischen Klöster Bebenhausen und Blau-

Nach der Reformation wurde der Chor der Stiftskirche – bis dahin Versammlungsort der Universität – von Herzog Ulrich zur Grablege der fürstlichen Familie bestimmt.

beuren. Ein »katholischer Pfahl im evangelischen Fleisch« blieb, bis zu seinem Verkauf 1631, der an der Kirchgasse befindliche große Pfleghof des außerhalb Württembergs liegenden, von der Reformation verschonten Reichsklosters Gutenzell.[39]

Verordnungen Herzog Ulrichs als Landesherr und Bischof der Kirche griffen tief in das alltägliche Leben ein. So wurden etwa die Feiertage rigoros reduziert, das Festen und Feiern, der Kirchen- und Schulbesuch, aber auch die Kleidung reglementiert, Fluchen, Zutrinken, Schwören verboten. Nicht zu unterschätzen sind Sekundärwirkungen der Reformation, wie etwa das Ausbleiben von öffentlichen und privaten Aufträgen im Bereich der kirchlichen Kunst auf die Kunst und Kultur insgesamt.

Die Lage in Württemberg blieb über Jahre unsicher, gefährdet. Die alte Ehrbarkeit, teilweise außer Landes oder vorübergehend entmachtet, sympathisierte heimlich mit der alten Konfession, hoffte auf eine erneute Vertreibung Ulrichs, auf eine Rückkehr der Habsburger oder zumindest auf eine Einsetzung des »altgläubig« gebliebenen Sohn des Herzogs. Herzog Ulrich wiederum setzte eher auf »unverbrauchte Kräfte«, förderte solche Familien, die bislang politisch noch kaum hervorgetreten waren, versah deren Angehörigen mit öffentlichen Ämter, bot diesen Aufstiegschancen. So entstand überall dort, wo ihm die alte Ehrbarkeit im Wege oder hinderlich oder einfach nur nicht förderlich war, eine neue. Selbst über die Richtung der Reformation herrschte Unsicherheit. »Zwingli oder Luther« war die lange Zeit umstrittene Parole. Ulrich musste anfänglich beiden Parteien hofieren, in Tübingen gar mit Rücksicht auf Straßburg und Basel, seine einstigen Verbündeten, zunächst die weniger geliebten Zwinglianer favorisieren. In dieser Situation kam der Stadt Tübingen und ihrer Universität für die Neuordnung und Stabilisierung Württembergs eine wichtige Rolle zu, zumal Herzog Ulrich die Regierungs- und Zentralfunktionen Tübingens verstärkte.

So ließ er das Tübinger Schloss, in dem er sich vorzugsweise aufhielt, zu Repräsentationszwecken umgestalten und entsprechend – beispielsweise mit einem großen Fass nach Heidelberger Vor-

Absender (bitte gut lesbar schreiben):

Name

Straße

PLZ Ort

E-Mail

Beruf Alter

Für Silberburg-Bücher interessiert sich auch:

Bitte als
Postkarte
frankieren

Deutsche Post
ANTWORT

Silberburg-Verlag GmbH
Schönbuchstraße 48
D-72074 Tübingen

Wir sind neugierig ...

... was Sie von dem Buch halten, dem Sie diese Karte entnommen haben.

Titel des Buchs

Wie wurden Sie auf das Buch aufmerksam?

Bitte schreiben Sie uns ganz offen Ihre Meinung. Sie ist wichtig für unsere weitere Verlagsarbeit.

Der Silberburg-Verlag hat sich auf Baden-Württemberg spezialisiert. Haben Sie Ideen oder Vorschläge zu Buchthemen?

... Sie auch?

Tragen Sie einfach umseitig Ihre Anschrift ein. Gerne senden wir Ihnen dann Informationen zu unseren Neuerscheinungen.

Im Silberburg-Verlag erscheint »**Schönes Schwaben**« – die farbige Monatszeitschrift zu Kultur, Geschichte, Landeskunde. Informativ und unterhaltsam, aktuell und zeitlos. Mit traumhaft schönen Fotos und interessanten Artikeln von kompetenten Autoren. Sollen wir Ihnen einmalig ein kostenloses Probeheft senden?

☐ Ja ☐ Nein

bild – einrichten, zudem das Mauerwerk verstärken und zur – wie er hoffte – sicheren Festung ausbauen.[40] Den Chor der Tübinger Stiftskirche, den bis zur Reformation die Universität als Versammlungsort genutzt hatte, bestimmte er zur Grablege der herzoglichen Familie und ließ schon 1537 die Leichname von Graf Eberhard im Bart sowie von dessen Eltern vom Kloster Einsiedel beziehungsweise Güterstein hierher überführen.[41] Im Schloss ist Ulrich 1550 schließlich gestorben, in der Stiftskirche wurde er seinem Wunsch entsprechend beigesetzt.[42]

Und tatsächlich richtete Herzog Ulrich bei all seinen Neuerungen ein Hauptaugenmerk auf die Tübinger Landesuniversität und ihre Reformation[43]. Zuständig für die Reformation der Tübinger Hochschule war Ambrosius Blarer, ehemaliger Tübinger Student, einst Mönch des Klosters Alpirsbach, nun einer der führenden Vertreter der oberdeutschen-zwinglianischen Reformrichtung. Unterstützt von dem gelehrten Basler Graezisten Symon Grynäus versuchte er, die Tübinger Professoren für die neue Lehre zu gewinnen oder – widrigenfalls – sie zu entlassen und durch neue zu ersetzen. »Wir berufen«, notierte er sich im Februar 1535, »die besten Mediziner, exzellente Juristen, vorzügliche Theologen«. Doch so einfach war dies nicht. Die Universität berief sich auf die ihr verbrieften Privilegien, auf ihr Berufungs- und Selbstergänzungsrecht.

Kolorierter Holzschnitt aus dem berühmten Kräuterbuch des Leonhart Fuchs aus dem Jahr 1543

Professor Ambrosius Widman, der Kanzler der Universität, seit einem Vierteljahrhundert im Amt, setzte sich, nachdem er erklärt hatte, dass er mit dem gemeinen Mann »keine deutschen Psalmen in der Kirche singen«[44] und lieber altgläubig bleiben wolle, nach Rottenburg ins benachbarte, österreichische Ausland ab und nahm die Universitätssiegel mit. Grynäus resignierte schon bald und kehrte im Juni 1535 auf seinen Basler Lehrstuhl zurück. Blarer, der als »Herkules« gekommen war, um den »von Mist starrenden Rindviehstall« – so nannte er die Alma Mater – auszumisten, scheiterte am Widerstand der Lutheraner und wurde von Herzog Ulrich abberufen. Auf Empfehlung Philipp Melanchthons, den zu gewinnen Ulrich vergeblich versuchte, kam schließlich dessen engster Freund Joachim Camerarius, Professor für griechische Sprache.

Er wurde »zum Haupt und Motor der Erneuerung«, wobei er sich vor allem auf den Schwäbisch Haller Reformator Johannes Brenz, der für ein Jahr nach Tübingen beurlaubt wurde, und auf die inzwischen neu berufenen Hochschullehrer stützen konnte und stützte. Darunter waren der Jurist Melchior Volmar aus Rottweil, der Lehrer Calvins, und Leonhart Fuchs, Professor der Medizin, der im einstigen »Nonnenhaus« an der Ammer wohnte. Fuchs machte sich dann vor allem durch sein Kräuterbuch einen internationalen Namen und gilt als einer der Väter der Botanik. Ihm zu Ehren nannte ein französischer Forscher im 17. Jahrhundert eine neu entdeckte Pflanzengruppe »Fuchsie«.

Das Evangelische Stift

Im Zusammenhang mit einer Neuordnung des Kirchen- und Schulwesens errichtete der württembergische Herzog Ulrich 1536 ein Stipendium, ein »Stift« zur Ausbildung evangelischer Geistlicher, das er 1547 im aufgehobenen ehemaligen Tübinger Augustinerkloster etablierte.[45] Die letzten drei dort ansässigen Mönche wurden kurzerhand ins Spital umgesiedelt. Seine rechtliche und finanzielle Absicherung erfuhr das Evangelische Stift 1557 unter Ulrichs Sohn, Herzog Christoph von Württemberg. Seitdem bildet es die Spitze eines größeren Ausbildungssystems, das – wenn auch mehrfach modifi-

Das berühmte Evangelische Stift, einst Augustinerkloster. Gouache, um 1840

ziert – bis heute existiert. Neben den schulgeldpflichtigen Lateinschulen gab es in Württemberg für begabte Knaben die Möglichkeit, über eine Aufnahmeprüfung, das so genannte Landexamen, Zulassung zu den internatsähnlichen evangelischen Klosterschulen (heute noch in Blaubeuren und Maulbronn) zu finden, in denen neben dem Unterricht auch Kost und Logis und alles, was zum (spartanischen) Leben notwendig war, kostenlos geboten wurde. Nach dem Schulabschluss fand der Absolvent Aufnahme im Evangelischen Stift, das weiterhin kostenlose Unterkunft, Verpflegung und Unterricht bot. Voraussetzung war allerdings das Studium der Theologie an der Universität.

Zugute kommen sollte dieses System – bis ins 20. Jahrhundert Württembergs klassischer Bildungsweg – den (männlichen) Kindern aller Bevölkerungsschichten, doch diente es vor allem der bürgerlichen Oberschicht, insbesondere dem Pfarrerstand. Trotzdem war es für die soziale Mobilität und zum Abbau sozialer Spannungen von nicht unerheblicher Bedeutung, ermöglichte es doch auch begabten Bauern- und Handwerkerkindern den Aufstieg in einen akademischen Beruf. Zudem sicherte es vielen Söhnen armer Beamten- und Pfarrerswitwen die Ausbildung. Für die Zöglinge wie für ganz Württemberg war dieses Stift eine Chance, aber auch eine Gefahr. Da fast die gesamte geistige Elite Württembergs hier fürs Leben »zugerüstet« wurde, hing viel fürs Klima im Herzogtum davon ab, ob diese Ausbildung liberal, konservativ, engstirnig oder weitherzig erfolgte.

Ganz wesentlich hat das Evangelische Stift zum Image der Stadt als Geistesmetropole, Sitz der Musen, Hort der Wissenschaften beigetragen, zumal es nicht nur große Theologen, etwa die von der Kirchenleitung argwöhnisch beäugten Pietisten wie Bengel, Blumhardt, Hofacker, Oetinger oder Pregizer hervorgebracht hat. Seine Wirkung griff weit über die Stadt- und Landesgrenzen hinaus, in ihm wurde ein Kapitel deutscher, ja, europäischer Geistesgeschichte geschrieben. Man denke an den Astronomen Johannes Kepler, an Eduard Mörike, den rebellischen Studenten und Stiftler Georg Herwegh – »Alle Räder stehen still, wenn dein starker Arm es will« –, an Friedrich Reinhard, der sich der Französischen Revolution anschloss, 1799 Außenminister Frankreichs, 1832 in den französischen Adelsstand erhoben wurde. Oder an den Dichter Hermann Kurz – »lieber tot sein als Vikar« –, an David Friedrich Strauß, dessen »Leben Jesu« einen »Meilenstein in der Theologiegeschichte setzte«, oder an das »Dreigestirn«, die Dichter und Philosophen Hegel, Hölderlin und Schelling, die dort gegen Ende des 18. Jahrhunderts, zeitweilig in einem Zimmer vereint, studierten. Doch damit sind wir der Zeit weit vorausgeeilt.

Vor dem Großen Krieg

Ab dem 16. Jahrhundert beginnen die historischen Quellen reichlicher zu fließen. Die schriftliche Überlieferung der städtischen Geschichte wird immer umfangreicher. Ab 1553 werden beispielsweise alle Ehen in Tübingen registriert,

1558 wird ein Taufbuch, 1596 ein Totenbuch angelegt. Zu den städtischen, kirchlichen und universitären Urkunden und Akten gesellen sich nun erstmals auch bildliche Darstellungen: Grabmäler, Epitaphien, Stadtansichten, Porträts. Ein differenzierter Alltag zeigt sich, aus dem neben vielen Einzelschicksalen immer wieder alle Bürger betreffende oder interessierende Ereignisse herausragen: So erfahren wir aus den Aufzeichnungen, dass 1538 die Pulvermühle am Neckartor in die Luft flog, dass im Schmalkaldischen Krieg 1547 die Stadt zweimal von kaiserlichen und spanischen Truppen belagert wurde oder dass 1553 Herzog Christoph zwei Löwen, die ihm der Herzog von Bayern geschenkt hatte, im Bärengraben beim Schloss unterbrachte.[46]

Immer wieder erschüttern Brände die Stadt[47]: 1530 entflammte bei hellem Tag im Spital ein Feuer, das die gesamte Anlage samt der Heiliggeistkapelle verzehrte, 1534 brannte die oberhalb der Burse gelegene Sapienz ab, wobei die erste Bibliothek der Universität und große Teile

Von der 1587 an der Stelle des alten Beinhauses errichteten Mädchenschule hinter der Stiftskirche ist heute nichts mehr zu sehen.

des Archivbestandes vernichtet wurden. An Stelle der Sapienz ließ Herzog Ulrich dann 1547 das neue »Universitätshaus« errichten: ein gewaltiges Unterfangen in kühner Hanglage, wie ein Blick auf die Alte Aula etwa von der Klinikumsgasse aus heute noch belegt. Besonders schlimm traf es die Stadt 1540 bei einem Brand, der in der Nacht des 21. Septembers am Marktplatz ausbrach und bei heftigem Wind sich rasch nach Osten in Richtung Stiftskirche ausbreitete. Dank der gut organisierten Hilfe aus Reutlingen – die Tübinger Löschversuche werden als kopflos bezeichnet – konnte das Feuer nach neun Stunden unter Kontrolle gebracht werden, allerdings fielen ihm im Areal zwischen Marktplatz, Kirchgasse und Collegiumsgasse 69 Wohnungen zum Opfer. Der Wiederaufbau des Stadtviertels war kostspielig und dauerte Jahre, doch bescherte er dem wohl in dieser Zeit vergrößerten Marktplatz sein heutiges Aussehen und der Stadt zwei neue Straßenzüge mit mehrstöckigen stattlichen Fachwerkhäusern, deren hochragende Giebelseiten sich alle zur Straße kehren.

Eine Veränderung des Stadtbildes brachte in der Mitte des Jahrhunderts auch die Auflassung der Friedhöfe in der Stadt um Stiftskirche und Jakobuskirche. Die Gräberfelder wurden vor die Stadtmauern jenseits der Ammer verlegt; heute der westliche Teil des alten Botanischen Gartens. In der Folge wurde auch das »Beinhaus« auf dem ehemaligen Friedhof bei der Stiftskirche abgerissen und an seiner Stelle 1587 ein weiteres Schulhaus errichtet, in dem von nun an unter Leitung »eines tauglichen Weibs« die Mädchen der Stadt unterrichtet wurden.[48]

Im 16. Jahrhundert werden neben den kirchlich-religiösen »Bruderschaften« auch säkulare Zusammenschlüsse von Bürgern häufiger genannt. So gibt es neben der Stadtgarde auch eine Gesellschaft der Schützen, deren Mitglieder etwa am großen Armbrustschießen 1560 in Stuttgart teilnahmen. Wie wichtig das Schießen, gerade auch mit den neu aufgekommenen Pulver-Waffen war, zeigte sich 1538 beim großen Schützenfest, an dem 414 Schützen beteiligt waren. Doch waren dies keineswegs reine sportliche Wettbewerbe, sie dienten vor allem

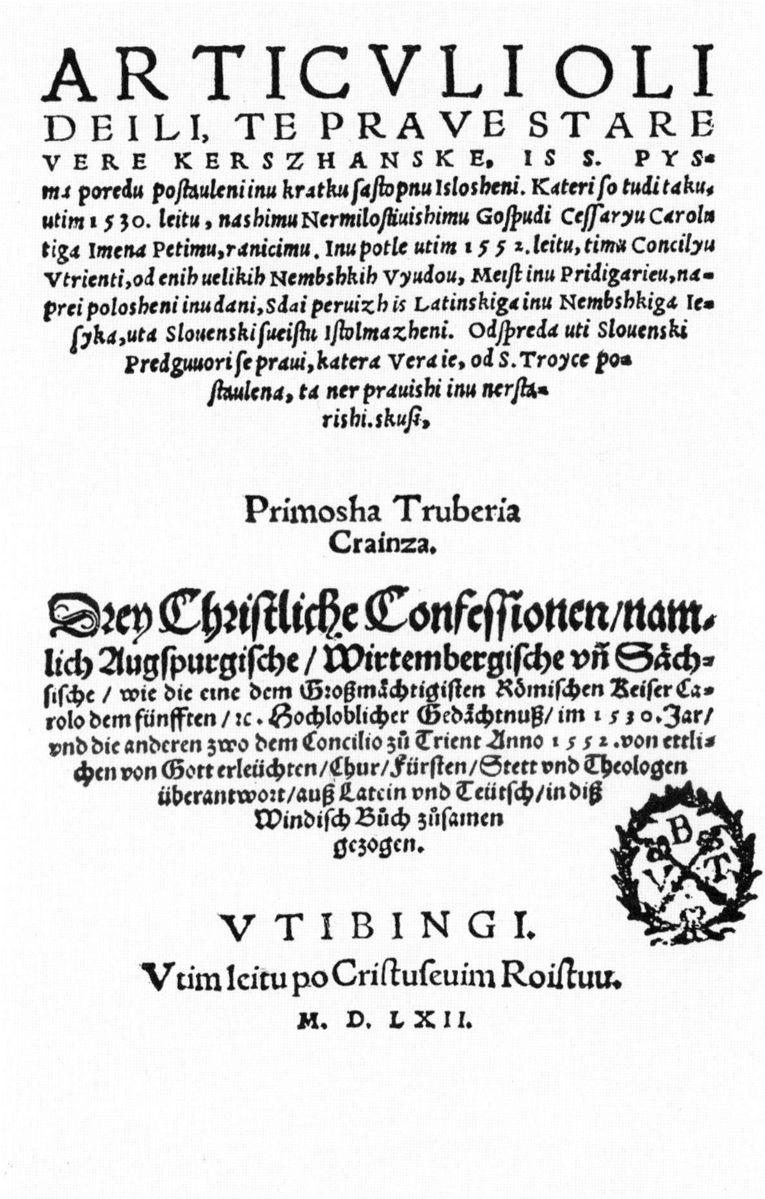

ARTICVLI OLI
DEILI, TE PRAVE STARE
VERE KERSZHANSKE, IS S. PYS-
ma poredu poſtauleni inu kratku ſaſtopnu Isloshenі. Kateri ſo tudi taku,
utim 1530. leitu, nashimu Nermiloſtiuishimu Goſpudi Ceſſaryu Carolu
tiga Imena Petimu, ranicimu. Inu potle utim 1552. leitu, timu Concilyu
Vtrienti, od enih uelikih Nembshkih Vyudou, Meiſt inu Pridigarieu, na-
prei poloshenі inu dani, Sdai peruizh is Latinskiga inu Nembshkiga Ie-
ſyka, uta Slouenski ſueiſtu Iſtolmazheni. Odſpreda uti Slouenski
Predguuori ſe praui, katera Vera ie, od S. Troyce po-
ſtaulena, ta ner prauishi inu nerſta-
rishi. skuſi,

Primosha Truberia
Crainza.

Drey Chriſtliche Confeſſionen/nam-
lich Augſpurgiſche/Wirtembergiſche vñ Säch-
ſiſche/wie die eine dem Großmächtigiſten Römiſchen Keiſer Ca-
rolo dem fünfften/ꝛc. Hochloblicher Gedächtnuß/im 1530. Jar/
vnd die anderen zwo dem Concilio zů Trient Anno 1552. von ettli-
chen von Gott erleüchten/Chur/Fürſten/Stett vnd Theologen
überantwort/auß Latein vnd Teütſch/in diß
Windiſch Bůch zůſamen
gezogen.

VTIBINGI.
V tim leitu po Criſtuſeuim Roiſtuu.
M. D. LXII.

Titelseite der in Tübingen gedruckten »Augsburger Konfession« nach Trubers Bearbeitung in slowenischer Sprache, 1562 der Ertüchtigung für kriegerische Auseinandersetzungen. Im Schmalkaldischen Krieg stellte Tübingen 1546 zwei »Fähnlein« mit zusammen 434 wehrhaften Männern.[49]

Weit über die Region hinaus strahlte das Tübinger Drucker- und Verlagsgewerbe, vom fürstlichen Hof und seiner Kanzlei sowie von der Universität fleißig mit Material versorgt. Wirksam bis heute wurden mehrere bei Ulrich Morhart erschienene reformatorische Schriften, die der aus seiner istrischen Heimat vertriebene Pfarrer von Derendingen Primus Truber ins Slowenische übersetzt hatte, haben diese doch dem Slowenischen zur Schrift und Schriftsprache erst verholfen.[50]

Die lange Friedenszeit vor dem Dreißigjährigen Krieg bescherte der Stadt und der Universität mehrere Jahrzehnte der Blüte. Tübingen genoss einen guten Ruf, war vor allem seiner Universität wegen weit über Württemberg hinaus bekannt. Nikodemus Frischlin, Zögling der Lateinschule am Österberg, mit 20 Jahren Professor der Rhetorik, feierte mit seinen lateinischen Dramen Erfolge weit außerhalb der Landesgrenzen, wurde 1576 vom Kaiser zum Poeta laureatus gekrönt.[51] Sein Intimfeind, der Gräzist Martin Crusius machte Tübingen nicht nur zur »Pflegestätte griechischer Sprache und Literatur«, er machte die Stadt auch zu einem Anziehungspunkt für zahlreiche aus ihrer Heimat flüchtende Griechen, seien es einfache Leute oder, wie 1587, der Erzbischof Gabriel aus Achrida.[52] Auf Veranlassung des Universitätskanzlers und Theologieprofessors Jakob Andreä nahm die Tübinger Universität 1573 gar Verbindung nach Konstantinopel auf und schickte eine Gesandtschaft an die Hohe Pforte.[53] Andreä war auch der Vater der »Concordienformel«, die 1577 die verbindliche dogmatische Grundlage für die Einigung aller deutschen Lutheraner wurde. Sie schnitt aber auch Tübingen und seine Hochschule von den calvinistischen Zentren in und außerhalb Deutschland ab, was sich später verhängnisvoll auswirkte.

Einen erneuten Entwicklungsschub erfuhren Stadt und Universität Ende des 16. Jahrhunderts, als Herzog Ludwig endlich daran ging, die Brandruinen des ehemaligen Franziskanerklosters einer neuen Bestimmung zuzuführen.

Collegium Illustre

Reich geschmücktes Portal am Wilhelmsstift, dem ehemaligen Collegium Illustre, mit dem Wappen Herzog Ludwigs von Württemberg von 1593

An Stelle des 1534/35 aufgehobenen, 1540 abgebrannten, mitten in der Stadt gelegenen Klosters, ließ Herzog Ludwig von Württemberg (1554–1593) durch seinen Hofbaumeister Georg Beer, der von Heinrich Schickhardt unterstützt wurde, in den Jahren 1588 bis 1592 ein neues »Collegium« errichten, das als weltliches Pendant zum Evangelischen Stift zur Ausbildung von modernen Staats- und höheren Verwaltungsbeamten dienen sollte.[54] Von diesen Absichten zeugt noch eine Inschrift am Gebäude (Toreinfahrt, Ecke Lange Gasse/Collegiumsgasse), auf der es heißt: »Hie sollin studiern zu jeder Zeit, Herrn vom Adel und ander Leut.« Schon kurz nach seiner Eröffnung wandelte Ludwigs Nachfolger die Anstalt in ein exklusives »Collegium Illustre«, eine selbständige, der Universität zeitweilig gar vorrangige Ritterakademie um. Als erste Bildungsanstalt ihrer Art in Deutschland wurde sie, dem gesamten protestantischen Adel Europas zugänglich, bis zur kriegsbedingten Schließung 1628 dessen bevorzugte Ausbildungsstätte. Das Collegium war mit rund 120 Personen – Adlige des In- und Auslands, darunter viele herzogliche Prinzen – voll belegt, mancher Bewerber musste gar abgewiesen werden.

Spiel und Sport gehörten ebenso zum Erziehungsprogramm der adligen Zöglinge im Collegium Illustre wie Vorlesungen in Recht, Politik und Geschichte.

Den modernen, ganz auf die Bedürfnisse des Adels zugeschnittenen Unterricht erteilten unter Leitung eines adligen Oberhofmeisters vier eigens angestellte Professoren, die von einem Bereiter und von Tanz-, Fecht- und Ballmeistern unterstützt wurden. Neben den Übungen zur körperlich-ritterlichen Ertüchtigung gab es Vorlesungen in Recht, Politik und Geschichte, Militärtechnik und Befestigungskunst, außerdem wurden Naturwissenschaften gelehrt und moderne Fremdsprachen.

Natürlich war das Collegium ein in der Stadt gerne gesehener Wirtschaftsfaktor, eine willkommene Einrichtung, die neue Arbeitsplätze – Perückenmacher, Porzellanmaler, Schwertfeger – schuf und manchem ein Zusatzeinkommen ermöglichte. Doch brachte es, privilegiert und autonom, der Stadt auch Probleme und Schwierigkeiten, zumal es wie die Universität als eine von der Stadtadministration völlig unabhängige Körperschaft geführt wurde und sich vor allem aus jungen, eigensinnigen und sich ihres Ranges wohl bewussten Menschen zusammensetzte. Dass sich dabei manches zutrug, was über die üblichen Studentenulkereien hinausging, belegen die Akten zahlreich.

Der Dreißigjährige Krieg und seine Folgen

Mit dem Collegium Illustre hatte Herzog Friedrich der Stadt eine weitere glanzvolle Einrichtung beschert, ihr Ansehen stärkend, ihr wirtschaftliches Wohl fördernd. Doch lässt sich in seiner Regierungszeit, 1593 bis 1608, bereits eine Trendwende, eine für Tübingen negative Entwicklung erkennen. So wird Tübingen immer deutlicher die »Zweite Residenzstadt«, muss zunehmend in seinen Hauptstadtfunktionen hinter Stuttgart zurücktreten. Der Herzog rüstet zwar sein Tübinger Schloss zu Repräsentationszwecken auf, lässt davor eine neue Bastion und eines der schönsten Portale der Renaissancezeit erbauen[55], für das – des besseren Blickfeldes wegen – gar einige Häuser an der Burgsteige abgerissen werden, doch nutzt er es, anders als seine Vorgänger, nur noch zu gelegentlichen Besuchen. In Abkehr von Tübingen erwählt Friedrich auch die Stuttgarter Stiftskirche zur neuen zentralen Begräbnisstätte seines Hauses.

Diese Zurücksetzung hinter Stuttgart zeigt zunächst wenig Folgen, man hatte ja die Universität. Das Tübinger Selbstbewusstsein scheint ungebrochen. 1607 kommt es zu einer großzügigen Aufstockung des Kornhauses, das einen Bürgersaal erhält, und 1617 wird nach Plänen von Heinrich Schickhardt und einem Vorbild in Bologna ein repräsentativer und schöner neuer Brunnen auf dem Marktplatz errichtet. Dennoch sind die Zeichen einer gewissen Stagnation nach der Jahrhundertwende in Tübingen unverkennbar. Verursacht wurde sie zum Teil durch die konfessionelle Spaltung Südwestdeutschlands. Die Konfessionsgrenzen wurden zunehmend undurchlässig. Wenige Kilometer von Tübingen entfernt begann Richtung Rottenburg das »katholische Ausland«. Verursacht wurde sie aber vor allem dadurch, dass die Stadt wirtschaftlich in zunehmendem Maße von der Universität abhängig wurde und diese zu schwächeln begann. Noch ragen in ihrem Lehrkörper einzelne Gelehrte von abendländischem Ruf und Rang auf, wie Wilhelm Schickard, der 1623 die erste mechanische Rechenmaschine der Welt konstruierte.[56] Doch ver-

Wilhelm Schickard, Tübinger Professor, der 1623 die erste mechanische Rechenmaschine der Welt konstruierte. In der Hand hält er ein Tellurium.

sperrte eine protestantisch-orthodoxe Theologie beispielsweise Johannes Kepler, der sich mehrmals um eine Professur beworben hat, den Weg nach Tübingen. Stärker noch als das protestantische Gesamtwürttemberg geriet die Universität in eine Isolation.

Zur Katastrophe mit Langzeitwirkung aber wurde der Dreißigjährige Krieg (1618 bis 1648). Zunächst waren es nur seine Randerscheinungen, die der Stadt und der Universität zusetzten: Truppendurchzüge und Winterquartiere, Geldentwertung und allgemeine Wirtschaftskrise, unsichere Reisewege, stockender Handel, Teuerung. Noch 1627 konnte ein Tübinger Professor mit Genugtuung feststellen, dass man bisher »von der furchtbaren Wut des Krieges verschont geblieben sei, noch keinen Schlachtendonner gehört habe, Kunst und Wissenschaft nicht verjagt seien«.[57]

Doch nach zehnjähriger relativer Verschonung schlug der Krieg unbarmherzig zu. Im Januar 1628 erpressten kaiserlich-wallensteinische Truppen erstmals Quartier- und Kostgelder, im Juli 1631 schlugen kaiserliche Truppen im »Kirschenkrieg« das württembergische Heer in die Flucht und besetzten das Land. Die Quartierlasten wuchsen auf ein nie da gewesenes Maß. 1632 »befreiten« Soldaten des schwedischen Königs Gustav Adolph die Stadt. Die Schlacht von Nördlingen am 6. September 1634, die mit dem Sieg der katholisch-kaiserlichen Liga über die protestantischen Unionstruppen endete, riss schließlich die Stadt wie das gesamte Herzogtum in den Abgrund. Das Land, von Herzog Eberhard III. Hals über Kopf verlassen, wurde geplündert, Städte und Dörfer schutzlos der Willkür der Sieger ausgeliefert.

Nachdem die Nachricht von der protestantischen Niederlage Tübingen erreicht hatte, beschloss der Tübinger Magistrat »mit Zuthun der Academie« »auß dem Ärgsten das Erträglichste zu ziehen« und den Kaiser um »Gnad und Schutz« anzuflehen.[58] Tatsächlich gelang es, nachdem die Verhandlungsführer versicherten, die Stadt kampflos zu übergeben, einen »Schirmbrief« von Herzog Karl von Lothringen, dem kaiserlichen Oberbefehlshaber, zu erwirken, welcher die Unversehrtheit der Stadt garantierte. Die Einwohner der Stadt sollen, heißt es darin, »an Leib, Leben, Mord, Brand, Plünderungen, Exactionen, Schätzungen, Contributionen, Einquartierungen« unbeschwert bleiben.

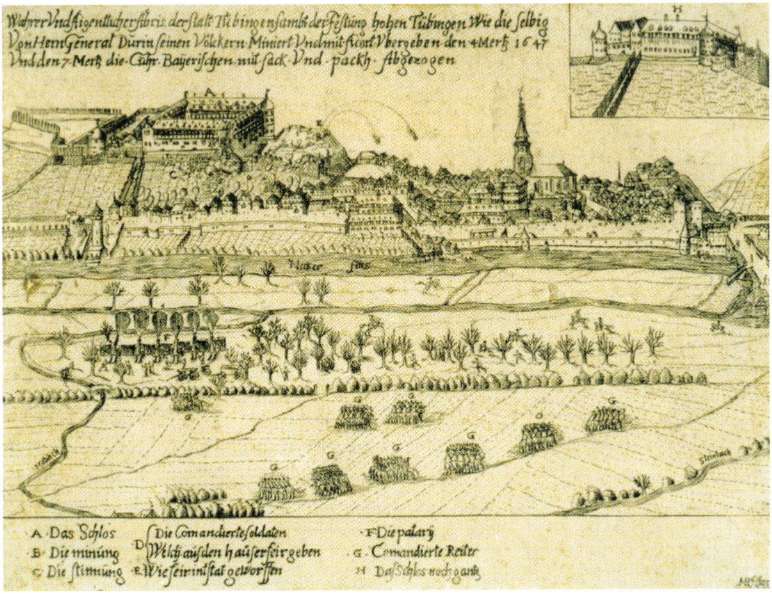

Zeitgenössischer Kupferstich mit der Belagerung und Beschießung Tübingens 1647

Wenige Tage später erfolgte die kampflose Übergabe der Stadt und des Schlosses, nachdem die dort stationierten 70 Tübinger »Bürger erster Wahl« ihrem Kommandanten erklärt hatten, dass sie keinen Schuss abfeuern und das Gewehr wegwerfen würden. Nun nahm der Herzog von Lothringen selbst Besitz vom Schloss und schlug dort sein Hauptquartier auf.[59]

Tübingen ist, trotz der nun dennoch folgenden hohen Contributionen und Verpflegungskosten, im Gegensatz zu manch anderer Stadt noch einigermaßen glimpflich davongekommen. Was die Soldaten verschonten, holte sich dafür umso gründlicher die im Jahr darauf ausbrechende Pest. Die Kirchenbücher verzeichnen anno 1635 allein im August 243 Personen als gestorben, im September 426, im Oktober 389 und im November 128. In vier Monaten also 1186 Menschen; das heißt etwa ein Viertel der Bevölkerung.[60] Wenige Monate später folgte eine zweite, ähnlich zuschlagende Pestwelle. Allein von den etwa 25 Lehrstuhlinhabern an der Universität starben zwischen 1635 und 1637 14, also über die Hälfte.[61]

Die 1590 in Tübingen gedruckten »Ephemerides« des Mathematik-Professors Michael Mästlin gehörten zu der fürstlichen Schloss-Bibliothek, die im Dreißigjährigen Krieg nach München verschleppt wurde.

Und das war noch längst nicht alles. Missernten und Hungersnöte, plündernde und mordende Soldaten aus wechselnden Heeren vermehrten das Unheil. 1647 belagerten französische Truppen die Stadt, eroberten das Schloss, nachdem sie einen Turm von der Neckarhalde her unterminiert und gesprengt hatten. Nun wurde Tübingen Hauptquartier der Franzosen.

Am Ende des Kriegs waren die überlebenden Stadt- und Universitätsbürger gleichermaßen ruiniert. Die Universität hatte ihren Silberschatz längst verkauft und eingeschmolzen, die Kapitalien der Studienstiftungen angegriffen. Schwer traf sie der unersetzliche Verlust vieler Bücher, ganzer Bibliotheken, darunter die berühmte fürstliche Schlossbibliothek, die 1635 als Kriegsbeute nach München entführt worden war.[62] Viele Gebäude in der Stadt standen leer, zahlreiche waren beschädigt, etliche abgebrannt. Alles war, wie es eine zeitgenössische Quelle beschreibt, »zu einer Barbarei und Wüste geraten«.

Eine Kriegsepisode blieb die Restitution der in der Reformation aufgehobenen Klostergüter. Der von kaiserlichen Truppen am 8. September 1630 installierte Abt von Bebenhausen musste keine zwanzig Jahre später, am 26. Januar 1649, sein Kloster und damit auch den Tübinger Pfleghof und alles, was dazugehörte, wieder aufgeben.[63]

Und immer wieder Krieg: der Absturz in die Provinzialität

Von diesen Schrecknissen hat sich die Stadt lange nicht erholt. Viele der Kriegsnarben waren über Jahrzehnte zu sehen, da die Erholungsphasen nach dem Dreißigjährigen Krieg nur kurz bemessen waren. Der Reichskrieg 1674 bis 1679 gegen Frankreich brachte Württemberg Durchmärsche, Schäden, Einquartierungen. Der sich anschließende Pfälzische Erbfolgekrieg brachte neue Kriegslasten, Militärkosten, hohe Kontributionen. 1688 besetzten französische Truppen Tübingen erneut, ließen Teile der Stadtmauern sprengen. Schon drei Jahre später, 1691, verbrachte die Universität ihre bewegliche Habe nach Nürnberg, Regensburg und Schaffhausen. Beim Franzoseneinfall von 1693 blieb Tübingen hinter starken Stadtmauern zwar verschont, doch verheerten die Truppen das umliegende Land. Der sich wiederum anschließende Spanische Erbfolgekrieg bescherte sieben Jahre danach erneut kostspielige Einquartierungen. 1703 lagen kaiserliche Holländer – 2000 Mann mit 400 Pferden – und 1704 2500 Preußen mit 600 Pferden in der Stadt.

1707 konnte eine Besetzung und Plünderung der Stadt nur durch hohe Abstandsleistungen verhindert werden.[64]

Anfang des 18. Jahrhunderts fasste eine Instruktion an den Tübinger Abgesandten im württembergischen Landtag die Situation mit folgenden Worten zusammen: »In Summa, Klag und Mangel auf allen Seiten.«[65]

Tübingen im 18. Jahrhundert

Durchblättert man die Berichte über Tübingen im 18. Jahrhundert, so überwiegen die abfälligen Urteile. Die Stadt hatte einen enormen Bedeutungsverlust erfahren, war auf ein Mittelmaß abgesunken, hob sich eigentlich nur noch durch die Universität von anderen württembergischen Städten ab. Verloren war die wirtschaftliche Kraft der Tübinger Bürgerschaft. Man lebte weitgehend von der Landwirtschaft und der Universität.

Zu keiner Zeit war es in Tübingen so »mittelalterlich« wie in dieser. Die Straßen, in denen sich noch immer Hühner, Gänse, Katzen, Hunde tummelten, waren dreckig, in der Dunkelheit, mangels einer Straßenbeleuchtung, gar gefährlich. Zur 300-Jahr-Feier der Universität und dem bevorstehenden Besuch des Herzogs 1777 wurde eigens verboten, »die Hunde auf die Straße zu lassen«, »ansonsten der Scharfrichter den Befehl bekommen« diese »todschlagen zu lassen«.[66] Der Straßenbelag war uneben, die Pflastersteine waren ausgefahren und ausgeschlagen, überall gab es Löcher, bei Regen Pfützen. Abfall und Unrat lagen nicht nur in den Winkeln. Überall, auch vor den Professorenhäusern, stieß man auf Kloaken, Dunglegen und Misthaufen, die ihren Inhalt in die Straßen und Stege ergossen. Einzig die Münzgasse war weitgehend frei von Miststätten. Es stank, die Luft war abgestanden, angereichert von den Emissionen der Handwerksbetriebe, etwa denen der Gerber, der Bleicher oder der Metzger. Stadtluft machte einst zwar frei, doch nun hielten die Stadtmauern und Türme den frischen Wind zurück.

Wie schon seit dem Mittelalter lassen noch immer Gassenwächter ihren Ruf vernehmen, des Nachts klingt ihre die Stunden ankündigende Stimme laut durch die Straßen. Der Türmer, mit Frau, Kindern und Anverwandten fest ansässig auf dem Stiftskirchenturm – man denke an die räumliche Enge, die schwierigen hygienischen Verhältnisse in luftiger Höhe –, war nicht nur für die frühzeitige Warnung beim Ausbruch eines Feuers oder bei aufziehendem Unheil zuständig; zu seinem Amt gehörte auch der die halben und ganzen Stunden ankündigende Glockenschlag, zudem das viertelstündige Turmblasen. Ließ der Gassenwächter, im Universitätshof vor der Aula angekommen, seinen Ruf ertönen, musste ihm der Turmwächter mit dem seinigen antworten. Noch in weiter Ferne außerhalb der Stadt in den Weinbergen, auf den Feldern, Äckern und Wiesen waren diese Zeitansagen zu hören. Und erst recht die Klänge der vier bis fünf Mann starken Stadtkapelle, die jeden Morgen und jeden Abend von dem Turm der Stiftskirche hinab in alle vier Himmelsrichtungen »je einen Vers eines vierstimmigen Chorals« zu blasen hatte.[67]

Die Unterschiede in den einzelnen Stadtquartieren waren deutlicher, die Gegensätze von oberer und unterer Stadt gegenüber der Zeit um 1500 stärker geworden. Etwas vereinfachend und vergröbernd, aber dennoch treffend beschreibt Goethe bei seinem Besuch 1797 die Stadt, wobei deutlich wird, dass sich von der Struktur her gegenüber den vergangenen drei Jahrhunderten kaum etwas verändert hat: »Der Abhang nach der Morgenseite, gegen den Neckar zu, zeigt die großen Schul-, Kloster- und Seminar-Gebäude; die mittlere Stadt sieht einer alten, zufällig zusammengebauten Gewerbstadt ähnlich; der Abhang gegen Abend, nach der Ammer zu, sowie der untere flache Theil der Stadt wird von Gärtnern und Feldleuten bewohnt und ist äußerst schlecht und bloß nothdürftig gebauet.«[68]

Wer heute mit offenen Augen durch die Altstadt geht, kann die Unterschiede noch immer deutlich erkennen: Die »Morgenseite«, die »Obere Stadt«, wird noch immer von den großen Universitätsgebäuden – Alte Aula, Evangelisches Stift, Burse, Stiftskirche – charakterisiert. Hier, in der Neckargasse, der Neckarhalde, der Münzgasse, beim Holz-

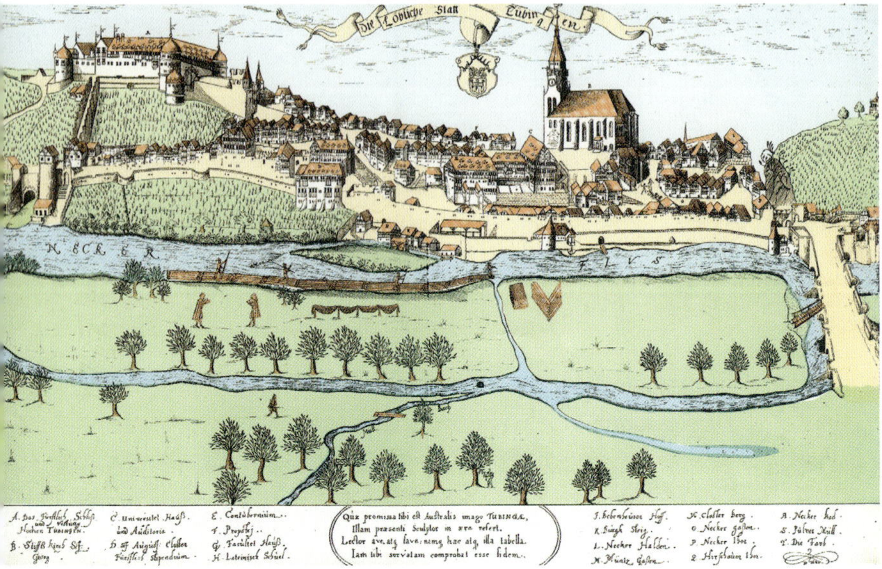

Tübingen vom Süden »am Neckar«: »gedruckt und verlegt durch Johann Conrad Geysler, Buchhendler in Tübingen Anno 1620«

markt oder im oberen Teil der Haaggasse, sind die Straßen geprägt von hohen, mehrstöckigen herrschaftlichen Häusern, einstmals Arbeits- und Wohnstätten der Professoren oder Magistratsfamilien.

Die sich nach Westen und Norden der oberen Stadt anschließende »mittlere Stadt«, Wohn- und Arbeitsort der Handwerker, ist heute ziemlich verändert, der oberen Stadt weitgehend angeglichen. Doch lassen sich entlang der Ammergasse, der Froschgasse oder auch an einigen Gebäuden der Metzgergasse alte Werkstätten entdecken, deutlich sind die Häuser bescheidener und um Stockwerke niedriger.

Die untere Stadt – im »Mordiogässle«, »Am kleinen Ämmerle«, in der »Seelhausgasse«, der »Madergasse«, der »Salzstadelgasse« – gleicht in weiten Bereichen noch immer eher einem Dorf denn einem Stadtquartier. Manche Häuser sind bis heute zweigeteilt, einstöckig, tragen unter dem Dachfirst noch immer das Lotterrad, mit dem Lasten – Brennholz, landwirtschaftliche Geräte –

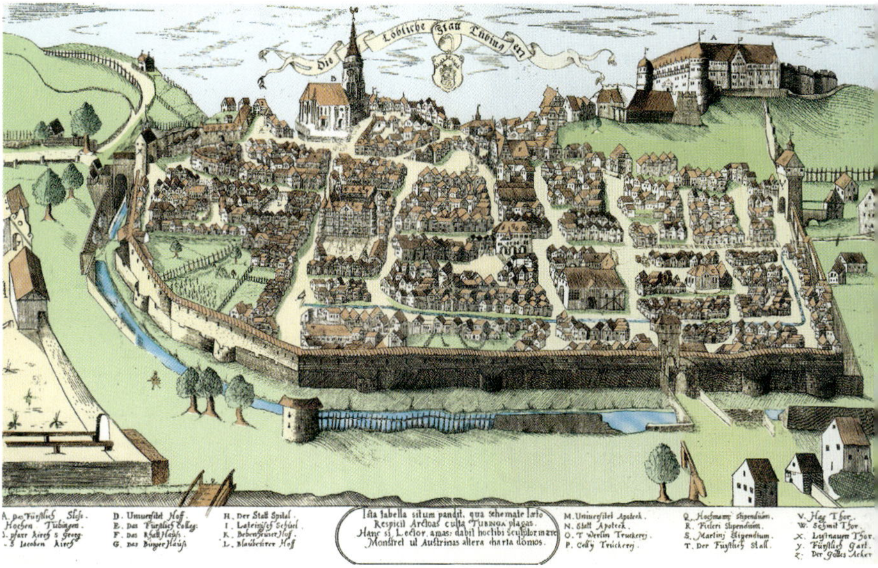

Tübingen vom Norden »an der Ammer«: »gedruckt und verlegt durch Johann Conrad Geysler, Buchhendler in Tübingen Anno 1620«

zum Dachboden hochgezogen wurden. Einstige Stalltüren bescheidener Scheuerchen können noch immer ausgemacht werden. Eindrücklich macht ein Vergleich zwischen der Stiftskirche und der Jakobuskirche die Unterschiede zwischen der oberen und der unteren Stadt deutlich. Dass der städtische Scharfrichter und Henker am Stadtrand sein Haus hatte, versteht sich von selbst.

Von Goethe unbeachtet beziehungsweise unbeschrieben blieb das alles überragende und beherrschende, über der Stadt thronende Schloss Hohentübingen, das die Stadtsilhouette prägte, egal von welcher Richtung man sich ihr näherte. Vor dem ehemaligen, von den Franzosen im Dreißigjährigen Krieg gesprengten Rundturm war inzwischen im Stil damals moderner Befestigungsanlagen ein Fünfeckturm errichtet worden.

Den Mittelpunkt der Stadt bildete, damals wie heute, der Marktplatz. Das Erdgeschoss des Rathauses bestand noch immer aus einer großen offenen, von mächtigen Holzsäulen getragenen Halle, in der Metzger und Bäcker ihre Ware anboten. Im zweiten Stockwerk befanden sich die Räume des Magistrats, von Gericht und Rat, und die Amtsstuben. Im obersten, dritten Stockwerk tagte das württembergische Hofgericht. Vom Balkon des Rathauses nahmen wie seit alters her die württembergischen Herzöge die Huldigungen ihrer Untertanen entgegen, von ihm wurden noch immer jährlich den Tübinger Bürgern die städtischen Ge- und Verbote, die »Ordnungen und Befehle« verlesen. Und noch immer stand auf dem Marktplatz ein Pranger, an dem vornehmlich Frauen zur Schau gestellt wurden.

Die Lage an der Universität

»Ist die Universität in hohem Flor, so blüht die ganze Stadt«, so wusste man es in Tübingen zu jener Zeit. Doch war es um die Hochschule schlecht bestellt. Bei der Erbhuldigung für Herzog Karl Eugen im Jahr 1744 bat der Tübinger Magistrat den Regenten, den »Zerfall und Abgang hießiger Universität zu retten, welche ein Kleinod und Zierde wie des ganzen Landes, also insonderheit hiesiger Stadt sein könnte und sollte«.[69]

Ja, der Universität mangelte es an Anziehungskraft und Hörern. Die Studenten blieben aus oder verweilten nur kurz in der Stadt. Selbst die Landeskinder kehrten ihrer Universität, die schlichtweg unattraktiv und rückständig war, den Rücken. Die modernen Universitäten Halle, Leipzig, Göttingen hatten ihr längst den Rang abgelaufen und dies nicht nur, weil die Eleganz ihrer Städte Tübingen ausstach. Nein, die Tübinger Universität, einst den großen Hohen Schulen des Abendlandes gleichrangig, hatte ihre wissenschaftliche Höhe verloren, war heruntergekommen, in Provinzialität versunken. Zwar wurden von allen möglichen Seiten, der Landesregierung, der Stadt, der Hochschule selbst, die Zustände beklagt. Doch blieb man reformunwillig, beharrte auf dem Alten, widersetzte sich Neuerungen. Selbst die Behebung von Kriegsschäden fiel schwer.[70]

Vieles war für den desolaten Zustand verantwortlich.[71] Da lag es zum einen an den Finanzen. Die Universität war bei ihrer Gründung wirtschaftlich-finanziell so ausgestattet worden, dass sie von ihren Vermögenserträgen die Sach- und Personalkosten bestreiten, die Hochschule unterhalten, die Professoren besolden konnte. Die Einkünfte ermöglichten in guten Jahren gar das Vermögen zu vermehren, Kapital zu verleihen, Kredite zu gewähren. Nun waren nach dem großen Krieg die Schuldverschreibungen nichts mehr wert, erbrachten weder Zinsen noch Rückzahlungen. Viele der zum Grundvermögen gehörenden Bauernhöfe, Weinberge, Äcker hatten im Krieg ihre Pächter verloren. Die Felder lagen zu Beginn des 18. Jahrhunderts immer noch brach, wurden nicht mehr bebaut, trugen keine Früchte. Von den Höfen kamen keine Abgaben.

Und ohne Geld – so war man sich weitgehend einig – konnte auch nichts verbessert werden. So blieb der Bestand

Die Gelehrtenfamilie Osiander: Mehrere Generationen sind hier auf einem Ölbild aus der ersten Hälfte des 18. Jahrhunderts vereint.

der Universitätsbibliothek erbärmlich, beschränkt auf die Theologie und auf die vor Ort entstandenen und entstehenden juristischen Dissertationen. Ausgeliehen wurde ja eh nicht viel; war ja auch gut so, wurde argumentiert, wie hätte sonst der dafür zuständige Pedell seine anderen Aufgaben bewältigen sollen.

Natürlich konnten auch keine neuen physikalischen Instrumente oder Modelle angeschafft werden, man war schon zufrieden, die alten in Stand zu halten oder zu reparieren. Und natürlich mussten auch gar nicht alle Lehrstühle besetzt werden, da konnte ruhig mal einer vakant bleiben. An die Einrichtung neuer Fächer, etwa für moderne Sprachen, war noch nicht einmal zu denken.

Doch nicht nur die Finanzschwäche war ein Problem, sondern auch die Abgeschlossenheit des Lehrkörpers, in dem wenige Gelehrtenfamilien das Sagen hatten. Lehrstühle wurden vom Vater auf den Sohn oder vom Onkel auf den Neffen vererbt. Um 1700 waren von 13 Senatsmitgliedern vier Vater und Sohn, drei standen im Verhältnis Schwiegervater, Schwiegersohn, Schwager. Es sei ja nicht nur praktisch, sondern auch ökonomisch, die einmal getätigten Investitionen an guten Büchern oder sonstigen notwendigen Dingen gleich mehrere Generationen lang zu nützen, wurde im Senat der Universität argumentiert. Noch Ende des 18. Jahrhunderts galten bei Berufungen familiäre Verbindungen als ebenso wichtig wie Wissen, Talent und Fleiß.[72]

Am meisten Sorge bereitete der Stadt und der Universität die geringe Zahl der Studenten. Durchschnittlich waren etwa 350 bis 400 Studenten an der Hochschule immatrikuliert, gerade mal so viel wie bei ihrer Gründung. Zieht man davon die Theologen am Evangelischen Stift ab, verblieben rund 150 bis 200 Studenten, die sich die anderen Fächer teilen mussten. Kein Wunder, dass man außerhalb Württembergs kolportierte, »in Tübingen halte man sich einen Medizinstudenten, damit man überhaupt einen habe«.

Immerhin scheinen sich die wenigen in Tübingen weilenden Studenten hier ganz wohl gefühlt zu haben, vielleicht gerade weil es so wenig waren. Dies zumindest vermeldet ein im 18. Jahrhundert weit verbreitetes und viel gesunge-

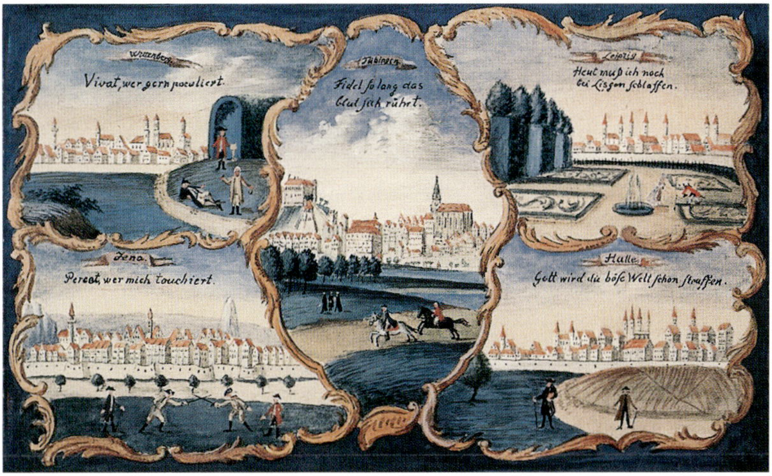

»Fidel so lang das blut sich rührt«: Tübingen im Kreis der protestantischen Universitätsstädte Wittenberg, Jena, Leipzig und Halle

nes Studentenlied, in dem es heißt:

In Jena muss der Bursche
raufen
In Wittenberg sich tolle saufen
In Erlangen gibt's kein Plaisier
Im Leipzig muß er Mädchen
drücken
In Halle fromm gen Himmel
blicken
Doch Tübingen ist mein
Entzücken!
Ein rechter Pursche bleibet
hier.[73]

Um die Anziehungskraft der Universität für Studierende zu steigern, schlug 1734 Georg Bernhard Bilfinger, Geheimer Rat des Herzogs Carl Alexander und von diesem auf einen Tübinger Lehrstuhl gehievt, in einem im Auftrag des Herzogs verfassten Gutachten[74] vor, das Studium zu verbilligen, die Disziplin zu verstärken, die Lehre zu verbessern und die württembergischen Landeskinder auf Tübingen zu verpflichten.

Seine fein formulierten, ins Detail gehenden Vorschläge zeigen, an was die Universität alles krankte. So meinte er beispielsweise zum Stichwort »Disziplin«: »Gute Zucht und Ordnungen unter denen Studenten halten ist ein Stük, das manchen rechtschaffenen Mann veranlassen kann, Seine Söhne viel mehr auf diese als eine andere Universität zu schiken«. Dazu gehöre eine »fleißige Aufsicht über die Müßiggänger, Gassenläufer, Händelmacher, Spieler und Trinker«, insbesondere wäre es gut, »ein Geseze zu machen, dass des Sonntags und an Werktagen [...] sonderlich aber des Nachts, nach gewisser Zeit, die Billard und dergl. geschlossen wären.«

Ein Erfolg war diesen wie anderen Verbesserungsvorschlägen nicht beschieden. Zwar bestimmte Herzog Karl Eugen im Jahre 1744, gerade an die Regierung gekommen, bei Bewerbern um öffentliche Ämter werde künftig vorausgesetzt, dass sie in Tübingen ein »öffentliches Specimen studiorum« abgelegt hätten. Auch die »Statuta Renovata« von 1752 übernahmen diese »Verbesserungen«, doch wurde deren Anwendung wenig kontrolliert.

Um die Tübinger Universität aus ihrer Isolation zu führen, aus ihren ganzen Schwierigkeiten zu befreien, dazu hätte es freilich einschneidender Reformen an der Universität bedurft, wozu diese ebenso wenig Kraft fand wie die herzogliche Regierung. Man versank lieber in Selbstgenügsamkeit, machte aus der Not eine Tugend und verharrte in Resignation.

Umso erstaunlicher ist es, dass trotz aller Not und Misere, trotz der Verengung auch im Lehrkörper immer wieder besonders begabte und gelehrte Köpfe aus den Tübinger Gelehrtenfamilien erwuchsen, die das Maß der Mittelmäßigkeit sprengten und der Wissenschaft neue Wege wiesen.

So beispielsweise in Rudolf Jacob Camerarius, der in jenem zwischen Alter Aula und Burse gelegenen, einst so zögerlich wieder ins Leben gerufenen Botanischen Garten der Universität seine Beobachtungen und Experimente durchführte, die ihn 1694 die Geschlechtlichkeit der Pflanzen entdecken ließen.[75] Oder in Johann Georg Gmelin[76], der als Tübinger Apothekersohn mit 13 Jahren an der Universität immatrikulierte, mit 18 seinen Doktorgrad erwarb, mit 22 Jahren Professor in Petersburg, dann 16 Jahre später Professor in Tübingen wurde und als Erforscher Sibiriens weit über Tübingen hinaus Bedeutung gewann und bis heute hat.

Universität und Stadt

Seit der Universitätsgründung lebten zwei eigenständige Körperschaften innerhalb der Stadtmauern. Die Universitätsbürger und die weit zahlreicheren Stadtbürger, beide mit eigenem Recht, einer eigenen Verfassung, einer eigenen Gerichtsbarkeit und doch in vielen Dingen verzahnt, vermengt, vereint.

Die Steuer-Statistik nennt für 1738 insgesamt 873 Bürger.[77] Je nachdem welchen Multiplikationsfaktor man nimmt, kommt man so auf etwa 4500 bis 5000 Einwohner, ohne die Universitätsbürger, die Uni-

Tafel mit Wappen von zwölf angesehenen Tübinger Familien, um 1755

Johann Georg Enßlin (1703–1779). Wohlhabender Tübinger Handelsmann, Mitglied des »Gerichts«, in selbstbewusster Positur, Ölgemälde von 1777

versitätsverwandten, wie man sie damals nannte. Etwa die Hälfte der städtischen Bevölkerung lebte von der Landwirtschaft, vom Ackerbau, von der Viehwirtschaft, vor allem aber vom Weinbau. Doch waren die wirtschaftlichen und sozialen Gefälle in diesem Bereich beachtlich. Sie reichten vom armen Weingärtner, der einige wenige Rebstöcke in Pacht hatte und sich als Tagelöhner seine Existenz mehr schlecht als recht absichern musste, bis zum Großgrundbesitzer und Großhändler. Von der anderen Hälfte der Bevölkerung verdienten die allermeisten ihren Lebensunterhalt als Handwerker: So nennt eine Statistik von 1714 unter anderem 73 Metzger, 62 Bäcker, 54 Schuhmacher, 46 Schneider, 27 Kauf- und Handelsleute, 21 Weber, 20 Küfer, 19 Tuch- und Zeuchmacher, 18 Fuhrleute, 14 Schreiner, zwölf Barbiere ... Zählt man allein die erst genannten vier Berufsgruppen – Metzger, Bäcker, Schuhmacher und Schneider – zusammen, so kommt man auf 253 Personen, die mit ihren Haushaltungen also etwa ein Viertel der Stadtbevölkerung stellen.[78] Aber auch hier reicht natürlich die Spannbreite von Vermögen und Einkommen vom Existenzminimum bis zum bescheidenen Wohlstand. So zählten zu den Metzgern auch einige vermögende, überörtlich oder gar überregional tätige Viehhändler.

Das oberste Organ innerhalb der Stadt, zuständig für die Rechtsprechung und für die Stadtverwaltung, war noch immer das aus zwölf Personen bestehende so genannte Gericht, dem ein zwölfköpfiger Rat zur Seite stand. Zusammen bildeten sie den Magistrat. Sie verfügten über ein Selbstergänzungsrecht und wählten die

Räte, deren Amt vor allem eine Art Anwartschaft auf das Richteramt beinhaltete. Zwar gab es keine gesetzliche Regelung, ein Blick in die Rats- und Richterlisten für die frühe Neuzeit belegt aber, dass von den rund 800 bis 900 in Tübingen ansässigen Familien nun nur noch etwa 100 als »ehrbar«, als rats- und gerichtsfähig galten.[79] Also nicht mehr ein Drittel, wie noch um 1500, sondern nur noch etwa ein Zehntel. Wirft man nun noch einen Blick auf die Steuerlisten und Vermögensverzeichnisse, so wird deutlich, dass dabei das Vermögen und die Einkünfte eine nicht unbedeutende Rolle spielten. Die »Magistrats-Familien«, die einen weitgehend abgeschlossenen Kreis bildeten, versteuerten etwa gleich viel wie die restlichen 700 bis 800 Familien.[80]

Ähnlich abgeschlossen und untereinander versippt waren die Universitätsverwandten, zu denen wie bisher auch nicht nur die Hochschullehrer und -angestellten mit ihren Familien zählten.

Auch die Universität war hierarchisch gegliedert. An ihrer Spitze standen der Rektor und der Kanzler. Das alles entscheidende Organ war immer

Die gekreuzten Szepter, Hoheitszeichen der Universität am Juristenkollegium in der Münzgasse 20

noch der 14-köpfige Senat. Er war nicht nur für die Berufungen zuständig, verfügte also wie der Stadtmagistrat über ein Selbstergänzungsrecht, in seiner Hand lag auch alle rechtliche Gewalt, die bis zur Verhängung von Todesurteilen ging.

Die Universität mit ihren Angehörigen war insgesamt vom Stadtgericht befreit, eine autonome Körperschaft. Ja sie verfügte gegenüber der Stadtobrigkeit noch immer über »sonderliche« Freiheiten und Privilegien.[81] So konnte jeder Professor steuerfrei Wein ausschenken, was diese auch reichlich taten und nicht immer nur an die bei ihnen zahlreich wohnenden Studenten. Zudem durfte beispielsweise jeder Professor wie auch jeder Bürger bis zu fünf Stück Vieh halten und die gemeinsame Allmende nutzen, als Anwohner der oberen Stadt sogar die bessere der beiden Weideflächen. 1747 gab es in der Stadt 733 Kühe und Ochsen, zudem wurde gerade zwischen Uni und Stadt verhandelt, weil »die Professoren mehr Vieh auf die Weide treiben, als ihnen gebühre«[82]. Zur Bewahrung dieser universitären Freiheiten mussten seit alters her einmal im Jahr Abgesandte der Stadt im Senat, in der Aula bei der Stiftskirche, das Einhalten der Privilegien beschwören,[83] was diesen nicht immer leicht fiel.

Kein Wunder, dass jener fromme, in das kirchliche Sonntagsgebet eingeschlossene Wunsch: »löbl. Stadt-Magistrat und Universität« sollen »immer freudig und friedlich« zueinander sein und »so fest und einig zusammenhalten [...] wie die Hirschhörner im Wappen der Stadt«[84], nur selten in Erfüllung ging und meist eben Wunsch blieb. Zumal die Universität diese jährliche Zusammenkunft nutzte, um sich immer wieder über die Zustände in der Stadt zu beschweren.

Fast stereotyp sind die Klagen, jährlich wiederkehrend[85]: Das Tübinger Brot sei schlecht, die Bäcker mischten Gerste, ja, sogar Saubohnen unter den Dinkel. Gerade so verhalte es sich mit dem Fleisch, dort würde insbesondere Kuhfleisch als Ochsenfleisch verkauft. Der Holzpreis sei viel zu hoch, das Wildbret überteuert. Die Kerzen und das Unschlitt seien in Reutlingen besser und wohlfeiler. Auch Butter und Schmalz seien in Tübingen teurer als in Reutlingen oder Rottenburg. In den Tübinger Gasthäusern würde der Wein mit Most vermischt. Der Rosslohn sei zu hoch. Das Rasseln der Wägen bei Hochzeitsfahrten störe beim Studieren. Die Kleiderpracht der gemeinen Bürgertöchter sei unangebracht. Die Straßen seien wegen des verschiedensten Unrats unsauber. In der Stadtmauer gäbe es Lücken ...

Doch enden diese Sitzungen meist ganz friedlich, zumindest lassen dies die Protokolle vermuten, wo es oft so oder ähnlich heißt: »Als der Herr Canzler diese Gravamina [...] dem Magistrat zur Abbestellung angelegentlich empfohlen hatte und Letztere möglichste Abhülfe versprochen hatten, wurde den Herren Deputierten der löb. Universität mit einem Glas Wein aufgewartet, worauf die Conferenz ein Ende hatte.«[86]

Umgekehrt klagte der Stadtmagistrat über das Betragen der Studenten.[87] Mit »bestialischem Johlen« oder »ochsenmäßigem Gebrüll«, ja, gar mit Fenstereinwerfen störten sie die Nachtruhe. Die Feuerleitern würden weggetragen und an ihre Stellen Eggen gehängt. Und natürlich würden die Professoren von ihren Zoll- und Steuerfreiheiten zu weit gehenden Gebrauch machen.[88] Richtig Ärger gab es nur selten, aber dann gründlich. Etwa als die Universität einen fremden Metzger zum civis academicus ernannte und ihn damit der städtischen Gerichtsbarkeit und der Steuern entzog.

Den größten Eklat aber brachte 1702 das Ansinnen der Universität, künftig bei allen öffentlichen Auftritten, Umzügen oder Leichengängen »als geschlossenes Ganzes mit all ihren Angehörigen« den Vortritt vor den Stadtbehörden einzunehmen. Dieser »unnachbarliche Beschluß« erwies sich als unannehmbar. Ein Kompromiss wurde schließlich ausgehandelt, der ein sehr anschauliches Bild des Mit- und Gegeneinanders von Stadtbürgerschaft und Universität, von deren Rangfolge und Selbstverständnis zeichnet. Folgende Regelung wurde getroffen: Zuerst kommen die fürstlichen Abgesandten, dann der Senatus Academicus, dann der »Magistratus oppidanus«, danach die Studenten, nach diesen die Lehrer der Schulen, dann die ehrbaren Universitätsverwandten, dann die übrigen Universitätsangehörigen, schließlich die Bürger der Stadt nach Zünften »sortirt«.[89]

Feuersnot

Wer heute durch die Tübinger Altstadt geht, stößt immer wieder auf Straßen oder Straßenzüge, deren Entstehung eine planende Hand zu erkennen geben, die nicht wie die meisten anderen krumm und eckig verlaufen, an denen die Häuser nicht vor- und zurückspringen, sondern sich an einer Linie aufreihen. Sofern dies nicht in den letzten Jahren geschah, handelt es sich dabei um Resultate von Stadtbränden im 18. Jahrhundert. 1742 zerstörte ein

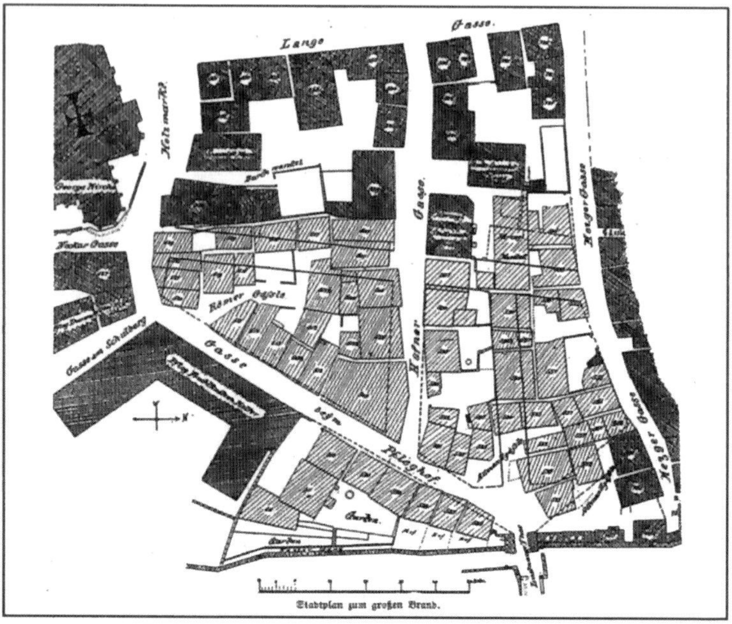
Lange Gasse
Holzmarkt
Hafner Gasse
Römer Gäßle
Pfleghof
Stadtplan zum großen Brand.

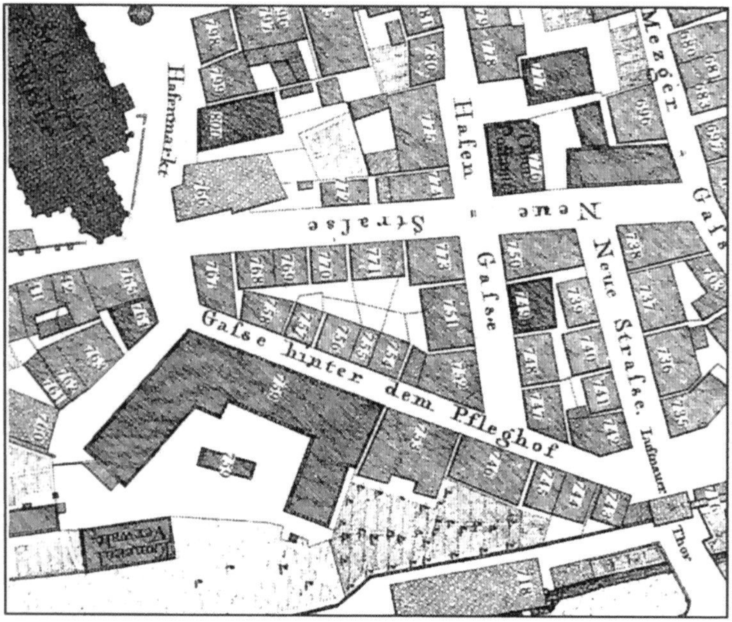
Hafenmarkt
Hafen Gaſse
Neue Straſse
Mezger Gaſse
Neue Straſse.
Gaſse hinter dem Pfleghof
Thor

Brand im und beim Spitalgelände rund 14 Häuser.

In der Nacht vom Samstag auf Sonntag, den 4. August 1771, brannte es beim Haagtor zwischen der Haag- und der Ammergasse. Diesem Brand, der mit Hilfe der Rottenburger und Reutlinger Feuerwehren begrenzt werden konnte, fielen zwei Menschen und 17 Häuser und Scheuern zum Opfer.

Den größten Brand erlebte die Stadt 1789. Ihm fielen im Verlauf der Metzgergasse, Pfleghofstraße und dem Holzmarkt 46 Häuser, acht Scheuern und der herzogliche Marstall zum Opfer. 104 Familien waren betroffen, die meisten wurden obdachlos. Die Umstände und die Folgen des Brandes erregten landesweites Aufsehen. Herzog Karl Eugen war zu Hilfe geeilt, seine Gemahlin Franziska soll – so will es die Überlieferung – persönlich Löschwasser aus dem Georgsbrunnen geschöpft haben. Wieder war die Kontrolle über das Feuer den benachbarten Feuerwehren zu verdanken. Die Tübinger selbst verhielten sich äußerst konfus. Anstatt zu löschen, schauten sie lieber zu: Der Gang um den Chor der Stiftskirche – ein besonders guter Schauplatz – »war mit Menschen bedeckt; die Steine aber waren mürb geworden von der Hitze, an den eisernen Klammern war das Blei geschmolzen, da stürzte plötzlich die Brüstung zusammen und schlug zwei Menschen auf der Stelle tot, zwölf andere wurden schwer verwundet weggetragen.«[90]

Mit dem Wiederaufbau wurde der Hofbaumeister Johann Adam Groß beauftragt, der eine völlige Neuaufteilung des Brandgebiets durchsetzte. Auch das Aussehen der neuen Häuser wurde bis ins Detail – Anzahl der Stockwerke, Dachformen, Fenstergrößen – vorgeschrieben. In weniger als drei Jahren entstand an der »Neuen Straße« ein neues, bis heute erhaltenes, in sich geschlossenes Stadtquartier, eine frühklassizistische Anlage, wie man sie in Württemberg nur selten antrifft.

Linke Seite: Der alte Häuserbestand vor dem Brand von 1789 (oben) und die Neuordnung des Viertels mit der Neuen Straße (unten)

Im Widerstand gegen den Herzog in vorderster Front

Doch sorgten nicht nur Feuersbrünste für Schrecken und Not. Kaum war Herzog Karl Eugen (1728–1793) 1744, 16-jährig, an die Regierung gelangt, kam es zwischen ihm und den Landständen, den Abgeordneten der Städte und Ämter auf dem Landtag, zu Spannungen. Die steigenden Aufwendungen des jungen Herzogs für die üppige Hofhaltung, für sein glanzvolles Ballett, die prunkvollen Schlossbauten, das große stehende Heer überschritten bald das normale Steueraufkommen des Landes. Zur Finanzierung musste Karl Eugen deshalb ungewöhnliche Schritte beschreiten: württembergische Soldaten an fremde Mächte verkaufen, neue Steuern erfinden. Ab 1755 eskalierte der daraus resultierende langjährige Konflikt zwischen dem katholischen Regenten und den auf die Rechte des Tübinger Vertrags von 1514 pochenden evangelischen Landständen.

Heinrich Dann (1720–1790), Tübinger Bürgermeister, Verfechter der städtischen Rechte gegenüber Herzog Karl Eugen. Porträt an der Rathausfassade

Zum Nest des Widerstands wurde Tübingen. Mit drakonischen Maßnahmen versuchte der Herzog den Willen seiner Widersacher zu brechen. 1759 ließ er Johann Jakob Moser (1701–1785), den angesehenen Rechtskonsulent der Landstände und einstigen Tübinger Rechtsgelehrten, widerrechtlich verhaften und auf den Hohentwiel gefangen setzen. Als sich dann der Tübinger Oberamtmann Johann Ludwig Huber (1723–1800) verweigerte, eine neue, vom Herzog gewünschte, vom Landtag aber nicht bewilligte Steuer zu erheben und sich gar in flammenden Reden gegen Willkür und Unrecht wandte – wofür ihn die Universität mit einem Doktordiplom ehrte – verfügte Herzog Karl Eugen im Juni 1764 die »militärische Exekution von Tübingen«[91]. »Zwei Regimenter Fußvolk und ein Kommando von Grenadieren zu Pferd« besetzten die Stadt, verhafteten den Obervogt, den Bürgermeister Steeb, den Kaufmann Lenz und den Wundarzt Rupf, die »Hauptwortführer«[92], und schaffte sie in Festungshaft auf den Hohenasperg.

Doch die Landschaft gab nicht klein bei und klagte, unterstützt durch den preußischen König Friedrich den Großen, am kaiserlichen Reichshofrat in Wien. Als Klageführer entsandte man den Tübinger Jakob Heinrich Dann (1720–1790), seit 1752 Bürgermeister der Stadt und Mitglied des engeren Ausschusses der Landschaft. Am 17. Februar 1770 kam es schließlich zum »Erbvergleich« zwischen Landständen und Herzog, in dem der alte Rechtszustand wiederhergestellt wurde und die im Tübinger Vertrag von 1514 festgehaltenen Grundrechte wieder Rechtskraft erhielten. Die Landstände, Tübinger voran, hatten den Fürsten in seine Schranken verwiesen.

Die Hohe Karlsschule als Konkurrenz

Kaum war Frieden eingekehrt, als sich für Tübingen eine weit größere Gefahr als neue Steuern auftat. Herzog Karl Eugen begann, des Reformunwillens der Tübinger Professoren satt, seine 1770 für Militärwaisen gegründete Schule auf Schloss Solitude zur Akademie auszubauen. Es wurden dort neben Medizin, Jura, Geographie, Geschichte auch moderne Fächer gelehrt: lebende Sprachen, Handelskunde, Forstwesen, Festungsbau. Rasch wurde die Solitude zu klein, weshalb der Herzog die Akademie 1775 nach Stuttgart verlegte.

Die in selbstgefälliger Idylle versunkene Eberhard-Karls-Universität Tübingen, die gerade erst ihren Herzog zum zweiten Namenspatron gewählt hatte, sah sich plötzlich konfrontiert mit einer ungemein lebendigen, vielseitigen, attraktiven, modernen Hochschule, die nach der Qualität ihrer Professoren, der Breite ihres Angebots und vor allem mit ihren Hörerzahlen Tübingen schnell überflügelte.

Als Kaiser Joseph II. der Hohen Karlsschule 1781 gar

Zum 300-jährigen Jubiläum der »Eberhardinae Carolinae«-Universität wird artig dem neuen Namenspatron »Carolus«, Herzog Karl Eugen, gedacht, obwohl der gerade dabei war, seine Hohe Karlsschule zur Gegenuniversität auszubauen.

den Rang einer Universität verlieh, schien die letzte Stunde für die Alma Mater Tubingensis gekommen. Und tatsächlich immatrikulierten in Tübingen 1782 gerade mal noch sieben neue Hörer: ein Mediziner, ein Jurist und fünf Theologen. Hätte es die Theologen und das Evangelische Stift nicht gegeben, die Tübinger Hochschule wäre aufgelöst worden. So lebte sie, mit etwa 150 Studenten, kümmerlich und siechend fort. Nur der Tod des Herzogs 1793 hat die sich abzeichnende Schließung der Universität verhindert.

Und als dann Karl Eugens Bruder und Nachfolger Ludwig Eugen unter dem Druck der Landstände, um zu sparen und aus lauter Angst vor »Jakobinern« 1794 überraschend die Hohe Karlsschule aufhob, befreite er Tübingen nicht nur von einer übermächtigen Rivalin. Er führte damit die Tübinger Universität samt der Kommune auch heraus aus der Stagnation und brachte beide auf den Weg der Erneuerung. Schließlich mussten die Lehrer und Studenten der aufgelösten Stuttgarter Hochschule irgendwo untergebracht werden und das konnte ja nur in Tübingen sein. Überraschend schnell gelang dann auch den Tübingern der Anschluss an die neue, moderne Zeit.

Im Königreich Württemberg

Das 19. Jahrhundert begann mitten in einer großen und langen Phase eines totalen Umbaus der Gesellschaft. Die Jahrzehnte vor und nach der Jahrhundertwende, von der Französischen Revolution 1789 bis zum Ende Napoleons 1815, waren zudem von kriegerischen Ereignissen geprägt. Der fundamentale Wandel, der nahezu alle Lebensbereiche in Politik, Wirtschaft und Gesellschaft betraf, verschonte auch Tübingen und seine Bewohner nicht. Allerdings gab es hier charakteristische Varianten, durch die Tübingen seine eigenartige Entwicklung und Gestalt erhielt. Hier waren die wirtschaftlichen Veränderungen weniger heftig, die sozialen

Blick auf Tübingen vom Österberg aus gesehen

Konflikte anders, die demographischen Veränderungen weniger stürmisch. Im 19. Jahrhundert wurde Tübingen recht eigentlich zur Universitätsstadt mit ihren Besonderheiten.

Tübingen hatte um 1800 etwa 6000 Einwohner[1]. Und die Zahl stieg ständig. 1841 waren es schon 8650. 1900 ergab die Volkszählung 15 323 Einwohner. Kräftiger noch wuchs in der Relation die Zahl der Studierenden, von 250 im Jahr 1803 auf 800 im Jahr 1850 und auf 1500 im Jahr 1900.

Die Französische Revolution und die Napoleonischen Kriege

Die Ideen der Französischen Revolution fielen in Tübingen vor allem im Evangelischen Stift, vermittelt durch Stiftler aus Mömpelgard und dem Elsass, auf einen fruchtbaren Boden. Hier wurde alles Neue trotz vieler Verbote begierig aufgenommen und weitergegeben. Die Eintragungen in den Stammbüchern und die Themen der Semesterarbeiten lassen keinen Zweifel an der Verbreitung revolutionärer Gedanken. 1792 hieß es dann auch in den Akten des Senats, »es seyen gegenwärtig unter den Studenten Gährungen, die nächstens zum Ausbruch kommen dörfften«.[2] Belegt ist, dass mehrfach die Marseillaise gesungen und 1794 der 14. Juli gefeiert wurde. Dass Hegel und Schelling einen Freiheitsbaum gepflanzt haben, berichtete ein Kommilitone 1839.[3] Tübingen und das Stift galten im ganzen Land als Hort der revolutionären Demokratie, es ging sogar das Gerücht, dass im Stift Königsmord und Anarchie gebilligt würden.[4]

Bei den Stadtbürgern beschränkte sich die Renitenz auf Murren und Lästern. Der Krieg, der in Folge der Revolution zwischen Frankreich und den verschiedenen Koalitionen im April 1792 begann und Europa bis 1815 erschütterte, brachte Not und Gefahr. Die Tübinger Bürgersöhne waren nicht mehr vom Kriegsdienst befreit, die Stadt musste Quartierlasten tragen. Da war es fast gleichgültig, ob wie schon im Oktober 1792 Reichstruppen, Franzosen, Österreicher oder Russen durch Tübingen zogen.[5]

Das Evangelische Stift, Hort der Französischen Revolution

Den Durchzug der Truppen nach der Schlacht von Leipzig 1813 beschrieb der Dichter Albert Knapp sehr anschaulich, wobei es ihm besonders die russischen Truppen wegen ihres fremdartigen Aussehens und ihrer Gewohnheit, bei jedem Wetter im Neckar zu baden, sehr angetan haben. Doch war deren Anwesenheit nicht immer harmlos. »Sie nahmen sich auch viel heraus«, heißt es bei Knapp. Die Angst vor Plünderungen und Übergriffen war groß, sodass manch eine junge Tübinger Frau zur Täuschung der französischen oder russischen Einquartierten sich als »altes Mütterchen« verkleidete.[6] Allein im Feldzug 1813/14 waren etwa 160 000 Mann der Alliierten durch Tübingen marschiert, was der Stadt unter anderem eine Typhus-Epidemie bescherte.[7]

Württemberg wird Königreich: neuer Staat und neue Bürger

Unter der Herrschaft Napoleons zerbrach das Alte »Heilige Römische Reich deutscher Nation«. Es entstanden neue Staaten, die von der Säkularisation geistlicher Güter und Mediatisierung der Reichsstädte und Reichsritter profitierten. Einer der Profiteure war Herzog Friedrich von Württem-

Der neue Botanische Garten vor dem Lustnauer Tor

berg, der König wurde und sein Land durch Napoleons Gnaden auf rund das Doppelte vergrößern konnte. Das neue Land wurde in vier Kreise (entspricht den Regierungspräsidien) und 64 Oberämter (entspricht den Landkreisen) eingeteilt. Den Regierungssitz für den Schwarzwaldkreis, zu dem das neue Oberamt Tübingen gehörte, erhielt Reutlingen, Stuttgart wurde die alleinige Hauptstadt. Tübingen konnte zwar das Obertribunal (Obergericht) behalten, verlor aber wie Ludwigsburg seinen Rang als Residenzstadt, wodurch nun auch manche landesherrschaftlichen Einrichtungen in der Stadt überflüssig wurden und Neuem Platz machten. So wurde 1803 das Schloss der Universität zur Nutzung übergeben, das Collegium Illustre wurde 1817 als Wilhelmsstift Heim und Ausbildungsstätte des katholischen Klerus und auf dem ehemaligen herzoglichen Tummelplatz entstand das Museum und der Botanische Garten. Immerhin brachten so die Veränderungen der Stadt und ihrer Universität nicht nur Verluste, sondern auch neue Entwicklungsmöglichkeiten.

Im neuen, vor allem durch katholische Territorien vergrößerten Königreich Württemberg wurde bei der Neuorganisation der katholischen Kirche 1817 nicht nur ein eigenes Bistum mit Sitz in Rottenburg errichtet, sondern auch zur Ausbildung des katholischen Priesterstandes eine eigene katholisch-theologische Fakultät mit Sitz in Tübingen. Dadurch wurde die Tübinger Universität zur ersten Hochschule mit zwei theologischen Fakultäten.

Durch Zuzug von Tagelöhnern und Handwerkern aus dem nahen einstigen Vorderösterreich und aus Oberschwaben wuchs die katholische Gemeinde rasch an. So wurde 1818 die erste katholische Kirche Sankt Wilhelm an der Stelle des Ballhauses errichtet. Gegen Mitte des 19. Jahrhunderts war die katholische Gemeinde auf etwa 300 Mitglieder angewachsen. Trotz offizieller Gleichberechtigung blieben aber die gesellschaftlichen Benachteiligungen der Katholiken weiter bestehen.

Noch schwerer hatten es die Juden, denn Württemberg ließ sich Zeit mit der versprochenen Gleichstellung. Das 1828 verabschiedete Emanzipationsgesetz enthielt so viele Einschränkungen, dass das Recht auf freie Niederlassung noch lange von den Gemeinden verhindert werden konnte. Noch 1850 sperrte sich in Tübingen der Gemeinderat mit allen Kräften gegen den Zuzug der Familie Leopold Hirsch aus Wankheim. Schließlich entschied die Kreisregierung zugunsten von Hirsch, aber die Aufnahme der Ehefrau und der Söhne konnte sie nicht durchsetzen.[8] Erst nach der vollständigen rechtlichen Gleichstellung 1864 zogen mehr Juden nach Tübingen, sodass die Ge-

Das Collegium Illustre wird zum Wilhelmsstift, eine Ausbildungsstätte für katholische Theologen.

Das Rathaus mit der astronomischen Uhr neben der Kanzel, vor 1850

meinde auf 90 Mitglieder anwuchs und 1882 eine Synagoge in der Gartenstraße baute.

Auf Grund der neuen Verfassung konnten im Königreich Württemberg die Bürger bei der Wahl ihres Ortsvorstehers mitwirken. Bei größeren Städten wie Tübingen durften sie dem König einen Dreiervorschlag unterbreiten, aus dem der sich seinen »Mann« auswählte. Der erste nach dieser Ordnung ernannte Stadtschultheiß wurde in Tübingen Johann Andreas Laupp aus Derendingen. Weil er seine vielen Nebenämter aufgeben sollte, trat er 1823 freiwillig zurück. Ihm folgte Ernst Wilhelm Bierer, der wegen seines »vorzüglichen sittlichen« Charakters vom König ernannt wurde, obwohl er deutlich weniger Stimmen erhalten hatte als der Tübinger Bürger Johann Andreas Adam.

Dem Stadtschultheißen zur Seite stand der Gemeinderat,

dessen Mitglieder zunächst auf zwei Jahre gewählt wurden, nach einer Wiederwahl allerdings auf Lebenszeit amtierten. Neben den Aufgaben in der städtischen Verwaltung führten sie auch Rechtsgeschäfte für Witwen und Waisen. Zudem gab es den Bürgerausschuss, ein eher repräsentatives Organ, das in der Regel beratend tätig war, nur in Finanzangelegenheiten war seine Zustimmung zwingend erforderlich. Kaufleute, Gastwirte und Handwerker dominierten im Gemeinderat, Handwerker und Weingärtner im Bürgerausschuss.

Zu den Bürgern zählten, nachdem im »Organischen Statut« für die Universität 1829 das akademische Bürgerrecht aufgehoben worden war, nun auch die neu berufenen »Universitätsangehörigen«. Den »alten« bisher Privilegierten blieben ihre Vor- und Sonderrechte, obwohl sie nicht mehr in eine moderne Gesellschaft von Gleichberechtigten passten, bis 1848 als persönliches Recht, was natürlich immer wieder für Ärger sorgte.

Unterschieden wurde zwischen Bürgern und Beisitzern. Nur die Bürger besaßen das volle Bürgerrecht mit Wahlrecht und Anteil an den gemeindlichen Nutzungen. Dafür war das Beisitzerrecht erheblich billiger. Beide Rechte erhielt man durch Geburt oder Erwerb, sie waren die Voraussetzung für die Niederlassung und Ausübung eines Gewerbes. Die Entscheidung lag beim Gemeinderat, der unerwünschte Konkurrenz verhindern konnte. So mussten sich auch Professoren aus dem Ausland, also Nicht-Württemberger, in einer württembergischen Gemeinde das Bürgerrecht erkaufen, wobei nicht wenige der neuen Tübinger Hochschullehrer dem Hagellocher Bürgerrecht den Vorzug gaben, weil dieses billiger als das Tübinger zu erwerben war.

Die wirtschaftliche Lage: Hungerkrise und »Weidekrieg«

Ein Hauptcharakteristikum der bürgerlichen Gesellschaft war die Durchsetzung einer neuen Wirtschaftsverfassung und dazu gehörte die Umgestaltung der Eigentumsverhältnisse. Es handelte sich dabei um die Ablösung der Zehnten und Fronen durch Geldzahlungen. Es wurden aber auch Nutzungsrechte der Bürger an der Allmende oder am Wald abgelöst. Dieser Vorgang zog sich sehr lange hin, von 1808 bis weit in die zweite Hälfte des Jahrhunderts.

Die ökonomischen Grundlagen der Tübinger waren Landwirtschaft, Handwerk, Handel und die Universität, insbesondere die Studierenden. In der Landwirtschaft waren der Weinbau und seit 1850 der Hopfenanbau am wichtigsten. Nicht nur die Weingärtner, sondern auch die Handwerker und die städtische Oberschicht, einschließlich der Professoren besaßen Grundstücke und Vieh.

Das Gewerbe war vom Handwerk geprägt, das mehr Staatssteuern aufbrachte als Handel, Fabriken, Wirtschaften und Mühlen zusammen, ja, eigentlich gehörte Tübingen, wie man lesen kann, »überhaupt nicht unter die eigentlichen Gewerbsstädte«.[9] Nur die Gebrüder Schweickhardt hatten bis 1848 unternehmerische Initiative gezeigt. Kaufleute, freie Berufe und die Professoren bildeten die Oberschicht. Die Studierenden sorgten für zusätzliche Einnahmequellen, um die Tübingen von anderen Städten beneidet wurde. Bedienstete, Vermieter, Gastwirte, Fuhrleute, Kutscher und Pferdehalter sowie Buchdrucker und Buchbinder orientierten sich an den Bedürfnissen der Universität, die auch der eigentumslosen Unterschicht wichtige Verdienstmöglichkeiten boten.

Glaubt man dem Eindruck von Karl August Varnhagen von Ense nach seinem Besuch in Tübingen 1809, dann waren die ökonomischen und »geselligen« Verhältnisse in Tübingen bescheiden: Das Sofa beim Verleger Cotta sei etwas Besonderes und gelte als Luxus.[10] Ein Vergleich der Höchstbesteuerten der sieben »guten Städte« des Landes zeigt für Tübingen eine »relativ wohlhabende Schicht von Großhändlern, Gastwirten und Handwerksmeister«[11], deren Steueraufkommen deutlich höher war als in den meisten Oberamtsbezirken.

In den Jahren 1816/17 wurde Württemberg von einer durch schlechte Ernten ausgelösten Hungerkrise heimgesucht. Max Eifert hatte die Hungerjahre als Achtjähriger

Das Haagtor vor seinem Abbruch, um 1830

erlebt und beschrieb sie aus seiner Tübinger Erfahrung: »Wem [...] sind nicht solche Scenen im Gedächtniß, wie mit dem Hungertod ringende Menschen nach Hülfe in die Stadt wankten, und mit der grauenhaften Heißgier wilder Thiere mit Schaum vor dem Munde die Bissen verschlangen, die das Mitleid ihnen reichte, wo es selbst etwas zu geben hatte.«[12]

Die Auswirkung war mit regionalen Besonderheiten im ganzen Land ähnlich. Typisch für Tübingen ist, dass der berühmte Medizinprofessor Johann Heinrich Ferdinand Autenrieth im März 1817 die Verwendung von Holzmehl als »eine sehr schätzbare Aushilfe in Zeiten großer Not« empfahl. Er selbst hatte von dieser Möglichkeit gehört und Versuche gemacht. Zunächst an einem jungen Hund, den er nach sieben Tagen tötete und sezierte; danach aß er selbst Suppen aus Birkenholzmehl.[13] Das Einbringen des ersten Erntewagens am 28. Juli war ein großes Fest. Die gesamte Schuljugend ging dem Wagen entgegen, nahm ihn in die Mitte und zog unter dem Läuten sämtlicher Glocken auf den Holzmarkt. Diakon Steudel erinnerte in

Blick über die Eberhardsbrücke zur Neckarfront der Stadt

seiner Dankespredigt daran, dass nicht viel gefehlt habe, »dass es mit uns gar aus geworden wäre«.[14]

Im Zusammenhang mit dieser Erfahrung kam es 1818 zum »Weidekrieg«.[15] Nach Eifert hatte die untere Stadt darauf gedrängt, wie die »besseren« Bewohner der oberen Stadt die Wöhrdweide benutzen zu können. Das Verlangen sei abgeschlagen und das Neckartor verschlossen worden. »Da drängte sich eines Morgens brüllend die ganze Herde der unteren Stadt, die Weingärtner drohend in Masse darunter gemischt, wie ein feindliches Heer die Neckargasse herab gegen das geschlossene Tor und begehrte Öffnung.« Polizeikommissar Groß habe die Masse nicht mehr stoppen können, sodass diese das Tor gewaltsam aufgesprengt hätten. Tatsächlich handelte es sich bei dieser Szene um ein partielles Ereignis in einer größeren Auseinandersetzung.

Am 7. Mai 1817 hatten 43 Bürger an das Oberamt und den Gemeinderat den Antrag gestellt, den Viehtrieb einzustellen und die Stallfütterung einzuführen. Oberamtsarzt Uhland schrieb dazu: »Selten ist seit geraumer Zeit ein Jahr vorübergegangen, ohne daß durch den Trieb der Kühe- oder Ross-Heerde durch die engen Straßen der Stadt entweder Kinder, oder Alte, welche nicht schnell ausweichen konnten, oder Übelhörende durch Stoßen oder zu Bodenwerfen oder Tretten mehr oder weniger verlezt worden wären.«[16] Bei der Einstellung des Viehtriebs ging es auch um die Aufteilung der Weide, der »Allmand« auf die Bürger. Am 26. Januar 1818 wurde gegen vier Stimmen die Verteilung der Allmenden beschlossen, aber 134 Anhänger des Viehtriebs aus der Oberstadt beschritten den Rechtsweg und verhinderten die Durchführung. In diesem Zusammenhang war es zum oben beschriebenen gewaltsamen Streit gekommen. Schließlich wurde noch 1818 ein mit einem Friedens- oder Frühlingsfest gefeierter Kompromiss gefunden, der die Beweidung nur noch einige Zeit vorsah – sie wurde erst im September 1841 vollständig eingestellt.

Tübingen und der Verfassungskampf 1815 bis 1819

In den Auseinandersetzungen um die Modernisierung Württembergs wirkten vier bedeutende politische Persönlichkeiten in Tübingen. Freiherr von Wangenheim war 1811 Kurator der Universität geworden und wurde 1816 als Minister wieder nach Stuttgart gerufen, Schreiber Friedrich List studierte 1811 in Tübingen und wurde 1817 Professor an der neuen Staatswirtschaftlichen Fakultät, Ludwig Uhland wurde durch seine Gedichte für das »alte, gute Recht« eine nationale Berühmtheit. Der jüngste war der Tübinger Bäckersohn Johannes Schlayer, der später als Innenminister zum mächtigsten Mann Württembergs aufstieg. Uhland und List, damals 24 und 22 Jahre, trafen sich 1811 und 1812 mehrfach bei Kaufmann Christoph Friedrich Knaus am Markt.[17]

Als der König 1815 aus eigener Machtvollkommenheit eine Verfassung erlassen wollte, stieß er in der Ständeversammlung (Parlament) auf massiven Widerstand, darauf löste er sie am 5. August auf. Nach Bekanntwerden des Auflösungserlasses in Tübingen zog am Abend ein

»Haufen von Bürgern und Handwerkspurschen, auch Studenten durch die Straßen und brachten Hochs auf die alte Verfassung aus, was in ein wildes Gebrüll ausartete«.

Am nächsten Tag gab es »stürmische Versammlungen«, das Volk drängte sich auf die Straße und warf dem Oberamtschirurgen Fehleisen die Fenster ein, der als heimlicher Anhänger des Königs galt.[18] Als dann nach vier Jahren eine neue Verfassung, wie von den Altrechtlern gefordert, vereinbart worden war, gab es in Tübingen ein großes Fest. Die Honoratioren feierten in der Traube, die Bürger im Löwen, nur Uhland war bei beiden Veranstaltungen.[19] Bei der Wahl zum ersten ordentlichen Landtag 1820 wurde er dann mit großer Mehrheit zum Abgeordneten der Stadt gewählt.

Tübingen in der nationalen Bewegung

Die Idee der Nation barg für den dynastischen Gedanken und die alte Ordnung eine große Sprengkraft. Die frühen Träger waren die Studierenden, Sänger und Turner, die Medien waren Literatur und Musik. Tübingen hatte einen großen Anteil an der nationalen Bewegung: als Verlagsstadt mit Cotta und den Jahrbüchern der Gegenwart sowie Uhland, Silcher und einigen in ganz Deutschland bekannten Hochschullehrern, Protagonisten der Turnbewegung wie Karl Völker. Einen gewichtigen Beitrag leisteten die Studenten, insbesondere die neuen studentischen Verbindungen.

Die Burschenschaft erstrebte die Verbesserung der studentischen Sitten, Pflege der Bildung und Vereinigung aller Studenten in einer nationalen Organisation, um die Einheit Deutschlands zu erreichen. Stadt und Universität tolerierten die Burschenschaft und das jährliche Waterloofest, das seit 1816 regelmäßig um den 18. Juni auf dem Wöhrd gefeiert wurde. Am eindrucksvollsten war wohl das Fest von 1819. Nach einem Wettturnen versammelten sich die Teilnehmer auf dem Marktplatz und zogen »durch die Hauptstraßen über die Brücke und den Wöhrd in die Lindenallee«. Dort gab es Reden, Gedichte und Lieder.[20]

Verbindungsstiftend auf dem Weg zur Nation war das Turnen. Die Einheit, so dachten die Väter der Turnbewegung, sollte die Freiheit bringen und beschützen.[21] In Süddeutschland gehörte Tübingen zu den frühesten Turnorten.[22] Der Initiator war Karl Völker, der am Kampf gegen Napoleon teilgenommen hatte und nun in Tübingen das Turnen organisierte. Seine ersten Turnstunden fanden im Winter 1818/19 auf dem Schloss statt, im Frühjahr stellte dann die Stadt einen Platz auf dem Unteren Wöhrd zur Verfügung. Bald »wimmelte der Turnplatz von kräftig sich tummelnden Gestalten, beinahe jeden Abend war der Heimzug von mehr als 200 Turnern mit Gesang [...] ein Festzug«.[23] Nach dem Attentat des früheren Tübinger Studenten Karl Ludwig Sand auf Karl Kotzebue wurde die Burschenschaft 1819 verboten und die Turnanstalt aufgelöst; Karl Völker wurde aus Tübingen ausgewiesen. Die im Vergleich tolerantere Einstellung des württembergischen Königs gegenüber der Burschenschaft fand ihr Ende, als die preußische Regierung 1824 ihren Untertanen verbot, in Tübingen zu studieren. Ein geringfügiger Anlass wurde dazu benutzt, einen Regierungskommissar mit einer eigenen Polizeitruppe zur Unterdrückung des studentischen Verbindungswesens nach Tübingen zu schicken, der dann bis zum 22. Januar 1829 für »Grabesruhe« sorgte.[24]

Die durchaus auch politisch motivierte Sängerbewegung erhielt durch die Ernennung von Friedrich Silcher zum Universitätsmusiklehrer einen wichtigen Impuls. 1824 dirigierte er auf dem Marktplatz die Marseillaise, 1829 gründete er die Aka-

Die Studenten formieren sich in der Burschenschaft oder in Verbindungen.

demische Liedertafel. Ein Jahr vorher hatte Schulmeister Friedrich Wüst den Sängerkranz gegründet. Die Sänger pflegten ein gemeinsames Liedgut, veranstalteten Benefizkonzerte zu sozialen und politischen Zwecken und trafen sich mit befreundeten Vereinen zu Liederfesten. Eines der frühen Liederfeste fand 1843 in Tübingen statt.

Die nationale Bewegung unterstützte die Freiheitsbestrebungen anderer Nationen, bei Studierenden und Bürgern waren die Sympathien für die freiheitlichen Bewegungen groß, besonders für Griechen und Polen. Uhland gehörte der Philhellenengesellschaft an und war Führer der württembergischen Polenbewegung. Die Museumsgesellschaft veranstaltete zu Gunsten der aufständischen Polen im Februar 1832 eine Lotterie. Einer der durchziehenden Polen, Conditor Friedrich Genschowsky, ließ sich dauerhaft in Tübingen nieder, er übernahm das Café am Markt und wurde 1854 in den Gemeinderat gewählt.[25]

Museum und Museumsgesellschaft

Die Museumsgesellschaft und das Museum verdanken ihre Existenz mehreren Lesegesellschaften der Professoren, der Stadtstudenten und der Stiftler. Das bürgerliche Zeitalter war bildungsbeflissen, denn Bildung sollte nicht mehr nur ein Instrument der Herrschaft sein. 1818 und 1820 schlossen sie sich zur Vereinigten Lesegesellschaft zusammen, die im gleichen Jahr den Bau eines Ortes der Geselligkeit und Bildung beschloss. Das notwendige Kapital sollte durch Aktien zusammengebracht werden. 26 Gesellschafter – 20 Universitäts- und sechs Stadtbürger – zeichneten Aktien in der enormen Höhe von 39 600 Gulden. Das war in der Tübinger Geschichte ungewöhnlich, denn man kann dieses Kapital ohne weiteres mit mehreren Millionen Euro gleichsetzen. Am Waterlootag 1821 wurde der Grundstein gelegt und schon im August das Haus eingeweiht. Die Aktionäre blieben Hauseigentümer bis 1832, erst dann wurde das »Museum« Besitz der Museumsgesell-

Das neu erbaute »Museum« vor dem Lustnauer Tor

schaft. Für das kulturelle und gesellschaftliche Leben brachte die Museumsgesellschaft eine große Bereicherung.[26]

Universitätsverlegung 1826

Im Oktober 1826 erschütterte das Gerücht, die Universität werde nach Stuttgart verlegt, die Stadt und ihren Gemeinderat. Nahrung bekam dieses durch eine in Offenbach erschienene Schrift, in der ein Anonymus die Verlegung empfahl. Sie trug den Titel: »Ueber den gegenwärtigen Zustand der Universität und das leichteste Mittel, Ordnung und wissenschaftlichen Geist ohne Zwang daselbst wieder herzustellen.« Darin wurden die Studierenden wegen ihres politischen Verhaltens kritisiert und die Stadt wegen ihrer ungenügenden Sauberkeit und Annehmlichkeit: »Die Lindenallee des Wörths ist voll von Löchern und daher bei schlechtem Wetter unbrauchbar. Bei Regen tiefer Kot auf den Straßen, bis 8 Uhr wird Menschenkot auf die Felder getragen, Luft verpestet, Rindviehherden bei

Blick vom Tübinger Marktplatz in die Hirschgasse

Tag, Wägen und ledige Pferde bei Nacht.«[27]

Nun reagierte der Gemeinderat rasch und versprach, »allen jenen Forderungen willfährig zu entsprechen, die für einen angenehmen Aufenthalt sowohl der Universitäts Angehörigen als der Fremden gerecht werden könnten«. Zugestimmt wurde der Aufstellung eines Bebauungsplans, der Abschaffung des Viehtriebs und der Einrichtung einer Straßenbeleuchtung.[28]

Erst nach diesen Zusagen schickte die Universität eine Stellungnahme zugunsten des Standorts Tübingen an das Ministerium, in der es hieß: Stuttgart würde zwar einen besseren Praxisbezug und mehr Sammlungen bieten, Tübingen aber habe eine gesunde Lage, niedrigere Preise und die »anerkannt schöne Natur«. Das Fehlen von Handel und Gewerbe wurde »wegen der daraus entspringenden Stille und Geräuschlosigkeit« für vorteilhaft angesehen. Tübingen, so lässt sich das Senatsgutachten zusammenfassen, biete bessere Voraussetzungen für eine an Wissenschaftlichkeit orientierte Lehre als Stuttgart. »Die Mängel der Stadt Tübingen in Hinsicht auf Policey und Bauart« könnten ja beseitigt werden.[29]

Der Gôgen-Aufstand von 1831

Gôgen-Aufstand ist ein Begriff aus späterer Zeit für einen Vorfall, der in den Quellen »Landjäger-Auflauf« hieß. Den Anlass zu diesem Konflikt gaben die Landjäger, die Hauptakteure waren die Bewohner der unteren Stadt.

Am Sonntag, den 16. Januar 1831, wollte ein Landjäger an zwei Flüchtenden den Verstoß gegen die Sperrstunde ahnden. In seinem Eifer rutschte er auf dem eisigen Boden aus und fiel hin. Der vorbeikommende Weingärtner Rudolph Kost kommentierte diesen Vorgang trocken: »Es wäre besser, ihr Herrn, wenn ihr hier in der untern Stadt auch Sand streuen und die Schleifen aufhauen ließet, wie es in der obern ge-

Das Studentencorps, das 1831 mithalf, den »Gôgen-Aufstand« niederzuwerfen

Fluchtartig verlassen 1831 die ungeliebten Landjäger die Stadt durch ein Tor am Ende der Langen Gasse.

schieht, als den jungen Leuten nachsetzen, so würde Niemand fallen.« Der erzürnte Landjäger wollte nun den Kost verhaften, der aber »wand sich als starker Mann los, entsprang und hintendrein der Gensdarm«. Kost wollte über einen Zaun, da streckten ihn mehrere Säbelhiebe nieder.[30] Schwer verletzt wurde er nach Hause gebracht und dort streng bewacht. In den folgenden Tagen erschienen »Schmähschriften«, es gab nächtliche Zusammenrottungen und Drohungen gegen Behörden und die obere Stadt. Ein Gerücht besagte, dass die Bauern der Umgebung den Weingärtnern zu Hilfe eilen würden.

Am 21. Januar zogen lärmende Haufen gegen die Oberamtei, »verlangten Entfernung der Landjäger und drohten mit Todtschlag; vergebens suchte der Stadt-Director zu beschwichtigen – schon zogen schreiende Rotten durch die obere Stadt, und der geringste Anlass hätte zu Gewalttaten führen können: da traten auf Anregung des Senats die Studenten bewaffnet zu einer Sicherheitswache zusammen, die Bürgergarde besetzte das Rathhaus und die Amthäuser, die Studentenschaft die Thore, und theilte sich mit den Bürgern in die Patrouillen. Dies erschreckte den Pöbel.«[31] Auf der Krisensitzung am folgenden Tag wurde beschlossen, vom König die Entfernung der Landjäger zu erbitten. In der nächsten Nacht gab es eine neue »Zusammenrottung«.

Die Unruhe hielt an, bis der Oberamtmann die Landjäger aus der Stadt entließ. Schließlich wurden Urheber und Verbreiter der Schmähschriften entdeckt: Es waren der Jurastudent Stephan Lang und der Medizinstudent Karl Kolb sowie Bäcker Friedrich Reutter und Knopfmacher Friedrich Dürr. Nach deren Verhaftung zog eine neue Polizeiwache auf und die Landjäger endgültig ab, damit war der Gôgen-Aufstand beendet.[32]

Manche feierten die Studierenden, weil sie den drohenden Angriff der Bauern und den Aufstand verhindert hätten. Das Hauptverdienst für die Beilegung des Konflikts kam aber dem Oberamtmann zu, der auf eigene Verantwortung die Landjäger entfernt hatte und dafür strafversetzt wurde.[33]

Wirkliche Gefahr hatte den Tübingern nur vom Militär gedroht, »denn in Ludwigsburg war bereits der Befehl gegeben worden, viele tausend scharfe Patronen, ja, grobes Wurfgeschütz, Granaten, in großer Zahl parat zu halten, um jeden Augenblick Truppen damit nach Tübingen marschiren lassen zu können. Also hätte der Mitbürger den Mitbürger tödten, hätte Tübingen beschossen werden sollen, weil seine Bürger eine tyrannische, gesetzwidrige Polizeigewalt, gegen die sie vergeblich auf jede Weise protestirt hatten, nicht länger ertragen konnten.«[34]

Uhlands Entlassung und Pfizers Wahl

Nach der Julirevolution von 1830 in Frankreich bekam die liberale Bewegung im Land Auftrieb. Ludwig Uhland kandidierte in Stuttgart für die Abgeordnetenkammer. Weil er keinen Urlaub bekam, bat er um Entlassung aus seinem Hochschulamt, die der König »sehr gerne« gewährte. In Tübingen bewarb sich Uhlands Freund Paul Pfizer, der zu den führenden Vertretern des südwestdeutschen Liberalismus gehörte. Er war weit über Württemberg hinaus bekannt geworden durch den »Briefwechsel zweier Deutscher«, in dem er sich für eine preußische Führung Deutschlands bei gleichzeitiger Souveränitätseinbuße der anderen Fürsten aussprach. Der württembergische König empfand dies als Kränkung seiner Person und das sollten Pfizer und mit ihm Tübingen bald zu spüren bekommen. Er quittierte den Staatsdienst, um sich frei äußern zu können. Damit galt er nun als Märtyrer der liberalen Sache. Dies allein genügte, dass ihn die Tübinger im Herbst 1831 in den Landtag wählten.[35] Nach dem erfolgreichen Antrag Pfizers, die Zensurbeschlüsse des Bundes aufzuheben, löste der König den Landtag am 22. März 1833 auf.

Der nun folgende Wahlkampf in Tübingen, wo Pfizer wieder kandidierte, übertraf alles bisher Erlebte: »Nun standen sich wahrhaft feindlich die Parteien entgegen, selbst im gewöhnlichsten Verkehrsleben zeigte sich die Spaltung, Leidenschaft und persönlicher Hass begann jetzt in den Streit sich zu mischen, dem Stadtrath war die Ehrerbietung aufgekündigt, Ueberläufer fielen in allgemeine Acht und Aberacht, und ungeheure Aufregung und Spannung war in allen Kreisen.« »Kranke, fast Sterbende wurden in Sänften aufs Rathaus getragen, um keine Stimme zu verlieren.«[36] In diesem Wahlkampf arbeiteten Studierende und Liberale zusammen gegen die »rastlose Tätigkeit« des Stadtdirektors Ströhlin, der die Bürger bespitzeln ließ und Druck auf die Wahlmänner ausübte. Dennoch gaben 93 von 137 Wahlmännern Pfizer erneut ihre Stimme.[37]

Ludwig Uhland (1787–1862), Dichter, Gelehrter und Politiker, ist an der Rathausfassade porträtiert.

In der Hochstimmung feierten die Studenten am 6. Juni 1833 den Jahrestag des Pariser Juniaufstands. Die Festlichkeit fand im Garten der Tobisei statt. Diese stand an der heutigen Ecke Gmelinstraße/Nauklerstraße. Auf dem Heimweg entstand ein Tumult, sodass die Polizei eingriff und einige der lautesten Studenten festnahm.[38] In dem Vorgang wurde eine Verbindung zum Frankfurter Wachensturm gesehen und deshalb ein Bataillon Infanterie mit 400 Mann aus Ludwigsburg nach Tübingen verlegt.[39]

Weitere Maßregelungen: David Friedrich Strauß und Friedrich Theodor Vischer

Die aus Ludwigsburg stammenden angehenden Theologen David Friedrich Strauß und Friedrich Theodor Vischer bezogen 1826 gemeinsam das Evangelische Stift. Ihr Lehrer in Blaubeuren war Ferdinand Christian Baur, der ebenfalls 1826 nach Tübingen als Professor für historische Theologie berufen wurde. Er war der Begründer der Tübinger Schule der Theologie und gilt manchen als der bedeutendste Tübinger Theologe.[40] Von seinen Schülern erregte Strauß mit seinem 1835 bei Osiander erschienenen Buch »Das Leben Jesu« allergrößtes Aufsehen. Sein Versuch, die Evangelien mythologisch zu erklären, stieß bei den Altgläubigen auf völliges Unverständnis, sodass ein Sturm der Entrüstung durch das Land ging. Seine Karriere als Wissenschaftler war beendet. Der Versuch, ihn nach Zürich zu berufen, löste dort revolutionäre Unruhen aus. Im Land konnte man über ihn hören: »Man sollte dem die Augen ausstechen und Hände und Füße abhauen.«[41]

Friedrich Theodor Vischer (1807–1889), 1826 Stiftsstudent, 1837 Professor für Ästhetik und Literaturgeschichte in Tübingen, 1848 Abgeordneter der Paulskirche in Frankfurt

Sein Freund Vischer verließ die Theologie und wich in die Ästhetik und Literaturwissenschaft aus. Seine Antrittsrede vom 21. November 1844 beendete er mit einem kämpferischen Bekenntnis zum Pantheismus. Nun sollte auch Vischer von der Universität entfernt werden, aber der Senat der Universität sprach sich für die Lehrfreiheit aus. In einem Kompromiss wurde ein Vorlesungsverbot für zwei Jahre verhängt. Keiner der Schüler Baurs konnte also eine wissenschaftliche Karriere als Theologe einschlagen.

Zu den Denkern kommen die Dichter

Tübingen ist unzweifelhaft spätestens seit der Universitätsgründung eine Stadt der großen Denker, Forscher und Gelehrten, ein Hort des Geistes und des Wissens. Zur Stadt der Dichter, zum »Sitz der Musen« wurde Tübingen allerdings erst im 19. Jahrhundert. Was nicht heißen soll, dass es nicht auch schon vorher bedeutende Dichter in der Stadt gegeben hätte – man denke an Heinrich Bebel, Nikodemus Frischlin oder Christoph Martin Wieland.[42]

Der Turm am Neckar, Wohnort des kranken Friedrich Hölderlin von 1807 bis zu seinem Tod 1843

Doch im 19. Jahrhundert ergoss sich gewissermaßen ein wahres Füllhorn von Dichtern auf die Stadt, so zumindest wurde es schon von den Zeitgenossen wahrgenommen. Den Reigen der namhaften Schriftsteller und Poeten, denen die Stadt diesen Ruf verdankt, eröffnet Friedrich Hölderlin (1770–1843), der als Theologie-Student im Evangelischen Stift, von Schiller gefördert, seine Karriere begann und als Kranker die letzten 36 Jahre seines Lebens in Tübingen unten im Turm am Neckar bei der fürsorglichen Familie des Schreinermeisters Zimmer zubrachte.[43] Für viele später geradezu ein Wallfahrtsort. Er sei »gruft und tempel« zugleich, wohin »die künftigen mit kränzen zu wallen« eingeladen werden, meinte Stefan George Jahrzehnte später.[44] Wie auch immer: Der Turm zählt gewiss zu den bedeutendsten literarischen Gedenkstätten Deutschlands.

Am meisten zu Tübingens Ruhm beigetragen hat jedoch Ludwig Uhland (1787–1862) zu seinen Lebzeiten.[45] Er, um den es heute ruhig geworden ist, war im 19. Jahrhundert der populärste deutsche Dichter.

Die von Eduard Mörike (1804–1875) besungene Kegelbahn in Schlosswirts Garten

Kaum eine deutsche Stadt, ein deutsches Dorf, das damals nicht eine Straße nach ihm benannt hat. Zwar beruhte sein Bekanntheitsgrad zu einem großen Teil auf seiner Rolle als Politiker, als unerschrockener Landtagsabgeordneter, als Kämpfer um das »alte, gute Recht« des Tübinger Vertrags gegenüber dem württembergischen König und als »aufrechter Demokrat« in der Frankfurter Paulskirche 1848/49. Doch war auch sein dichterisches Werk längst »in des Volkes Seele eingegangen«[46]. Und noch immer gehören seine Gedichte, viele von Friedrich Silcher vertont, zum Repertoire eines jeden deutschen Liederkranzes, Gesangvereins und Männerchors: »Das ist der Tag des Herrn«, »Bei einem Wirte wundermild«, »Droben stehet die Kapelle«, »Die linden Lüfte sind erwacht«, »Ich hatt einen Kameraden«. Auch wenn seine Balladen »Des Sängers Fluch« oder die »Schwäbische Kunde« heute kaum noch bekannt sind, so ist daraus doch auch manches in den Volksmund eingegan-

Der Verleger Johann Friedrich Cotta (1764–1832). Porträt an der Tübinger Rathausfassade

gen: »Viel Steine gab's und wenig Brot«, »der wackre Schwabe forcht sich nit«.

Doch haben zu Tübingens Ruf als Stadt der Dichter noch viele andere beigetragen. Da wäre Wilhelm Hauff (1802 bis 1827) zu nennen, dessen Märchen noch heute nichts von ihrer eleganten Erzählkunst eingebüßt haben und dessen »Lichtenstein« die Gattung des historischen Romans nach Walter Scotts Muster in der deutschen Literatur eröffnete[47]. Oder Eduard Mörike (1804 bis 1875), der vor allem mit seinem »Stuttgarter Hutzelmännlein« und der »Historie von der schönen Lau« bekannt geworden ist und dessen Lyrik »Frühling lässt sein blaues Band« mit zu dem besten zählt, was in Deutschland je geschrieben wurde.[48]

Zu erwähnen ist Justinus Kerner (1786–1862), in dessen Zimmer im Martinianum, Münzgasse 13, sich die »Ritter des Geistes« – allen voran Ludwig Uhland – in der »Schwäbischen Dichterschule« trafen, um gegen »die letzten Verfechter des alten Zopfregiments in der vaterländischen Literatur« gewaltige »teutsche Hiebe« zu führen[49]. Aber auch Gustav Schwab (1792–1850), dessen Freundschaftsbund, die »Romantika«, im Lamm am Marktplatz tagte, der den Literaturteil des Cotta'schen »Morgenblatts« redigierte, mit Adelbert von Chamisso den in Leipzig erscheinenden »Musenalmanach« herausgab und dessen »Sagen des klassischen Altertums« in keinem Bücherregal fehlen durften.[50]

Erinnert werden darf an die Stiftler Albert Knapp (1798 bis 1864), den Kirchenliederdichter – »Eines wünsch ich mir vor allem andern« –, und an Karl Gerok (1815–1890), dessen »Palmblätter« zur Pflichtlektüre pietistischer Kreise gehörten. Aber auch an die Stiftsrebellen: an den genialischen Wilhelm Waiblinger (1804–1830), der in Rom begraben liegt, an Georg

Herwegh (1817–1875), der als Arbeiterdichter zu Ruhm kam – »Alle Räder stehen still, wenn Dein starker Arm dies will« –, oder Hermann Kurz (1813 bis 1873), dessen 1854 erschienener Roman »Der Sonnenwirt«, das früheste Zeugnis des deutschen literarischen Realismus, zu unrecht weitgehend vergessen ist.

In ganz Deutschland gelesen wurden die Erzählungen »aus den schwäbischen Pfarrhäusern«, die »Bilder und Geschichten aus Schwaben« von Ottilie Wildermuth (1817 bis 1877), der in ihrer Zeit als Erfolgsschriftstellerin und Bestsellerautorin prominentesten Tübingerin.[51] In der Fremde zu Ansehen und Berühmtheit gelangte der in Tübingen wegen »burschenschaftlicher Umtriebe« relegierte Student der jüdischen Theologie Berthold Auerbach (1812 bis 1882) durch seine »Schwarzwälder Dorfgeschichten«.[52]

Zum Ende des 19. Jahrhunderts beschließen diesen »Dichterreigen« Hermann Hesse und Isolde Kurz. Hesse (1877–1962) erlernte von 1895 bis 1899 in Tübingen bei Heckenhauer das Buchhändler-Handwerk und arbeitete als Sortimentsgehilfe. Seine Novelle »Im Presselschen Gartenhaus« erzählt meisterlich vom »alten Tübingen« und der Freundschaft zwischen Waiblinger, Mörike und Hölderlin[53]. Isolde Kurz (1853–1944) setzte in ihrem Erinnerungsbuch »Aus meinem Jugendland« der Stadt ein Denkmal.

Dass Tübingen zur Stadt der Dichter, des Buches wurde, das ist natürlich auch ein Verdienst der Verleger, allen voran Johann Friedrich Cotta (1764 bis 1832), der einst »die Hand über die ganze Welt hatte«, wie Heine einmal anmerkte. Dass die Stadt ihren Ruf bis heute bewahrt hat, verdankt sie auch all jenen, die sich Tübingens und der Tübinger als literarischen Stoffes bedienten oder noch immer bedienen wie Arnold Zweig, Paul Celan, Peter Weiss, Johannes R. Becher, Walter Jens, Hans Mayer oder Peter Härtling.

Stadtbild: Entwicklung und Verschönerung

Die ganze Gegend von Tübingen ist mit ihren herrlichen Thälern und Berggeländen ganz dazu angethan, ein jugendliches Herz zu entzücken«, schrieb Albert Knapp

1867.[54] Auf Isolde Kurz hinterließ »die reizvolle, wunderliche Stadt mit dem kühnen Profil und der entzückenden Lage« einen tiefen Eindruck.[55] Doch gab es auch andere Stimmen. James Henry dichtete über Tübingen: »Between the Neckar- and the Ammer-Thal / On the dividing hill, lies Tübingen, / Dirtiest of cities; on each side a marsh.«[56] Am meisten ärgerte sich Friedrich Theodor Vischer über das »Saunest« und den »Dreck in der Unteren Stadt«.

Die Sauberhaltung der Stadt erforderte einen hohen Aufwand. Es war die Lage und die mangelhafte Entsorgung, die den Dreck, Mist und Gestank in der Unterstadt verursacht hatten. Vieh hielten weiterhin auch die Bewohner der Oberstadt. Der öffentliche Raum diente aber auch noch als Stell- und Lagerplatz für Holz und Gerät. Es ist wohl mancher in der unbeleuchteten Stadt über eine Deichsel gestolpert. Weil die »Sauberkeit« für die Bewohner der unteren Stadt wirtschaftlich nachteilig war, konnte sie nur mit Strafen durchgesetzt werden. So wurde die Straße der privaten Nutzung entzogen. Wagen durften nicht mehr in den Straßenraum ragen, Holzstapel mussten entfernt, Hühner eingesperrt werden. Die Großtierbesitzer wurden angehalten, die notwendigen Dungstätten außerhalb der Stadt anzulegen, Fäkalien und Unrat mussten in geschlossenen Behältern im Sommer vor fünf Uhr beseitigt werden. Die Studierenden mussten Verbote zum Schutz der Nachtruhe hinnehmen und durften auf ihren Pferden nur noch im langsamen Schritt durch die Stadt reiten.[57]

Vor 1800 gab es zwei Siedlungszonen außerhalb der Stadtmauer: Ziegeleien und die Mühlen am Ammerkanal. Impulse zu einer Erweiterung kamen 1818 von der Universität und 1822 von Oberamtsrichter Hufnagel. Sie forderten die Schaffung von Wohnraum für die Professoren beziehungsweise für die ärmere Bevölkerung, um der Kriminalität vorzubeugen. Die Stadt reagierte mit Steuervergünstigungen für Bauwillige und bot selbst Plätze vor dem Lustnauer Tor an. Vor dem Neckartor, Lustnauer Tor und Hirschauer Tor entstanden erste Ansätze zu einer Erweiterung. Besonders bemerkenswert war die Tätigkeit des gebürtigen Tübingers Marcell

Heigelin, der an der Staatswirtschaftlichen Fakultät Vorlesungen über Baukunst und Kunstgeschichte hielt. Er baute für sich selbst und einen Kollegen, für Professor Wächter, Häuser in der Gartenstraße. Die Entfestigung der Stadt, der Abriss der Stadtmauern, gaben dann Raum für die weitere Entwicklung, etwa die planmäßige Bebauung am Stadtgraben und in der Belthlestraße. Die Stadtmauern und -tore machten keinen militärischen oder wirtschaftlichen Sinn mehr. Sie behinderten den Verkehr und erschwerten den Durchzug frischer Luft. Die Zeitgenossen begrüßten den Abriss, denn »die Gänge auf den Stadtmauern [waren] nicht nur der Aufenthalt für Fledermäuse, Ratten und Mäuse, sondern auch der Tummelplatz der Unzucht und des Diebsgesindels [...] Der Abbruch der Thürme und die Verkleinerung der Stadtmauern wäre also ein längst als

Von Norden: Tübingen mit den ersten Gebäuden außerhalb der Stadtmauern

nothwendig anerkanntes Mittel zur Beförderung des allgemeinen Gesundheits Wohls, der öffentlichen Sicherheit, und der Sittlichkeit«, schreibt 1828 der Oberamtsarzt Uhland.[58]

Zur Verbesserung der Verhältnisse sollte auch der 1829 neu angelegte Friedhof weit außerhalb der damaligen Stadt dienen. Der alte Friedhof zwischen Ammer und Stadtgraben wurde aufgehoben und dem gerade geschaffenen Botanischen Garten zugeschlagen.

Zur Stadtverschönerung sollte auch die Umgebung beitragen. Als etwas Besonderes galten der Mittlere und Obere Wöhrd mit den prachtvollen Alleen, die dann doch immer wieder auch gefährdet waren, wie der »Pappelkrieg« 1841/42 verdeutlicht, ein Streit um 42 von der Stadt gefällte Pappeln.[59] Der Rektor und 36 Professoren wandten sich an die Öffentlichkeit und kritisierten das gegenüber den Interessen der Universität rücksichtslose Vorgehen und kündigten ihre freiwilligen Beiträge für wohltätige Zwecke auf.[60] Von den Professoren wandten sich Vischer und Fallati mit Leserbriefen an den »Beobachter« in Stuttgart.[61] Auch der Wohltätigkeitsverein der Studierenden schloss sich dem Protest an. Die Stadt hatte in erster Linie an ihre leere Kasse gedacht und deswegen »entbehrliche Pappelbäume« verkauft, für die Erholungsbedürfnisse der Professoren hatte sie kein Verständnis.[62] Auch die Ergebnisse der auf Druck des Innenministeriums eingesetzten gemeinsamen Kommission wollte die Stadt nicht umsetzen und blieb damit erfolgreich, denn das Innenministerium begnügte sich mit der Auflage »hinsichtlich der für den öffentlichen Gebrauch der Mitglieder der Universität ganz oder theilweise bestimmten Spaziergänge, Anlagen, Allmanden, Badeplätze, Gebäude stets die Äusserung des academischen Senats [...] zu erbitten«. Es sei unkluge Ökonomie und Sparsamkeit, billige Wünsche der Universitäts-Angehörigen zurückzuweisen. Im Interesse der Stadt liege es vielmehr, ihnen den Aufenthalt in Tübingen so angenehm wie möglich zu machen.[63]

Die Universität im Ammertal

Der steigende Raumbedarf der Universität konnte bald nicht mehr innerhalb des alten Mauerrings befriedigt werden. Zwar hatte die Überlassung des Schlosses 1803 und die Umnutzung der Burse 1805 zum ersten Tübinger Klinikum[64] zunächst eine gewisse Entlastung gebracht, doch der Bedarf wuchs. Ein Antrag auf Neubauten, insbesondere für eine neue Aula, wurde schließlich 1837 von Robert Mohl im Senat vorgetragen, denn als Leiter der Bibliothek war er besonders betroffen.[65] Die Suche nach einem geeigneten Platz war nicht ganz einfach. Mohl nannte in seinem Referat vier mögliche Standorte, darunter den Pfleghof, der von der Mehrheit der Professoren favorisiert wurde.[66] Doch am 12. Oktober 1838 kam der König selbst mit dem Finanz- und dem Innenminister nach Tübingen und entschied sich für einen Platz auf der grünen Wiese, eben dort, wo heute die Neue Aula steht. Die freiere und bessere Möglichkeit der Entfaltung der Universität hatte den Ausschlag gegeben. Die für die damaligen Verhältnisse große Entfernung von der Stadt brachte für die Professoren, die kurze Wege gewohnt waren, Beschwerlichkeiten mit sich, an die der noch lange geläufige Begriff »akademische Rennstrecke« für die Wilhelmstraße erinnert.

Die feierliche Grundsteinlegung der Neuen Aula erfolgte am 25. März 1840 unter Anwesenheit des Kronprinzen Karl und unter großer Anteilnahme

Die Burse wurde 1805 im klassizistischen Stil zum ersten Tübinger Klinikum umgebaut.

Um die 1845 eingeweihte Neue Aula entstand entlang der Wilhelmstraße ein neues Universitäts- und Stadtviertel.

der Bevölkerung. Am 31. Oktober 1845, am Jahrestag der Thronbesteigung Wilhelms, konnte sie dann eingeweiht werden. Der Bauplan – Neue Aula mit zwei großen Nebengebäuden – war von Oberbaurat Barth im klassizistischen Stil entworfen und ausgeführt worden. Das zweite große Gebäude dieser Zeit war die 1846 in der Nähe erbaute Klinik für Chirurgie und Innere Medizin, sie sollte der Ausgangspunkt für die Entstehung des Klinikbereichs werden.

Bis 1881 erwarb der Staat den gesamten Grund zwischen Silcherstraße, Nauklerstraße, Schraderstraße (später Mohlstraße) und Mohlstraße (später Brunnenstraße und Schlachthausstraße) als Raum für die Universitätserweiterung und Wohnbebauung.[67] Die Anlage ist noch heute klar erkennbar: Mehrere in Quadrate aufgeteilte Rechtecke bildeten die neuen Quartiere bis zur Melanchthonstraße. Die Wächterstraße war durchgängig bis zur Gmelinstraße geplant. Die Entwicklung brachte es dann mit sich, dass die Wilhelmstraße zur Hauptverkehrsstraße wurde und das neue Wohn- und Universitätsgelände durchschnitt.

Der Sturm auf die Schweickhardt'sche Mühle 1847

Der Sturm, der in die Zeit gefahren ist« – diese berühmte Formulierung von Uhland kennzeichnete das Gefühl und die Erwartung umwälzender Ereignisse im März 1848. Dieser Sturm hatte ein Jahr zuvor einen Vorboten: den »Sturm auf die Schweickhardt'sche Mühle«. Schlechte Getreideernten waren begleitet von der Kartoffelkrankheit, die 1845 aufgetreten und 1846 angehalten hatte. Anders als 1816/17 gab es im Hungerjahr 1847 erheblichen sozialen Protest.

Am 4. Mai 1847 hatte die »Tübinger Chronik« über Ausschreitungen, »Brotkrawalle«, in Stuttgart und Ulm berichtet und die Hoffnung geäußert, es möge in Tübingen nichts Ähnliches passieren. Der Artikelschreiber erwähnte Gerüchte, die Gebrüder Schweickhardt würden Mehl ins Ausland verkaufen. Er warnte die Bevölkerung vor einem unbedachten Schritt und trug doch eher dazu bei, die Gerüchte zu bestätigen. Am nächsten Abend erfolgte der Angriff. Gegen acht Uhr abends versammelten sich

Der Sturm auf die Schweickhardt'sche Mühle vor dem Haagtor 1847

schon einige Beobachter vor dem Haagtor. Eine halbe Stunde später eröffnete ein »Mordsschlag« (Böllerschuss) den Sturm auf die Mühle. Männer mit Pickeln und Hebeln verschafften sich gewaltsamen Zugang. Heinrich Schweickhardt stellte sich den Eindringlingen entgegen, wurde aber ebenso »misshandelt« wie sein später eintreffender Bruder. Es wurden einige Säcke mit Kleie und nur wenig Mehl entwendet.

Sehr schnell trafen Bürgermilitär und bewaffnete Studierende ein. Diese waren von Rektor Gehringer und vom Oberamtmann vorgewarnt worden.[68]

Alles sah aus wie eine Inszenierung; die spätere Untersuchung verlief ergebnislos. Wieder waren die Studierenden wie 1831 als Ordnungshüter gegen die unteren Klassen aufgetreten und wurden dafür gelobt.[69]

Die Volksbewegung 1848 und der Wehrgedanke

Am 26. Februar 1848 war in Frankreich die Monarchie gestürzt worden, der Schwäbische Merkur verbreitete die Nachricht durch ein Extra-Blatt, sodass in Tübingen am 28. Februar »allgemeine Aufregung« herrschte.[70] Auf einer sofort anberaumten allgemeinen Versammlung, die, da das Museum die Massen nicht fassen konnte, im Reithaus stattfand, trug Uhland den Entwurf einer »Adresse« an den Ständigen Ausschuss in Stuttgart vor, der anschließend von 1012 Teilnehmern unterzeichnet wurde. Am Abend dieses Tages erklangen einige wenige Rufe: »Vive la république, à bas le roi, pereat rectori.« Die Adresse von Uhland enthielt die Forderung nach einem deutschen Bundesstaat, Presse- und Versammlungsfreiheit sowie vollständiger Autonomie der Gemeinden.

Die Antwort des Königs, die vom Rathaus verlesen wurde, war enttäuschend und so versammelten sich noch am Abend des 4. März Bürger und Studenten im Schlosshof, um zu debattieren, was zu tun sei. Die Professoren waren nicht dabei. Nach ihrer Meinung wurden dort »unbesonnene« und »ziemlich heftige« Reden gehalten. Der Gemeinderat beschloss auf Vorschlag von Pro-

Blick auf das neue Universitätsviertel im Ammertal

fessor Hermann Autenrieth, eine Sicherheitswache aus Freiwilligen zu bilden und die verschiedenen Bürgerkorps zur Aufrechterhaltung von Ruhe und Ordnung einzusetzen. Neben dem Kreis der Professoren um Uhland entstand ein Bürgerkomitee aus Löwenwirt Schott, Lammwirt Heckmann und Kaufmann Louis Baur. Beide Gruppen verlangten eine neue Versammlung. Wieder kamen etwa 1000 Personen in der Reithalle zusammen. »Professoren, Bürger und Studierende« waren nach dem Eindruck von Fallati gleichermaßen mit der Forderung von »Einheit, Freiheit und Ordnung« einverstanden, wobei der Wunsch nach Ruhe und Ordnung zunahm.[71]

Noch mehrfach vereinigten sich die Tübinger zu großen Demonstrationen, so als Ludwig Uhland in den Ausschuss zur Erarbeitung der Bundesreform nach Frankfurt berufen wurde, beim Protest gegen den Waffenstillstand von Malmö mit Dänemark, bei der Verkündung der Grundrechte sowie als es um die Reichsverfassung ging. Aus dem Protest entsprang allerdings kein gemeinsames Handeln, so konnte sich die Regierung schließlich daran machen, die Revolution zu liquidieren.

Die Einrichtung einer Bürgerwehr war nichts grundsätzlich Neues. Der Gedanke der Bewaffnung der Bürger war allerdings ambivalent, weil sie sowohl zur Landesverteidigung wie zur Unterstützung der Polizeikräfte im Innern eingesetzt werden konnten. Zudem konnte eine Bürgerwehr auch den Forderungen des Bürgertums Nachdruck verleihen. In Tübingen wurden zur Sicherung von Ruhe und Ordnung 1822 das Schützenkorps und 1823 das Stadtreiterkorps genehmigt, sie bekamen sogar Karabiner und Säbel aus dem Ludwigsburger Arsenal.

Die Volksbewaffnung wurde gefördert durch die Franzosenpanik, die entstand, als sich die vom ehemaligen Tübinger Stiftler Georg Herwegh geführten deutschen Arbeiter in Paris aufmachten, um die Revolution in Deutschland zu unterstützen. In Südwestdeutschland verbreitete sich die Nachricht, dass die Franzosen vom Schwarzwald her mordend und brennend in das Land eingefallen seien.[72] Das Gerücht erreichte Tübingen wohl am 24. März, und noch in der Nacht brachen etwa 150 Mann nach Rottenburg auf. Sie kamen jedoch schon am nächsten Tag zurück, ohne auf die Franzosen oder die Arbeiterlegion gestoßen zu sein. Auch der Deutsche Bund hatte Bundestruppen, darunter die Württemberger, mobilisieren lassen.[73]

Als Reaktion wurde am 1. April 1848 das Gesetz über die Bürgerwehr mit einer Wehrpflicht für alle männlichen Staatsbürger bis 50 Jahre erlassen. Allerdings wurde das bestehende Heer nicht durch eine Volkswehr ersetzt. Stadtgarde, Pompiers und Schützen wollten als solche bestehen bleiben. Die Pompiers boten sich als Pionierkorps und die Janitscharia als Regimentsmusik an.[74] Insgesamt bestand die Bürgerwehr auf ihrem Höhepunkt im Mai 1848 aus 968 Mann, rechnet man noch die Janitscharia und das Akademische Sicherheitskorps dazu, betrug die bewaffnete Macht Tübingens wohl zwischen 1200 und 1300 Mann. Die Fahne wurde von »den Frauen« hergestellt und feierlich am 1. Oktober übergeben.

Das Akademische Sicherheitskorps war der Bürgerwehr angegliedert, bildete aber eine eigene Einheit, die ihre Offiziere selbst wählte. Es war 1847 nicht aufgelöst worden und sollte nun wieder aktiviert werden. Am Tag des Franzosengerüchts stürzte alles zur Alten Aula, um sich zu bewaffnen.[75] Nachdem die Studenten aus dem Arsenal von Ludwigsburg 200 Reiterkarabiner erhalten hatten, veranstalteten sie bis zum Semesterschluss im Schlossgraben ihre täglichen Schießübungen.[76] Auch auf dem städtischen Schießplatz wurde ununterbrochen geschossen, bis es der Gemeinderat aus Sicherheitsgründen verbot.

Die kritische Phase der Bürgerwehr begann mit dem Kampf um die Reichsverfassung. Die Mehrheit der Wehrmänner war für einen bewaffneten Zug nach Stuttgart, die Offiziere waren dagegen. Dem Aufruf des Reichsregenten Becher zur Unterstützung des Badener Aufstandes folgte am 19. Juni 1849 nur eine Gruppe von 60 Arbeitern und Studenten, der drei Tage später nochmals eine kleinere Gruppe von 36 Mann folgte, die Führung

Die selbstbewusste Bürgergarde zu Pferd 1830

übernahm der Schuhmacher Hayeß.[77] Die Tübinger entgingen nur knapp der Gefangennahme und irrten ziemlich umher. Von den ausgezogenen Freischärlern erlag der Schriftsetzer Ernst Simon seinen im Kampf erhaltenen Verwundungen. Die zurückgekehrten Stiftler wurden aus dem Stift ausgestoßen, Stadtstudenten kamen mit einer Verwarnung davon, dagegen wurden die Arbeiter verhaftet. Die Bürgerwehr war nun einem starken Erosionsprozess ausgesetzt.

Wahlen und Parteien

Vor 1848 gab es noch keine organisierten Parteien oder politischen Vereine. Sie bildeten sich erst während der Revolution. In Tübingen konstituierte sich am 11. April 1848 der Vaterländische Verein, der sich bemühte, die verschiedenen politischen Ströme zu vereinigen. Zweck des Vereins war die »Berathung aller vaterländischen Angelegenheiten Behufs gesetzlich selbstthätiger Mitwirkung des Volks für dieselbe«. Johannes Fallati, der in Uhlands und Pfizers Abwesenheit führend tätig war, und der Arzt Albert Kreuser waren die Vorsitzenden, 90 Teilnehmer trugen sich sofort in die aufliegenden Listen ein.[78] Es war Fallati gelungen, die drohende Spaltung in gemäßigte Anhänger der konstitutionellen Monarchie und in Republikaner, die sich durch die Schlosshofversammlung angekündigt hatte, abzuwenden. Im Juni 1848 aber wurde diese Aufspaltung durch die Gründung des radikaleren Demokratischen Vereins vollzogen. Die Teilung in konservative Liberale und Demokraten blieb das politische Grundmuster in Tübingen bis zum Ende des Jahrhunderts.

Bei der Wahl zur Nationalversammlung war klar, dass der Kandidat für Tübingen nur Uhland sein konnte. Obwohl er noch fernab in Frankfurt war, wurde er mit 7086 von 7882 Stimmen gewählt. Aber Tübingen stellte darüber hinaus noch mehr Abgeordnete: Friedrich Theodor Vischer wurde in Reutlingen, Oberjustizrat Wilhelm Wiest in Saulgau, Paul Pfizer in Stuttgart und Johannes Fallati bei einer Nachwahl in Horb gewählt. Wenn man den mit dem Tübinger Bürgerrecht versehenen Robert Mohl noch dazurechnet, so war Tübingen in der Paulskirche gut vertreten. Uhland und Vischer gehörten in Frankfurt der demokratischen Richtung an und harrten bis zum gewaltsamen Ende des Parlaments in Stuttgart aus. Eduard Schweickhardt und August Ludwig Reyscher wurden in die Verfassungsgebende Landesversammlung gewählt.

Porträt König Wilhelms I. von Württemberg (1781–1864)

Von diesen Mandatsträgern wurde Robert Mohl in Frankfurt Justizminister, Johannes Fallati Staatssekretär im Handelsministerium und Paul Pfizer Kultusminister in Stuttgart.

Die Reaktion nach dem Scheitern der Revolution

Nach dem Scheitern der Revolution begann wieder eine Zeit der Repression. Ein deutliches Zeichen für die geänderten Verhältnisse war für Tübingen die Auseinandersetzung mit dem Staatsanzeiger 1851. Dieser brachte am 19. und 20. März eine Artikelfolge mit Vorwürfen gegen die Tübinger Bürgerwehr. Sie habe die Professoren einem »empörenden Terrorismus« ausgesetzt. Zudem sei sie nutzlos, ja, gar gefährlich, weil sie die »Proletarier der untern Stadt« in den Waffen geübt habe, was »sich eines Tages bitter rächen« könne.[79] Der Autor war der Sohn des verstorbenen Dekans Pressel, der sich pikanterweise gerade um die »2. Helferstelle« bemühte. Obwohl sich der Gemeinderat heftig dagegen wehrte, setzte der König Pressels Ernennung durch.[80]

Der König wollte auch die Wahl eines gemäßigten Landtagsabgeordneten erzwingen. 1851 wurden die Höchstbesteuerten ermahnt, sie sollten bedenken, wo ihr Wohlstand herkomme: »Von was nährt sich denn eigentlich die hiesige Stadt? – Einzig von Staats-Instituten; Industrie besitzt sie wenig oder gar keine. Wenn nun die Regierung für gut findet, die akademische Jugend nicht mehr am Sitze der Demokratie erziehen zu lassen, und unser Universitätsgebäude in eine Caserne verwandelte, wenn sie uns den Gerichtshof entziehet, was ist die Folge hievon? – Unsere Wohnungen stehen dann leer, der Gewerbestand wird verdienstlos, die Gewerbehalle ohne Kunden, und unsere ohnehin schon sehr verschuldete Stadt geht einer Menge Hülfsquellen und Beisteuern verlustig, welche ihr vom Beamtenstand zustoßen.«[81] Oberamtmann Ströhlin warnte den Gemeinderat vor den Folgen, wenn die Stadt bei »ihrer unfreundlichen Stellung gegenüber der Regierung« verharre und forderte von ihm einen entsprechenden Aufruf an die Wahlmänner. Die Tübinger aber wählten trotzdem mit überwältigender Mehrheit den

Das Akademische Korps unter dem Kommando des Universitätsstallmeisters von Falkenstein 1848. Im Hintergrund ist Tübingen zu erkennen.

demokratischen Rechtskonsulenten Fetzer.[82]

Den königlichen Zorn sollte Tübingen zusammen mit Reutlingen noch zu spüren bekommen. 1850 schien sich eine günstige Möglichkeit zur Realisierung des Baus einer Eisenbahntrasse von Plochingen nach Tübingen zu ergeben. Doch König Wilhelm I. war der Meinung, »wenn den Städten Reutlingen, Tübingen usw. zugemutet werde, sie sollten noch länger Geduld haben, so werde dies nicht zuviel verlangt sein, wenn man bedenke, wie viel Geduld die Regierung mit diesen Städten in den Jahren 1848 und 1849 habe haben müssen«. Minister von Knapp ergänzte, es hänge auch von ihrem Abgeordneten ab, ob die Regierung gegenüber einer Stadt freundlich oder unfreundlich gesinnt ist.[83]

Wiederbelebung der nationalen Bewegung

Die nationale war wie alle politischen Bewegungen durch das Verbot des Zusammenschlusses von Vereinen lahm gelegt. Dieses Verbot konnten die Sänger am leichtesten umgehen, immerhin konnte man »die Gedanken sind frei« gemeinsam singen, ohne das Verbot zu verletzen. Einer politischen Demonstration gleich kam das in Tübingen gefeierte Fest des Schwäbischen Sängerbundes 1857, an dem aus Tübingen der Weingärtner Liederkranz, die Liedertafel, der Sängerkranz und die Harmonie mitwirkten, wurde dabei doch unter Silchers Leitung mit dem Lied »Brüder reicht die Hand zum Bunde« die Bundesfahne eingeweiht.[84]

In der Frage der Bildung des Nationalstaates war 1848 eine Haupttrennungslinie die Frage großdeutsch oder kleindeutsch, mit oder ohne Österreich, gewesen. Uhland blieb bis zu seinem Tod großdeutsch und tendierte zur Demokratie, war aber in der sozialen Frage eher konservativ. Sein Freund Paul Achatius Pfizer hatte sich zu einer preußischen Führung bekannt. Die Freundschaft der beiden ist darüber nicht zerbrochen. Es gab jedoch in Tübingen schon 1848/49 eine Grundtendenz: Die Sympathien für Preußen waren an der Universität größer als in der

Die Fahne des 1845 gegründeten Weingärtner Liederkranzes

Stadt. Im Januar 1849 war der Student und spätere Professor Julius Weizsäcker mit seinem propreußischen Antrag im Volksverein unterlegen, worauf er einen Aufruf zur Unterzeichnung auslegte. Darin wurde die Nationalversammlung aufgefordert, »den deutschen Staat auf preußischer Grundlage« zu errichten.[85] Von den 182 Unterzeichnern waren 71 Studierende, 20 Beamte und 35 Professoren, die »Bürger« waren zu einem großen Teil Buchdrucker und Buchhändler. Eine »Gegenadresse«, die vom Verleger der »Chronik«, Ernst Riecker, verfasst worden war, fand 598 Unterzeichner, wovon 390 »Bürger«, 208 Studierende und sechs Professoren waren.[86] Nach 1850 gehörten die Freunde Preußens fast ausschließlich zur Universität.[87]

Doch schon bald wurden die Gegensätze von einer neuen gemeinsamen nationalen Begeisterung überbrückt. Einen Anlass bot beispielsweise das 50-jährige Jubiläum der »Völkerschlacht von Leipzig«, bei der 1813 Napoleon besiegt worden war. In Tübingen beantragten die Verbindungen Tubingia, Schottlandia, Normannia und Stauffia, diesen Tag, wie überall in Deutschland, feierlich zu begehen. Und tatsächlich fand dann auf dem Wöhrd ein großes Fest statt mit Kanonendonner und bengalischem Feuer. Die Polizeistunde wurde aufgehoben und die Straßenlaternen brannten die ganze Nacht. Die Bitte der Stadt Leipzig, sich am dortigen Fest finanziell zu beteiligen, hatten die bürgerlichen Kollegien dagegen zunächst abgelehnt. Daraufhin reichten nationale Kreise eine Petition mit 60 Unterschriften ein und verlangten die Aufhebung des Beschlusses, denn es gehe jetzt »in Schleswig-Holstein um die Existenz Deutschlands«. Tübingen »würde ein schwerer

Schaden an seiner Ehre« erwachsen, wenn es abseits stehe. Außerdem wären wegen des zu erstellenden Denkmals für Uhland »die Blicke von Deutschland, ja von Europa auf Tübingen« gerichtet. Darauf revidierte die Stadt ihren Beschluss.[88]

Die dänische Verfassung vom 30. März 1863 hatte Schleswig zu einem integralen Bestandteil Dänemarks erklärt und es von Holstein getrennt. Gegen diese Trennung war die nationale Leidenschaft auch in Tübingen leicht zu mobilisieren, in dieser Frage verschwanden die alten Gegensätze.[89] Ein im November 1863 gegründeter Verein zur Unterstützung der »Bundesexekution« gegen Dänemark vereinte Stadt und Universität: Vorsitzender war Professor Römer, Stellvertreter Stadtschultheiß Rapp, Schriftführer Rechtsconsulent Gös, Kassierer Kaufmann Louis Baur.[90]

Nach dem deutschen Sieg über Dänemark war die nationale Begeisterung so groß, dass der Rektor beim Besuch des württembergischen Königspaars im Oktober 1864 den Festsaal der Universität nicht nur mit württembergischen, sondern auch mit deutschen Fahnen schmücken wollte. Der Senat entschied sich jedoch gegen den Vorschlag des Rektors.[91]

Der Krieg von 1866 zwischen Preußen und Österreich, mit dem Württemberg verbündet war, löste in Tübingen heftige Kämpfe aus und zerstörte Freundschaften. Isolde Kurz erinnerte sich: »Die ganze Stadt teilte sich in zwei feindliche Lager, es gab nur noch ›Preußen‹ und ›Antipreußen‹. Die Anwesenheit vieler norddeutscher Familien, deren Lebensstil von dem einheimischen abstach, und der Umstand, daß die scharenweise nach Tübingen kommenden norddeutschen Studenten oft beim besten Willen nicht den rechten Ton mit den Landeskindern trafen, mochte die politische Spaltung noch verschärfen, wie ja der Gegensatz zwischen Nord- und Süddeutschen damals noch viel weniger ausgeglichen war, als heute.«[92]

Im Mai 1866 bestellte der Gemeinderat einen Sachverständigen für Pferdekäufe. Das war ein untrügliches Zeichen einer bevorstehenden Mobilmachung. Als dann der Krieg am 15. Juni begonnen hatte, ging alles viel schneller als erwartet. Die Württemberger lieferten den Preußen am 24. Juli in Tauberbischofsheim ein unsinniges Gefecht, das mit einer Niederlage endete. In Tübingen musste sich der Gemeinderat am 11. Juli mit Schlägereien zwischen norddeutschen und schweizerischen Studenten beschäftigen. Eine geplante Katzenmusik gegen Professor Römer konnte verhindert werden, aber »weitere größere Excesse« wurden befürchtet.

Der Gemeinderat beschloss zunächst vermehrte Nachtpatrouillen der Polizei, die wenige Tage später eingestellt werden konnten.[93] Am 13. August wurde der Friedensvertrag zwischen Preußen und Württemberg geschlossen, das acht Millionen Gulden Kriegsentschädigung zahlen musste. Folgenschwerer war das geheime Schutz- und Trutzbündnis, in dem Württemberg in jedem Kriegsfall seine volle Kriegsmacht aufzubieten und dem preußischen Oberbefehl zu unterstellen hatte. Außerdem wurden die Übernahme der preußischen Heeresorganisation und eine Heeresvermehrung beschlossen. Damit hatte Württemberg in Kriegsfragen seine freie Entscheidung eingebüßt.

Wirtschaftliche Impulse: Eisenbahn und Wasserkraft

Die Jahre der Reaktion waren Jahre des wirtschaftlichen Wachstums. Während Württemberg politisch nach wie vor nach Wien schaute, orientierte es sich wirtschaftlich an Preußen, dem Freihandel und einer liberalen Marktwirtschaft. Der 1844 gegründete Gewerbeverein übernahm nach und nach die Rolle der alten Zünfte. Er organisierte 1845 die erste Gewerbeausstellung und erreichte die Einrichtung einer Gewerbehalle. Als 1862 die noch verbliebenen Zünfte aufgelöst wurden, vermachten sie ihm ihr Vermögen.

Der wirtschaftliche Boom war auch in Tübingen zu spüren, die Zeichen der Veränderung waren nicht zu übersehen. Das galt vor allem für den im Oktober 1861 endlich vollzogenen Anschluss an die Eisenbahn, den man allerdings gerne schnell erweitert hätte durch eine Fortsetzung in den Schwarzwald sowie durch eine direkte Trasse nach Stuttgart

Die Eisenbahn zieht im Oktober 1861 in Tübingen ein.

durch den Schönbuch. Um dies zu erreichen, wurde das ganze Hinterland im Schwarzwald und auf der Alb mobilisiert. Am 20. November 1864 füllten 1000 Delegierte die Tübinger Reithalle, die einmütig die Errichtung einer Stammbahn Stuttgart–Böblingen mit den Ästen nach Calw, Horb und Tübingen forderten. Ein Erfolg war diesem Wunsch allerdings versagt.

Dem Anschluss an die Eisenbahn folgten weitere Entscheidungen und Pläne zugunsten einer wirtschaftlichen Modernisierung. Noch im November 1861 entschloss sich der Gemeinderat zum Bau des Gaswerks an der Reutlinger Straße. Die Universität hatte diese Maßnahme gefordert und die Abnahme des Produkts zugesichert. Schon am 25. Oktober 1862 konnte das Gaswerk eingeweiht werden.[94] Die Kanalisierung der Steinlach im gleichen Jahr schuf die Voraussetzung für eine Bebauung des Unteren Wöhrds.

Das größte Projekt Tübingens war damals zweifellos der Versuch, die Wasserkraft

Neubaugebiet an der Steinlach und an der Straße nach Reutlingen, zeitgenössisches Gemä

des Neckars zu nutzen und den Mittleren Wöhrd in ein Industriegebiet zu verwandeln.[95] Ein »Kanalplan«, den Stadtbaumeister Nördlinger schon 1847 ausgearbeitet hatte, wurde 1854 von Eduard Schweickhardt wieder entdeckt und in den Gemeinderat eingebracht. Seine Realisierung sollte den »vor der Thüre drohenden Untergang« verhindern.[96] Geplant war ein Wehr oberhalb der »Pfingstweide«, etwa beim heutigen SV-Sportplatz. Der Kanal sollte 300 PS liefern, eine Reihe von Fabriken betreiben und bei der Steinlachmündung wieder in den Neckar fließen. Die Zentralstelle für Handel und Gewerbe in Stuttgart äußerte sich sehr positiv zu dem Unternehmen. Da von dort aber keine finanzielle Unterstützung zugesagt wurde, beschloss man in Tübingen wegen der Kosten, die Sache ruhen zu lassen.[97]

1865 hatte Nördlinger offensichtlich neue Interessenten für seinen inzwischen etwas reduzierten Plan gefunden, den er dann dem Gemeinderat vorstellte. Doch wieder zerschlugen sich alle Pläne. 1870 endlich wurde auf Betreiben des Konditors Reichmann, der ein lebhaftes Plädoyer für den Kanal hielt, sowie auf Beschluss des Gemeinderats eine »Denk-

Hintergrund sind Derendingen, Weilheim und Kilchberg zu sehen.

schrift« ausgearbeitet und als Beilage der Chronik gedruckt. Der Wöhrd sollte »endlich seine natürliche Aufgabe erfüllen, eine industrielle Vorstadt Tübingens zu bilden«.[98] Reichmann wollte die Nutzung der Wasserkräfte des Neckars in den Zeitungen des Zollvereins und der Schweiz anbieten und vermeinte daraus, für die Stadt einen Überschuss von 80 000 Gulden zu erzielen. Als Reichmann jedoch vom Gemeinderat eine klare Unterstützung wünschte, gab es wieder Bedenken: Der Fortbestand der Universität und des Gerichtshofes hänge wesentlich von den landschaftlichen Reizen ab, wurde argumentiert, zudem gebe es in Tübingen auch zu wenig Fabrikarbeiter.

Zu Beginn des Jahres 1872 interessierte sich Fabrikant Rudolph Schöller aus Falkenburg/Zürich ernsthaft für die Pläne und signalisierte seine Bereitschaft, gegen Überlassung von Grundstücken im Gänswasen, auf eigene Kosten einen Fabrikkanal mit einer Kammgarnspinnerei zu errichten. Als dann allerdings ein von ihm in Auftrag gegebenes unabhängiges Gutachten die Wasserkraft weit niedriger einschätzte als die Tübinger Denkschrift, war das Projekt erledigt.[99]

Der Krieg mit Frankreich 1870/71

Am 19. Juli 1870 erklärte Frankreich den Krieg an Preußen. Nun musste Württemberg sich seinem Verbündeten anschließen. Die Stimmung war »gedrückt«, »aber patriotisch und entschlossen«. Friedrich Payer, der dies im Rückblick schrieb, war damals Referendar. Er nahm Urlaub und begab sich nach Freudenstadt, um sich von der »Zuflucht« aus die Beschießung Straßburgs anzusehen. Der Tübinger Photograph Paul Sinner machte sogar Bilder von der Belagerung und den Zerstörungen.[100] Für Isolde Kurz waren die »Wacht am Rhein« und andere Gesänge am Biertisch »ein Ohren- und Seelenschmerz«, aber über den Gewinn Straßburgs freute sie sich zusammen mit dem Vater. Mutter Marie und Bruder Edgar verbargen dagegen ihre Sympathien für Frankreich nicht. Über den Friedensschluss war dann die Familie wieder gemeinsam glücklich. Auch Ottilie Wildermuth sah vor allem die dunkle Seite des Krieges; für sie war tröstlich, »daß dieser Krieg diesmal von deutscher Seite ein gerechter [...] ist«.[101] Aber so war es nicht überall.

Ottilie Wildermuth (1817–1877), Tübinger Erfolgsschriftstellerin

Schon seit Mai 1870 war die 1867 gegründete Deutsche Partei immer aktiver geworden, ihre Versammlungen waren überfüllt. Nach Kriegsausbruch verließen viele Studenten die Universität, um sich »ihrem Vaterland« zur Verfügung zu stellen. Auf einer großen Versammlung im Reithaus wurde am 19. Juli Stimmung gegen den »Erbfeind« geschürt und der Krieg als Existenzkampf der Nation gedeutet. Der Sieg von Sedan am 1. September begeisterte auch die Tübinger. Es wurde öffentlich »Nun danket alle Gott« gesungen, die Kanonen auf dem Schloss donnerten und in den Wirtschaften wurde bis in die Nacht gezecht. Man forderte die Annexion von Elsass und Lothringen und sammelte schon für eine neue Bibliothek in Straßburg.[102] Nach dem Präliminarfrieden vom 28. Februar 1871 gab es erneut ein großes Fest.

Der Mentalitätswandel zur nationalen Begeisterung wurde ironisch im »Volksstaat« von Edgar Kurz beschrieben: Dem Festzug folgte der gemeinsame Kirchgang, »denn der Herrgott nimmt arg überhand im neuen deutschen Reich und die Frommen sagen, das sei eben das Feine daran. Nachdem der geistliche Unsinn angehört war, mußte auch noch der weltliche zum Ausbruch kommen, zu welchem Zweck ein Geschichtsprofessor im Universitätsgebäude eine Rede hielt. Bei der Rückkehr beschloss eine Herde Schafe, die sich zufälligerweise angeschlossen hatte, den Festzug. NB wirkliche Schafe nicht Menschen. Abends war die Stadt illuminirt. Wäre mehr Illumination in den Köpfen dieser Bourgeois, so hätte es heute keine Illumination gegeben. Das Volk hat eine Niederlage erlitten, deshalb feiert man ein Siegesfest.«[103] Die Kinder der Mädchen- und Knabenschule zogen gemeinsam auf die Lichtenberger Höhe und pflanzten dort eine Kaisereiche und eine Friedenslinde. Zur Belohnung erhielten sie Speis und Trank im Wert von sechs Kreuzern.[104]

Es wurde weiter gefeiert und als der Krieg definitiv zu Ende war, wurden 1871 täglich die Erfolgsmeldungen von 1870 wiederholt. Der erste Jahrestag von Sedan wurde am 3. September 1871 als Fest zu Ehren der heimgekehrten Krieger begangen, Ochsenmetzger Christian Späth hielt eine »feurige Ansprache«. Dieses Fest war so großartig, dass in Tübingen am 8. September eine »Biernot« ausbrach.[105] Der Wandel in der politischen Einstellung war vollständig, und so konnte bei der Landtagswahl 1871 der frühere Kriegsminister Wagner in Tübingen mit 429 zu 124 Stimmen über seinen demokratischen Gegner triumphieren.

Tübingen wird Garnisonsstadt

Am 12. Januar 1871, dem Tag der Kapitulation von Paris, stellte der Kirchenhistoriker Weizsäcker außerhalb der Tagesordnung im Senat den Antrag, die Universität möge sich für eine Garnison einsetzen, damit die Studierenden das Einjährige während der Studienzeit vor Ort absolvieren könnten. Kanzler Rümelin unterstützte den Antrag lebhaft, denn er hielt das für eine Lebensfrage der Universität.[106] Damit wurde unterstützt, was längst beschlossene Sache war. Stadtschultheiß Rapp hatte schon im Februar 1868 in Stuttgart erfahren, dass die Verlegung eines Infanterie-Bataillons nach Tübingen eine feststehende Tatsache sei. Die Regierung hatte sich das Gerichtshofgebäude und das Heckenhauerische Anwesen in der Wilhelmstraße ausgesucht. Der Gerichtshof sollte nach Reutlingen verlegt werden, denn Tübingen sei »vor vielen anderen Städten bevorzugt«. Stadtschultheiß und Gemeinderat wollten ihre bisherige ablehnende Einstellung gegen eine Garnison nur aufgeben, wenn der Gerichtshof in Tübingen bleibe.[107]

Nach dem gewonnenen Krieg änderte sich die Stimmung auch bei den bürgerlichen Kollegien. Am 22. April 1871 nahm Stadtrat Reichmann die Anregung und Argumente des Senats auf und betonte, eine Garnison sei auch gut für das Gewerbe und Hausbesitzer, belebe die Geselligkeit, sorge für gute Musik und vermehrten Zulauf für Theater und Konzerte. Außerdem habe der »fried- und ruhelose Nachbar« gezeigt, dass es besser sei, den Krieg in Feindes Land zu führen, als sich selbst ruinieren zu lassen. Aus diesem Grund sei die Bereitschaft, Lasten zu übernehmen, gegenüber früher gestiegen. Reichmann wollte am liebsten ein ganzes Regiment in Tübingen haben und arrangierte eine Eingabe an die Kollegien. Der Gemeinderat war zurückhaltend, aber Reichmann setzte sich mit dem Bürgerausschuss durch, sodass schließlich eine Bittschrift an das Ministerium abgeschickt wurde.

Jetzt zeigte sich das Kriegsministerium zugeknöpft: Ein ganzes Regiment komme überhaupt nicht in Frage, allenfalls ein Bataillon, aber nur wenn

Die 1873 erbaute Infanteriekaserne, die 1938 den Namen Thiepval-Kaserne erhielt

die Stadt bedeutendere Angebote mache. Ähnlich lautete die Antwort an die Universität: »Für die Förderung dieses Gegenstands würde übrigens eine Geneigtheit der städtischen Behörden zur Unterstützung von großer Erheblichkeit sein.« Das wurde dann auch Stadtschultheiß Rapp zum Lesen gegeben.[108] Nun war die Stadt bereit, das Gebäude des Gerichtshofs unentgeltlich zu überlassen, einen Bauplatz zu erwerben sowie einen Exerzier- und Schießplatz im Wankheimer Täle umsonst zur Verfügung zu stellen. Auf dieser Basis wurde schließlich zwischen Stadt und Land ein Vertrag ausgehandelt und 1873 die Loretto-Kaserne nach Plänen von Alexander von Tritschler im Stil der italienischen Frührenaissance erstellt. Am 3. November 1875 wurde das Bataillon »angemessen« empfangen: Die Universität versorgte die Offiziere und die Stadt die Mannschaft. Bei dieser gesellschaftlichen Einordnung ist es dann geblieben, die Offiziere zählten zur Oberschicht und die Professoren besuchten gerne die geselligen Vereinigungen im Casino.[109]

Tübingen in der Ära von Julius Gös (1874–1897)

Zu den dauerhaften Errungenschaften der Revolution von 1848 gehörte die Abschaffung der Wahl der Gemeinderäte auf Lebenszeit. Sie wurden in Zukunft auf sechs Jahre gewählt, konnten aber wiedergewählt werden. Das aktive und passive Wahlrecht besaßen nun alle Württemberger und Angehörige deutscher Staaten, die in Tübingen ihren Wohnsitz hatten und eine Gemeindesteuer entrichteten. Mit der Reichsgründung wurde für die Wahl zum Reichstag das allgemeine, gleiche, direkte und geheime Wahlrecht für Männer ab 25 Jahren eingeführt. Bei der Wahl der Stadtvorstände änderte sich zunächst nichts.

Die Ausweitung des Wahlrechts und eine der Folgen: Die Buchstaben bei der Hausnummer geben den jeweiligen Wahlbezirk an.

Die Stadtvorstände Tübingens kamen seit 1819 alle aus der Verwaltungslaufbahn. Das änderte sich 1874 mit Julius Gös, der sich durch seinen Bildungsgang deutlich von seinen Vorgängern unterschied. Gös wurde 1830 in Aalen geboren, ging in Tübingen zur Schule und studierte hier Jura. 1848 lief er als Mitglied des akademischen Freikorps mit Heckerhut durch Tübingen und bekannte sich zur Demokratie. Seine kommunale Karriere begann er im Verschönerungsverein und in weiteren bürgerschaftlichen Initiativen. Am Ende seiner Amtszeit legte er den Grundstock für die städtischen Sammlungen zur Geschichte Tübingens. Vor allem aber lag ihm die Erhaltung des »einzigartigen Stadt- und Landschaftsbildes« am Herzen«.[110]

Wegen seiner politischen Vergangenheit entschloss er sich nur zögernd zu einer Kandidatur. Auf Wählerversammlungen distanzierte er sich von dieser Vergangenheit: Er sei heute ruhiger und reifer und werde sich nicht mehr politisch betätigen. Als wichtigste kommunalpolitische Aufgabe bezeichnete er die Beseitigung der Hochwassergefahr im Neckar- und im Ammertal, um so Entwicklungsmöglichkeiten für die Stadt zu gewinnen. Die Anhänger von Gös hoben hervor: »Er ist ein Mann von wissenschaftlicher Bildung und einen solchen brauchen wir hier nothwendig [...] einen Mann, der repräsentieren und sprechen kann.« Oberamtmann und Gemeinderat setzten sich gemeinsam für ihn ein, weil er die Voraussetzungen habe, die Interessen der Gemeinde gegen Universität, Gericht und Militär zu verteidigen.[111]

In seine Zeit fällt der Wechsel der standesamtlichen Aufgaben von der Kirche in die Hände der bürgerlichen Gemeinde. So konnte Gös am 20. Januar 1876 die erste bürgerliche Trauung vornehmen.

Die Ausweitung des Wahlrechts führte zu einer Festigung der Parteien und politischen Lager. In Tübingen waren dies in erster Linie die demokratische Volkspartei (VP) und die Deutsche Partei (DP), eine konservative württembergische Variante der Nationalliberalen. Zentrum und Sozialdemokratie spielten eine geringe Rolle. Unter dem Eindruck des Sieges über Frankreich konnte die DP 1871 zwar einen triumphalen

Eine aktive Frau und »Wohltäterin der Stadt«: Mathilde Weber (1829–1901)

Erfolg erringen, doch machten die Tübinger anschließend wieder die Volkspartei zur stärksten Kraft in der Stadt. Nur 1884 und 1887 konnte die DP nochmals einen knappen Sieg verbuchen. Reichstagsabgeordneter für Tübingen war seit 1877 der in der Neuen Straße geborene Friedrich Payer (VP), der als letzter Vizekanzler des Kaiserreichs an dessen Parlamentarisierung wesentlichen Anteil hatte.

Die Landtagswahlen fielen wegen des eingeschränkten Wahlrechts meistens etwas konservativer aus, erst mit Heinrich

Schweickhardt (1895) und Theodor Liesching (1900) konnte sich wieder die Volkspartei durchsetzen.

Für den Gemeinderat wurden erst ab 1875 Listen aufgestellt, vorher ist keine politische Zuordnung möglich. In Zeitungsanzeigen wurde für einzelne oder mehrere Kandidaten in verschiedenen Kombinationen geworben. Im Allgemeinen waren Volkspartei (VP) und Deutsche Partei (DP) nahezu gleich stark. Selten bewarb sich ein Universitätsprofessor um einen Sitz im Gemeinderat, umso auffälliger ist das große Engagement des späteren Kanzlers Gustav von Schönberg in Gemeindeangelegenheiten. Die klar stärkste Gruppe im Gemeinderat stellten die Handwerker, während Arbeiter, Tagelöhner und Bedienstete dort nicht vertreten waren. 1885 wurde das Wahlrecht an den Besitz des Gemeindebürgerrechts gebunden und damit deren Dominanz gesichert. Der erste Sozialdemokrat in diesem Gremium war 1911 der Hahnenwirt Josef Lang.

Der vollständige Umbau der Gesellschaft hatte auch im Bereich der Armenpflege und Fürsorge zu grundlegenden Veränderungen geführt. Unerlässlich war nach wie vor die private Wohltätigkeit; auf diesem Gebiet wurden zunehmend die Frauen der Honoratioren aktiv. Von ihnen ist besonders Mathilde Weber (1829–1901) zu nennen – die »Wohltäterin der Stadt«, wie sie der Gemeinderat 1891 bezeichnete – die vor Ort und im Vorstand des Deutschen Frauenvereins tätig war. Sie war Vorsitzende des Tübinger Hilfs- und Armenbeschäftigungsvereins, gründete unter anderem die Frauenarbeitsschule und ermöglichte den Bau des Jägerstifts, des Weberstifts und Mathildenstifts.

Die Erschließung von neuen reizvollen Wohngebieten und die Maßnahmen zur Verschönerung der Stadt in der Zeit von Julius Gös erhöhten die Attraktivität von Stadt und Universität, für Studenten wie für Pensionäre. Die Trockenlegung der unteren Stadt und die Verbannung von Haustieren aller Art mitsamt der Misthaufen aus bestimmten Wohnquartieren war eine wichtige Voraussetzung; die Versorgung mit reinem Wasser und Entsorgung des Abwassers war für Gesundheit und Wohlbefinden unerlässlich.

Eine Art Wende in der Einstellung zum Verschönerungs-

Die Stadt soll auch für Spaziergänger schöner werden.

denken war in Tübingen durch die Versammlung der Naturforscher 1853 herbeigeführt worden. Die Stadt wollte sich von ihrer besten Seite zeigen und hat sich nicht nur wie früher geschmückt, sondern bot den erwarteten Gästen mit der Errichtung eines Aussichtsgerüstes auf dem Österberg eine Attraktion. Diese Neuerung kam auch bei der eigenen Bevölkerung gut an. Das Bürgertum »entdeckte« das Spazierengehen und die Schönheit von Aussichtspunkten mit einem weiten Blick.[112]

Der Zeitgeist führte schließlich 1863 zur Gründung eines »Verschönerungsvereins«. Erster Vorstand wurde Obertribunalrat Stein, Geschäftsführer Stadtrat Julius Gös. Von der Universität waren Universitätsgärtner Hochstetter und Universitätsturnlehrer Wüst dabei, auch der Handel war stark vertreten. Der Verein kümmerte sich zunächst nur um die Sicherung des Bestehenden. Erst unter dem Vorsitz von Generalmajor a. D. Kallee setzte er sich neue Ziele. Die von ihm gepflanzte Bismarck-Eiche wurde

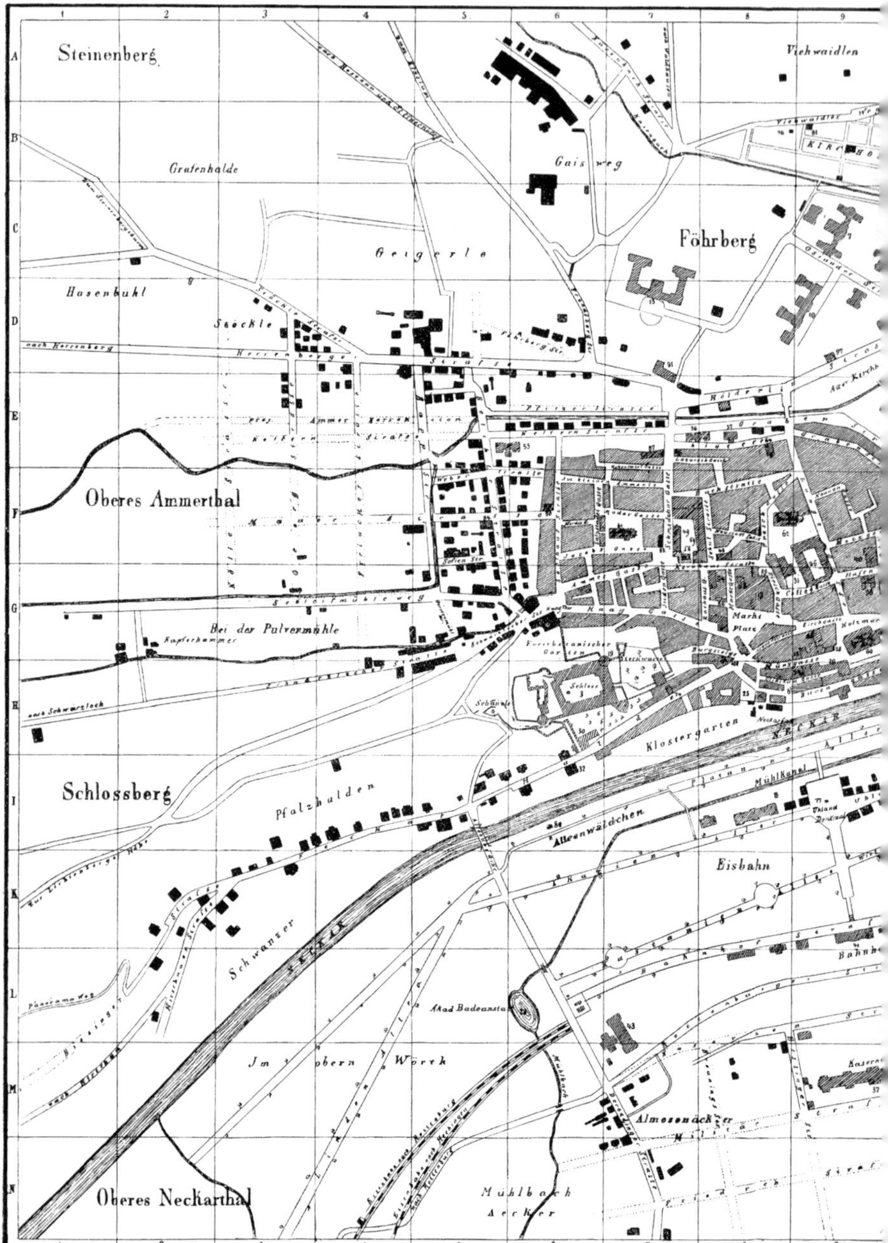
Steinenberg
Viehwaidlen
Grafenhalde
Föhrberg
Geigerle
Hasenbühl
Stöckle
Oberes Ammerthal
Bei der Pulvermühle
Markt Platz
Klostergarten
NECKAR
Schlossberg
Pfalzhalden
Alleenwäldchen
Eisbahn
Schwanzer
Akad Badeanstalt
Almosenäcker
Oberes Neckarthal

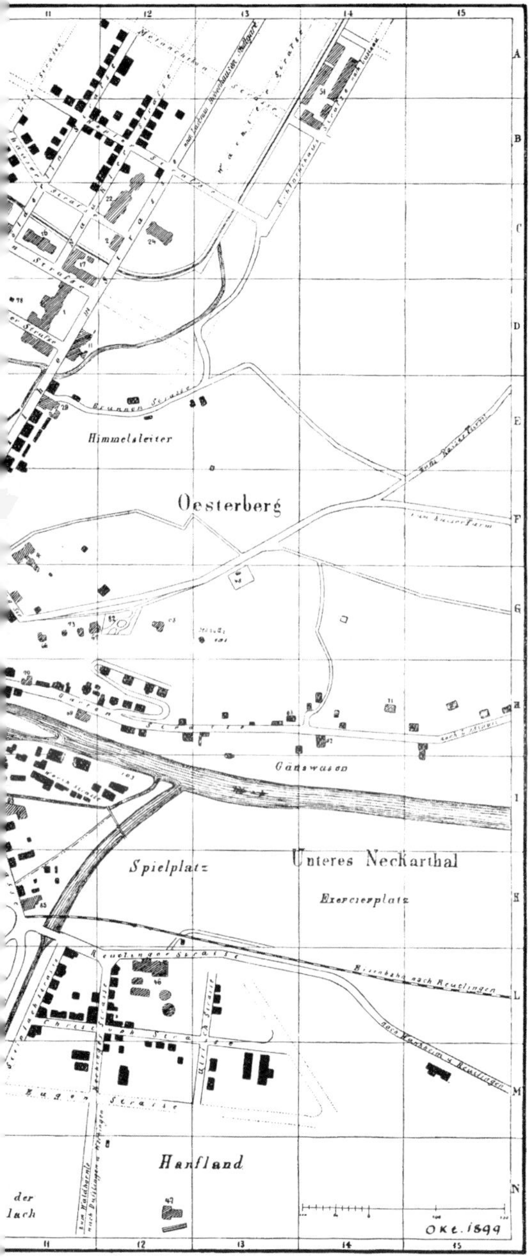

Stadtplan vom Oktober 1899

allerdings schon in der ersten Nacht von »bübischer Hand umgehauen«.[113] Der Verein betätigte sich auf dem Österberg, dem Spitzberg, der Eberhardshöhe und dem Galgenberg. Er erwarb Grundstücke, stellte Bänke und Schutzhütten auf, legte neue Wege an und versah die Höhen mit Türmen.

Ein für die Stadtentwicklung maßgeblicher und die ganze Stadt umfassender Stadtbauplan wurde 1867 beschlossen. Darin wurde nicht nur bestimmt, dass in den neuen Hauptstraßen – Neckarstraße, Neue Straße, Wilhelmstraße, Rümelinstraße und Herrenberger Straße – »Wassersteine, Abtritte, Dunglegen« so hinter die Gebäude zu verlegen sind, dass »sie von der Straße aus nicht gesehen werden können«, sondern auch die durch den Bau der Aula vorgegebene Richtung der Stadtentwicklung bestätigt. So wurden nach der Wilhelmstraße 1866 die Kepler-, Melanchthon-, Hölderlin- und Schlachthausstraße geplant. Bis 1878 war die Wilhelmsvorstadt weitgehend bebaut, im Anschluss daran wurde der Österberg erschlossen.[114]

Ein großes städtebauliches Ereignis war der Bau der Mühlstraße, die zur »lebhaftesten und schönsten« Straße der Stadt werden sollte. 1885 begann das Unternehmen Clemens & Decker den ersten Bauabschnitt. Die Mauerfassade wurde nach dem Vorbild der Burg Hohenzollern gestaltet, bei den Wohn- und Geschäftshäusern orientierte man sich an Berlin, weil davon eine Hebung des Geschäftslebens erwartet wurde. Mit dem Bau der Mühlstraße wurden die ganzen Verkehrsbeziehungen geändert, quälte sich doch bis dahin der Hauptverkehr Tübingens immer noch durch die Neckargasse. Mit dem Anschluss an die Eisenbahn und dem Ausbau der Neckarvorstadt hatte dieser Verkehr beträchtlich zugenommen.

Weniger spektakulär war die Trockenlegung der Stadt, obwohl davon andere Entwicklungsmöglichkeiten abhingen. Neckar, Steinlach und Ammer sorgten für Hochwasser in allen drei Tälern. Die Ammer überschwemmte regelmäßig die untere Stadt bis zur Kornhausstraße, deswegen war die Stadt auch mit Rettungsflößen ausgestattet. Mit dem Bau des ersten Tübinger Wasserwerks war 1879 der Schritt zu einer zentralen Versorgung mit sauberem Wasser geschehen.[115] Die Entsorgung des Abwassers wurde aber noch einige Zeit der Ammer überlassen, der erste Schritt in dieser wichtigen Frage war der Bau eines neuen Schlachthauses außerhalb der Stadt, mit dessen Planung 1890 begonnen wurde. Nach dem Abschluss dieser Maßnahme konnte 1893 auch mit der Kanalisation der unteren Stadt und Verbesserungen des Ammerlaufs begonnen werden.[116] Das obere Ammertal sollte mit einem schachbrettartigen Straßennetz erschlossen werden. Als es so weit war, durchkreuzte die Eisenbahn nach Herrenberg den ganzen Plan.[117]

Die Universität prägte auch in der zweiten Hälfte des Jahrhunderts die Entwicklung Tübingens. Die Zunahme der Studierenden und die baulichen

Veränderungen waren von einer raschen wissenschaftlichen Entwicklung vor allem in der Medizin und in den Naturwissenschaften bestimmt. Dabei übernahm die Universität Tübingen eine Art Vorreiterrolle in Deutschland.[118] Als erste Hochschule Deutschlands begründete sie 1863 eine eigenständige Naturwissenschaftliche Fakultät. Der Botaniker Hugo von Mohl, der sich besonders dafür einsetzte, hatte auf die ständig steigende Bedeutung der Naturwissenschaft für Staat und Gesellschaft hingewiesen, die von der Universität nicht ignoriert werden dürfe. Die wohl bedeutendste Leistung auf diesem Gebiet gelang 1869 Friedrich Miescher mit der Entdeckung der menschlichen Erbsubstanz (DNA), die er Nuclein nannte. Der Expansion der Wissenschaften entsprach eine rege Bautätigkeit. Neben den Gebäuden für die allgemeinen Einrichtungen wie dem Kanzlerhaus (1877) und der Universitätsbibliothek (1912) entstanden vor allem die Spezialkliniken wie die Augenklinik (1875 und 1909), die Medizinische Klinik (1879), die Frauenklinik (1890), die Nervenklinik (1894), die Hautklinik (1913) und die Institute für die Naturwissenschaften.

Die Modernisierung vor dem Ersten Weltkrieg und die Umgestaltung des Neckartals

In den 15 Jahren vor dem Ersten Weltkrieg wurde Tübingen vollständig umgekrempelt und dabei das uns heute vertraute Bild der Stadt geschaffen. Die treibende Kraft war Stadtschultheiß, seit 1903 Oberbürgermeister, Hermann Haußer. Obwohl er von Julius Gös gefördert worden war, unterschied er sich von ihm grundlegend in der Einstellung zur Industrie und der Notwendigkeit der Modernisierung Tübingens. Er wollte das Gewerbe stärken und auswärtige Unternehmer heranziehen. Der Universität versprach er ein »freundliches Entgegenkommen«.[119] Das klang sehr selbstbewusst. Von den 1360 Wahlberechtigten stimmten am 27. November 1897 1126 Bürger ab, die ihn mit 1090 Stimmen (96,8 Prozent) wählten. Unter seiner Ägide wurden die anstehenden Aufgaben angegangen und zu einer Lösung gebracht. Das waren: der Neubau der Neckarbrücke, die Anlage eines Flutkanals am Neckar, der Stau des Neckars verbunden mit dem Bau eines Elektrizitätswerkes, mehrere Schulbauten und der Bau der Eisenbahn nach Herrenberg. Die Durchführung dieses Programms wurde ihm erleichtert durch eine bis zum Kriegsausbruch anhaltende Hochkonjunktur.

Große Veränderungen erfuhr das Neckartal, das vollständig umgestaltet wurde, um die oft zehn Meter hohen Hochwasser dauerhaft zu bannen. Die Neckarauen vor der Stadt, der so genannte Wöhrd mit seinen herrlichen Alleen, wurde mit dem Rückgang seiner Beweidung immer mehr als Fest- und Freizeitgelände genutzt. Die Studierenden feierten hier »Naturkneipen« und im Mai fanden regelmäßig die

Neubau der Eberhardsbrücke im Jahr 1900

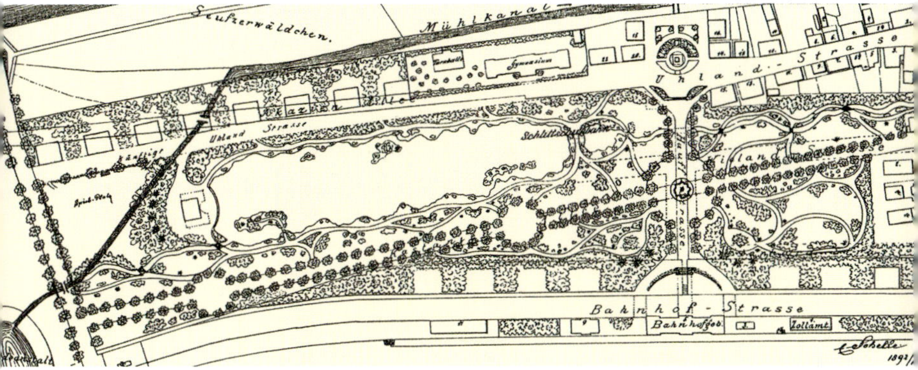

Der Universitätsgärtner Schelle fertigte diesen Entwurf eines Stadtparks auf dem Mittleren Wöhrd zwischen Bahnhof und Neckar.

Kinderfeste statt. Sänger und Turner veranstalteten hier ihre großen Landestreffen. Im Sommer kam Theaterdirektor Urban und machte Sommertheater, im Winter war eine Schlittschuhbahn die große Attraktion.

Eine erste Maßnahme war, nachdem 1899 unter großer Anteilnahme der Bevölkerung das letzte Floß die Stadt passiert hatte, der Bau einer neuen Brücke über den Neckar, die den Forderungen des wachsenden Verkehrs entsprach und vielfache Verbesserungen brachte.[120] Der nächste Schritt war der 1901 fertig gestellte Neubau des (Uhland-)Gymnasiums, der allerdings mit einem Eingriff in die schöne Akazienallee verbunden war. Wohl um weiteren Begehrlichkeiten vorzubeugen, beschäftigte sich nun der Bürgerverein mit der Gestaltung des Mittleren Wöhrd. 1901 veröffentlichten die von Eugen Nägele herausgegebenen Tübinger Blätter einen Entwurf für eine Parkanlage mit See. Der Autor war Universitätsgärtner Schelle, der auch Mitglied im Verschönerungsverein war. Und tatsächlich wurde zwischen 1908 und 1910 die gesamte Anlage mit der von Martin Elsässer entworfenen Realschule (heute: Keplergymnasium) verwirklicht. Dabei diente der Aushub für den See der Höherlegung der Straße und verringerte die Baukosten.[121]

Nachdem die Katholische Schule (1873), die Mädchen-

Tübingen lädt im Jahr 1891 zum Besuch einer Gewerbe-Ausstellung ein.

schule (1882) und die Knabenschule (1892) an der Ammer ihren Neubau erhalten hatten, waren nun die höheren Schulen, zu denen noch die für Mädchen kommen sollte, im Neckartal angesiedelt, sodass der sozialen eine räumliche Trennung entsprach.

1911 wurde das bis dahin größte Baujahr Tübingens: Gebaut wurde das Stauwehr mit dem Elektrizitätswerk, eine neue Brücke über die Steinlach (Blaue Brücke), die Rottenburger Straße, das Offizierscasino, zudem wurde von 1909 bis 1911 der Mühlbach zum Flutkanal ausgebaggert und 1911 der Bau der Universitätsbibliothek begonnen.

In der Phase der Hochkonjunktur vor dem Ersten Weltkrieg wurden wichtige Unternehmen gegründet. Aus der Flaschnerei von Immanuel Zanker wurde 1899 die Metallwarenfabrik in der Hechinger Straße und Drechsler Friedrich Schäfer baute ein Jahr später seine Stuhlfabrik in der Eberhardstraße. Die Firmen Himmel und Gröber ließen sich 1898 und 1901 in der Derendinger Straße nieder. Der gewerbliche Sektor hatte bis 1910 auf 30 Prozent zugenommen. Doch war das im Vergleich mit anderen Städten wenig.

Die Universitätsstadt hat sich trotz Haußers Anstrengungen nicht zu einer Industriestadt entwickelt. Dazu hat sicherlich auch die Universität beigetragen, wenngleich sie offensichtlich auch nicht aktiv und offen die Industrialisierung Tübingens bekämpft hat.[122]

Herrenberger Bahn und Alleenstreit

Die Universität hatte nie ihre Hoffnung auf eine direkte Verbindung nach Stuttgart aufgegeben. Die Tübinger Abgeschiedenheit, die 1826 noch als Vorteil gepriesen worden war, wurde im Eisenbahnzeitalter beim Wettbewerb um die Studierenden und Gelehrten zum Nachteil. Deshalb setzte die Universität auf die direkte Verbindung zur Hauptstadt. Doch hegte man in der Stadt auf einmal ganz andere Eisenbahnbaupläne und favorisierte den Bau einer Eisenbahnstrecke nach Herrenberg. Der Bürgerverein bezeichnete in den Tübinger Blättern das Ammertal als das »natürliche Hinterland«. Oberbürgermeister, Gemeinderat und Bürgerausschuss setzten sich gemeinsam für die Ammertalbahn und die Interessen von Handel, Rechtsanwälten und Ärzten ein.[123] Die Stadt hatte ihre Priorität geändert und die Universität fühlte sich düpiert.

Nachdem der Bahnbau von Herrenberg bis zum Westbahnhof fertig war, kam es in Tübingen zum »Alleenstreit«, in dem es um die Lage des Schlossbergtunnels zum Hauptbahnhof ging. Das Verkehrsministerium wollte einen stadtnahen Tunnel, der schwere Eingriffe vor allem in die Lindenallee notwendig machte. Diese Trasse wurde von zwei Tübinger Professoren und der neuen Heimatschutzbewegung bekämpft.

Am 7. Januar 1909 eröffnete der Kunsthistoriker Konrad Lange die Auseinandersetzung um die Trassenführung mit einem Artikel in der »Schwäbischen Kronik«. Er beklagte den Verlust der 400 Jahre alten Linden und kritisierte die Verunstaltung der Landschaft. Der Stadtverwaltung warf er vor, dass sie nicht für die schonendere Variante im Westen eingetreten sei. Haußer reagierte im Gemeinderat außerordentlich heftig und bezeichnete Lange als »obskuren Skribenten«.[124] Die Gegner sammelten 531 Unterschriften, die aber von der »Tübinger Chronik« am 13. Februar 1909 mit der Bemerkung, es handle sich um 370 Studenten, 40 Damen und 36 Professoren, abqualifiziert wurden; nur 51 Unterschreiber seien im Besitz des bürgerlichen Wahlrechts.[125] Auch der Landtagsabgeordnete Liesching griff helfend ein: Die Argumente von Konrad Lange seien zwar richtig und er teile sie, aber wirtschaftliche Belange müssten gegenüber dem Heimatschutz Vorrang haben, deshalb halte er den stadtnahen Tunnel für richtig.[126] Nun griff der Senat zugunsten der Linden ein und schlug der Stadt vor, gemeinsam mit Universität und Kultusministerium von der Eisenbahnverwaltung eine schonendere Durchführung der Baumaßnahmen zu verlangen. Dazu sollte Landeskonservator Eugen Gradmann und ein auswärtiger Gutachter hinzugezogen werden. Als auswärtigen Gutachter schlug der Senat an erster Stelle den Star der Heimatschutzbewegung Paul Schultze-Naumburg aus Saaleck vor. Sein umfassendes Gutachten zur Situation in Tübingen wurde vom Senat mit Blick auf Haußer nur in einer gekürzten Fassung übergeben.[127]

Weit bekannt wurde der Streit durch den Nationalökonom Carl Johannes Fuchs, der bei der Gründung des Heimatschutzbundes (heute: Schwäbischer Heimatbund) am 12. März 1909 in Stuttgart die Hauptrede über »Heimatschutz in Württemberg« hielt. Er begründete die Notwendigkeit des neuen Vereins mit dem Tübinger Beispiel: »Die Schönheit des Tübinger Neckarwörths, die dem Besucher schon am Bahnhof einen starken Eindruck macht, beruht auf der weiten Wiesenfläche und den Alleen, durch die sie regelmäßig gegliedert wird.« Und nun komme es dort nach den Zerstörungen durch die Schulbauten und der Errichtung des Anlagensees zur »verhängnisvollsten Änderung«[128], zum »Durchschneiden« der Lindenallee. Solches dürfe im Land nicht mehr geschehen.[129]

Auch wenn die Heimatschützer letztendlich unterlagen, haben sie dennoch eine Sensibilisierung der Öffentlichkeit für den schonenden Umgang mit den verbliebenen Alleen erreicht, die bis heute ihre Früchte trägt.

Der Erste Weltkrieg: Kriegserwartung und Kriegsausbruch

Die mentale Vorbereitung der wilhelminischen Gesellschaft auf Krieg lässt sich in Tübingen bestens an der Architektur ablesen. Den Auftakt zu den architektonischen Bollwerken machte der Kaiser-Wilhelm-Turm auf dem Österberg 1891. Dieser Turm war im Renaissance-Stil gehalten, blockig und wuchtig war dann schon der Bismarck-Turm von 1907 und unverhüllt kampfbereit zeigten sich einige Burgen studentischer Verbindungen. Die nationalen und freiheitlichen studentischen Verbindungen mit ihrer Partizipationsforderung hatten sich verändert. Sie gehörten zu den Gewinnern der nationalen Einigung und waren nun bei Festlichkeiten im Schmuck ihrer Farben immer dabei.[130] Die Gründung von Altherrenverbänden und die Errichtung von burgenähnlichen Verbindungshäusern mit Türmen, Schießscharten und Fahnen machten den Wandel sichtbar. Die Studierenden hatten sich aus der Stadt auf die Höhen begeben und sich aus der Gesellschaft zurückgezogen. Hier wurden die militärischen Tugenden gepflegt. Das erste dieser neuen Häuser wurde mit den Worten eingeweiht: »Stolz ragt nun der Rhenanen neue Heimat, eine Hochburg echt deutschen Korpsstudententums, ehrenfester Ritterlichkeit, aufopferungsfähiger Freundestreu, jugendlichen Frohsinns, hoch über der Stadt und Neckar und sein blau-weiß-rotes Banner grüßt sonnenbeschienen hinüber zu der Schwabenalb ragenden Höhen [...]. Dem Freund zum Schutz, Dem Feind zu Trutz!«[131]

Im Kaiserreich entstand die hohe Identifikation von Nation und Hochschule, die dazu führte, dass 90 Prozent der Tübinger Studenten in den Krieg zogen und 750 Universitätsangehörige nicht mehr zurückkamen. Genauso viele Tote hatte die Stadt zu beklagen.[132] Die Studierenden zahlten diesen hohen Blutzoll als Angehörige einer Elite und empfanden dies auch als ihre Pflicht.

Nach den Schüssen von Sarajewo am 28. Juni 1914 gab es in Tübingen keine bemerkenswerten lokalen Ereignisse oder Stellungnahmen mit Kriegsbezug. Vom drohenden Krieg war im Lokalteil auch dann nichts zu lesen, als die politischen Meldungen der Zeitung den Ernst der Lage schilderten, also etwa ab Mitte Juli. Erst nach Beginn des Kriegs mit Serbien wurde in der Stiftskirche »mit Ernst und Würde der drohenden Kriegsgefahr auch für Deutschland« gedacht. Bald siegte die Begeisterung über den Ernst: »Eine patriotische Kundgebung fand in der Nacht zum Sonntag nach Bekanntwerden des Bruches zwischen Serbien und Oesterreich auch hier statt. Ein großer Zug von Studenten und anderer Teilnehmer bewegte sich unter dem Gesang patriotischer Lieder durch die Uhlandstraße zum Uhlanddenkmal, wo die Kundgebung besonders begeisterte Formen annahm. Hierauf marschierte der Zug zur Wohnung des Herrn Oberbürgermeisters und dann zu der des Herrn Obersten von Linck, wo ein Teilnehmer eine patriotische Ansprache hielt, die donnernden Beifall auslöste.« Ständig wurde gesungen, überall standen Bürger und Studierende zusammen und auch die Kinder spielten Krieg. Die wenigen kritischen Äußerungen der Deutschen Friedensgesellschaft und der SPD wurden ausgeblendet. Nun wurde das erzeugt, was man das »Augusterlebnis« genannt hat. Predigten, Kriegsbetstunden, Aufrufe aller Art, Sammlungen, Gedichte und die ersten Feldpostbriefe bestimmten das Klima. Erst später wurde auch an andere Reaktionen erinnert. Am 23. Februar 1915 veröffentlichte die Zeitung ein Gedicht, das an die Tage der Mobilmachung erinnerte: »Der oi hat glacht, der andre gflennt.«

Mit Kriegsbeginn traten in Deutschland vor allem die Professoren als Sinnstifter an die Öffentlichkeit wie nie zuvor. In Tübingen eröffnete Johannes Haller den Reigen der öffentlichen Vorträge. Der erst 1913 nach Tübingen berufene Historiker hielt in wenigen Tagen sechs Kriegsvorträge. Dieser Einzelaktion schloss sich die Institution Universität an und begann im November 1914 in ihren Hörsälen mit Vorlesungen für Hörer aus der Stadt. Daraus entstand die Reihe »Durch Kampf zum Frieden. Tübinger Kriegsschriften«. Der Philosoph Karl Spitta behandelte das Problem des Tötens im Krieg, das viele bewegte: Wie können diese edlen und frommen Menschen mit ihren entsetzlichen Waffen an-

»Kriegerische Umnutzung« des Evangelischen Stifts

dere Menschen reihenweise hinmähen und dabei ein gutes Gewissen behalten? Er beruhigte die Hörer: »Nach getaner Arbeit, wenn die Schlacht schweigt, dann ruhen sie aus, schlafen selig ein mit Frieden und Gottvertrauen im Herzen. Sie schlafen sanft!« Die Lösung des Widerspruchs von Töten und gutem Gewissen sah Spitta im »Heldentod«, denn der Tod aller Soldaten, auch der des Feindes, ist ein Heldentod. Sie achten das Leben für nichts, es »gehört ohne weiteres dem Vaterland; der Held achtet in des Feindes Leben sein eigenes Leben [...]; ob er das eigene gibt oder das andere nimmt, ist sittlich genommen gleichwertig.«[133] Somit waren das Töten und das Sterben legitimiert, Trauer und Schmerz waren als egozentrisch zu überwinden.

Weihnachtlichen Lesestoff sollte das im Auftrag des Nationalen Frauendienstes von

Wilhelm Blume zusammengestellte Büchlein »Durch Krieg zum Frieden« den Soldaten an der Front liefern. Beiträge in Form von Erzählungen und Gedichten stammten von den Professoren Theodor Haering, Johannes Haller, Wilhelm Koch, Adolf Schlatter und Robert Wilbrandt. Von den schwäbischen Schriftstellern der Zeit waren Auguste Supper und Martin Lang vertreten. Eine Weihnachtsgabe besonderer Art waren die Gôgen-Witze, die 1916 an die Front verschickt wurden.[134]

Auch die Studierenden prägten das Klima und wirkten an Front und Heimat über Tübingen hinaus. Der Nationale Studentendienst, der nach Kriegsbeginn organisiert wurde, veröffentlichte Berichte über seine Hilfstätigkeit bei der Ernte, der Kinderbetreuung und in den

Vor dem Ausmarsch im Schlosshof, Foto von 1915

Lazaretten. Regelmäßig wurde über »Große Schwaben der Vergangenheit« geschrieben, von Heinrich Suso bis zu Hegel. Das schwäbische Heimatgefühl wurde mit Gedichten von Hölderlin, Uhland und Mörike wach gehalten, die Tübinger Platanenallee mit einer »unendlichen gotischen Halle« verglichen und den Soldaten im Feld versichert: »Die Heimat leuchtet Tag für Tag.«

Ein neues publizistisches Medium waren die Mitteilungen der studentischen Vereinigungen. Sie waren nicht die einzigen, auch Kommunen und andere Vereine bemühten sich, den Kontakt zu den Frontsoldaten zu halten. Dieses halböffentliche Medium verband Tübingen mit allen seinen Ehemaligen. Manche dieser Zeitschriften begnügten sich mit der Mitteilung von Adressen, den Listen der Toten und der Auszeichnungen. Andere veröffentlichten Feldpostbriefe und gaben Stimmungsbilder von Front und Heimat. Wieder andere entfesselten gegen Kriegsende eine lebhafte Zukunftsdebatte.

Kriegszeitung der Universität Tübingen

Den Studenten im Felde gewidmet

1915

»Kriegszeitung der Universität Tübingen Den Studenten im Felde gewidmet 1915«. Der Umschlag stammt von Julie Reischle.

Es gab jedoch auch kritische Stimmen: »Wir haben keine leuchtenden Augen«, schrieb ein Mitglied des Roigel und einer der Derendingia berichtete von den schrecklichen Verwüstungen aus Belgien und kommentierte lapidar: »Der Krieg ist furchtbar.« Die Zunahme der Studentinnen wurde vermeintlich humorvoll kommentiert.[135]

Die Sicherstellung der Versorgung

In unsicheren Zeiten war es immer Aufgabe der Bürger selbst, für die Sicherheit zu sorgen. So wurde auch bei Kriegsausbruch eine Bürgerwache zum Schutz der Straßen, Brücken und Telegraphen eingerichtet. Zu fremdenfeindlichen Ausschreitungen kam es zum Glück nicht. Die Stadt musste die Last von vielen Einquartierungen tragen, Schloss, Stift und Konvikt waren voll mit Soldaten belegt. Der städtische Hilfsausschuss übernahm das Sammeln und Verteilen von Spenden, um die größte Not zu lindern. Mehr als in früheren Zeiten mussten die Frauen wichtige Aufgaben übernehmen. Sie füllten die Lücken bei Post, Eisenbahn und in der Wirtschaft. Der Nationale Frauendienst[136] stellte sich der Stadtverwaltung ehrenamtlich zur Verfügung und half bei der Sicherung des Nötigsten, denn es gab schon im ersten Winter Mangelerscheinungen. Die Frauen organisierten die Tübinger Volksküche, führten die Näh- und Strickstube und kümmerten sich um die Kinderfürsorge, damit andere Frauen die Lücken in der Arbeitswelt schließen konnten.

Auch die Schulkinder waren vom Krieg betroffen. Wegen der Blockade war Deutschland darauf angewiesen, mit den Rohstoffen sorgfältig umzugehen. Die Schüler mussten regelmäßig Obstkerne, Bucheckern, Buntmetalle und Gummiabfälle sammeln, die älteren Schüler bei der Ernte mithelfen. Der Kontakt zu den Kriegsgefangenen wurde nicht strikt verboten, aber die Schüler hatten die angeordneten Verhaltensmaßregeln den Eltern zu vermitteln.[137] Fliegeralarm-Übungen waren leider nötig; durch den Luftangriff vom 12. Oktober 1916 verloren sieben Tübinger ihr Leben.[138]

Angesichts der überzogenen und realitätsfremden Erwartungen war die Enttäuschung über die Niederlage besonders groß. Wieder war es Johannes Haller, der zu extremen Formulierungen fand und der Nation bescheinigte, sie habe mit der Niederlage ihre Ehre verloren.[139]

In der Weimarer Republik

Die »Schmach von Versailles« ...

Nicht der versprochene Sieg, sondern der Zusammenbruch der deutschen Truppen beendete den Ersten Weltkrieg. Die bis zuletzt verleugnete militärische Niederlage, der Sturz der Monarchie und die Ausrufung der Republik führten auch in Tübingen zur Bildung revolutionärer Gremien. Doch der am 10. November 1918 von Mitgliedern der Tübinger Garnison gegründete Soldatenrat und der wenig später gebildete Arbeiterrat blieben machtlos. Angesichts von Wohnungsnot und Lebensmittelknappheit in der mit Lazaretten überbelegten Stadt riefen sie zu »Ruhe und Ordnung« auf und arbeiteten, insbesondere bei der Lebensmittelversorgung, reibungslos mit der Stadtverwaltung zusammen, die Oberbürgermeister Haußer seit zwanzig Jahren

Verbindungshäuser im Jubiläumsjahr der Universität 1927

mit fester Hand führte.[1] Vehement, aber vergeblich protestierten die Räte gegen den bewaffneten Einsatz eines Studentenbataillons, das unter der Parole »Metzelsuppe« mithalf, die Räterepublik in Bayern und im Ruhrgebiet blutig zu zerschlagen. Nach gut einem Jahr lösten sich die Räte schließlich nahezu unbemerkt auf.[2]

Am politischen Kräfteverhältnis in der Universitätsstadt hatte die Revolution nichts verändert. Weiterhin gaben bürgerliche, in der Tradition des württembergischen Liberalismus stehende Kreise, vor allem Beamte, Geschäftsleute und Handwerker aus der Oberstadt den Ton an, während die Arbeiterbewegung, die in der Unterstadt zu Hause war, kaum Gehör fand.[3] Die Stadt selbst, geprägt von Beamten und Pensionären, versuchte vergeblich neben der Hochschule ein Eigenleben zu führen; sie wurde von der Universität dominiert. Diese stellte mit ihren 39 Instituten und zehn Kliniken den bei weitem größten Arbeitgeber. Stadt wie Universität litten unter den wirtschaftlichen Folgen des verlorenen Krieges, was durch die Inflation noch verstärkt wurde. Suppenküchen und die von dem Verlagsbuchhändler Paul Siebeck gegründete »Tübinger Studentenhilfe« linderten die Not. An die wirkungsvolle Unterstützung karitativer Organisationen aus der Schweiz, insbesondere des »Schaffhauser Komitees für deutsche Not«, erinnert noch heute die Schaffhausenstraße.

Obwohl sich nun zunehmend Freistudenten in Tübingen immatrikulierten und viele als Werkstudenten ihr Studium selbst finanzieren mussten, prägten die 48 Studentenverbindungen noch immer das universitäre Leben. Ihre burgartigen Häuser thronten auf den Höhenzügen der Stadt. Doch außer am Schloss- und Österberg, den Wohnlagen der Privilegierten, hatte die städtische Bebauung noch kaum den Talgrund von Neckar und Ammer verlassen. Wachstumsspitzen entstanden in Richtung der Arbeitervororte Derendingen und Lustnau, die 1926 erstmals durch eine Omnibuslinie mit der Stadt verbunden wurden.

An der Universität hatte die Republik von Weimar keine Chance.[4] Hochschullehrer wie Studenten verbanden mit ihr die Erfüllung der Auflagen des Versailler Vertrags, lehnten sie deshalb ab oder bekämpften sie offen. Viele verbreiteten wie Rektor Johannes Haller beim Empfang der aus dem Krieg rückkehrenden Studenten die Dolchstoßlegende.[5] In rückwärts gewandter Heilssehnsucht hofften manche auf ein »machtvolles drittes Reich« und suchten wie der Philosophieprofessor Theodor Haering einen »gottgesandten Führer«.[6]

Die Kriegsbeteiligung der Tübinger Studenten war so hoch gewesen wie an keiner anderen Universität.[7] Hoch war auch die Zahl von 738 gefallenen Studenten. Doch die Auseinandersetzung mit den dafür verantwortlichen Kräften unterblieb. Stattdessen suggerierten zahlreiche Kriegerdenkmale, regelmäßige Totenfeiern und populäre Kriegsschriften, dass nur ein neuer Krieg die »Schmach von Versailles« aufheben könne. Dieser Revanchismus einte die vom »Fronterlebnis« zutiefst geprägte Studentenschaft, verband sie auch mit ihren akademischen Lehrern. Zum 1922 auf der Eberhardshöhe nach den Plänen Bernhard Pankoks errichteten

Seit 1904 sind an der Tübinger Universität auch Frauen zum Studium zugelassen: Verein Tübinger Studentinnen, Foto von 1923

»Ehrenmal für die Gefallenen der Universität« wallfahrteten bei der Einweihung über 2000 Menschen. »Aus unserm Tod erblühe Euch das Leben. Uns gleich lernt opfernd Euch für andere geben und unser Sterben wird gesegnet sein«, lasen sie auf dem Mausoleum. Das städtische Ehrenmal, 1921 auf dem Stadtfriedhof errichtet, formuliert mit seinem von Richard Knecht geschaffenen Stahlhelmkopf den selben revanchistischen Opfergedanken.[8]

... und die Ablehnung der Republik

Zu dieser Atmosphäre der Kriegstreiberei passt es, dass verbotene politische Geheimbünde wie Organisation Consul und Brigade Ehrhardt offen unter den Studenten agitierten. Der abgedankte Marineoffizier Dietrich von Jagow etwa warb, als Volontär der durch ihre Besitzer Pezold und Jordan eng mit deutschnationalen Kreisen verbundenen Buchhandlung Osiander getarnt, für die NSDAP und solidarisierte sich 1922 unverhohlen mit den Mördern des Reichsaußenministers Walther Rathenau.[9] »Hier in Tübingen«, schrieb Arnold Zweig im Sommer 1919 an Martin Buber, »grassiert eine unvorstellbare Gegenrevolutionsstimmung, die mit Antisemitismus identisch ist. Man negiert sogar schroffstens die jetzige Regierung und möchte sich je eher je lieber gegen den inneren Feind erheben. Und natürlich auch gegen die Franzosen.«[10]

Antisemitismus gehörte schon im ausgehenden 19. Jahrhundert zum »kulturellen Code« des Bürgertums.[11] Das hatten auch die ersten Juden zu spüren bekommen, die sich in Tübingen nach der staatsbürgerlichen Gleichstellung niederlassen wollten.[12] Mittlerweile lebten Juden als angesehene Kaufleute und Rechtsanwälte, Ärzte und Bankiers in der Stadt. Einige gehörten, wie Gemeinderat Dr. Simon Hayum und der Besitzer der »Tübinger Chronik« Albert Weil, zur Stütze des kleinen republikanischen Tübingen. Doch sie lebten auf brüchigem Boden. Der Nationale Studentenbund führte bereits 1920 den »Arierparagraphen« ein und der unter den Angestellten der

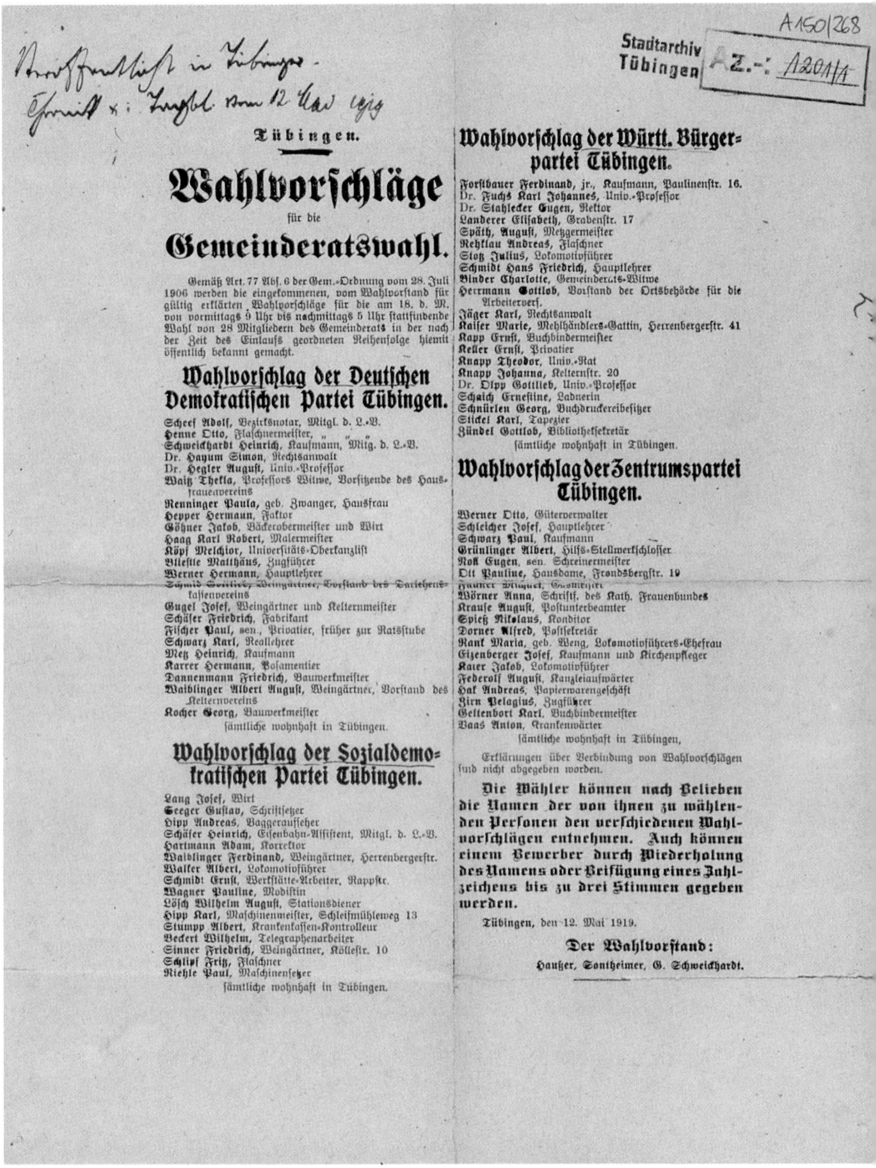

Tübingen.

Wahlvorschläge

für die

Gemeinderatswahl.

Gemäß Art. 77 Abs. 6 der Gem.-Ordnung vom 28. Juli 1906 werden die eingekommenen, vom Wahlvorstand für gültig erklärten Wahlvorschläge für die am 18. d. M. von vormittags 9 Uhr bis nachmittags 5 Uhr stattfindende Wahl von 28 Mitgliedern des Gemeinderats in der nach der Zeit des Einlaufs geordneten Reihenfolge hiemit öffentlich bekannt gemacht.

Wahlvorschlag der Deutschen Demokratischen Partei Tübingen.

Scheef Adolf, Bezirksnotar, Mitgl. d. L.-V.
Henne Otto, Flaschnermeister, „ „ „
Schweickhardt Heinrich, Kaufmann, Mitg. d. L.-V.
Dr. Hayum Simon, Rechtsanwalt
Dr. Hegler August, Univ.-Professor
Waiß Thekla, Professors Witwe, Vorsitzende des Hausfrauenvereins
Renninger Paula, geb. Zwanger, Hausfrau
Hepper Hermann, Faktor
Göhner Jakob, Bäckerobermeister und Wirt
Haag Karl Robert, Malermeister
Köpf Melchior, Universitäts-Oberkanzlist
Bliestle Matthäus, Zugführer
Werner Hermann, Hauptlehrer
~~Schmid Gottlieb, Weingärtner, Vorstand des Darlehenskassenvereins~~
Gugel Josef, Weingärtner und Kelternmeister
Schäfer Friedrich, Fabrikant
Fischer Paul, sen., Privatier, früher zur Ratsstube
Schwarz Karl, Reallehrer
Metz Heinrich, Kaufmann
Karrer Hermann, Posamentier
Dannenmann Friedrich, Bauwerkmeister
Waiblinger Albert August, Weingärtner, Vorstand des Keltervereins
Kocher Georg, Bauwerkmeister

sämtliche wohnhaft in Tübingen.

Wahlvorschlag der Sozialdemokratischen Partei Tübingen.

Lang Josef, Wirt
Seeger Gustav, Schriftsetzer
Hipp Andreas, Baggeraufseher
Schäfer Heinrich, Eisenbahn-Assistent, Mitgl. d. L.-V.
Hartmann Adam, Korrektor
Waiblinger Ferdinand, Weingärtner, Herrenbergerstr.
Walker Albert, Lokomotivführer
Schmidt Ernst, Werkstätte-Arbeiter, Rappstr.
Wagner Pauline, Modistin
Lösch Wilhelm August, Stationsdiener
Hipp Karl, Maschinenmeister, Schleifmühleweg 13
Stumpp Albert, Krankenkassen-Kontrolleur
Beckert Wilhelm, Telegraphenarbeiter
Sinner Friedrich, Weingärtner, Köllestr. 10
Schlipf Fritz, Flaschner
Riehle Paul, Maschinensetzer

sämtliche wohnhaft in Tübingen.

Wahlvorschlag der Württ. Bürgerpartei Tübingen.

Forstbauer Ferdinand, jr., Kaufmann, Paulinenstr. 16.
Dr. Fuchs Karl Johannes, Univ.-Professor
Dr. Stahlecker Eugen, Rektor
Landerer Elisabeth, Grabenstr. 17
Späth, August, Metzgermeister
Rehklau Andreas, Flaschner
Stotz Julius, Lokomotivführer
Schmidt Hans Friedrich, Hauptlehrer
Binder Charlotte, Gemeinderats-Witwe
Herrmann Gottlob, Vorstand der Ortsbehörde für die Arbeiterverf.
Jäger Karl, Rechtsanwalt
Kaiser Marie, Mehlhändlers-Gattin, Herrenbergerstr. 41
Kapp Ernst, Buchbindermeister
Keller Ernst, Privatier
Knapp Theodor, Univ.-Rat
Knapp Johanna, Kelternstr. 20
Dr. Olpp Gottlieb, Univ.-Professor
Schaich Ernestine, Ladnerin
Schnürlen Georg, Buchdruckereibesitzer
Stickel Karl, Tapezier
Zündel Gottlob, Bibliothekssekretär

sämtliche wohnhaft in Tübingen.

Wahlvorschlag der Zentrumspartei Tübingen.

Werner Otto, Güterverwalter
Schleicher Josef, Hauptlehrer
Schwarz Paul, Kaufmann
Grünlinger Albert, Hilfs-Stellwerkschlosser
Noll Eugen, sen. Schreinermeister
Ott Pauline, Hausdame, Frondsbergstr. 19
~~[illegible]~~
Wörner Anna, Schriftf. des Kath. Frauenbundes
Krause August, Postunterbeamter
Spieß Nikolaus, Konditor
Dorner Alfred, Postsekretär
Rank Maria, geb. Weng, Lokomotivführers-Ehefrau
Eizenberger Josef, Kaufmann und Kirchenpfleger
Kaier Jakob, Lokomotivführer
Federolf August, Kanzleiaufwärter
Hak Andreas, Papierwarengeschäft
Zirn Pelagius, Zugführer
Geltenbort Karl, Buchbindermeister
Baas Anton, Krankenwärter

sämtliche wohnhaft in Tübingen,

Erklärungen über Verbindung von Wahlvorschlägen sind nicht abgegeben worden.

Die Wähler können nach Belieben die Namen der von ihnen zu wählenden Personen den verschiedenen Wahlvorschlägen entnehmen. Auch können einem Bewerber durch Wiederholung des Namens oder Beifügung eines Zahlzeichens bis zu drei Stimmen gegeben werden.

Tübingen, den 12. Mai 1919.

Der Wahlvorstand:

Haußer, Sontheimer, G. Schweickhardt.

Wahlvorschläge zur Gemeinderatswahl 1919

Neckarstadt stark verbreitete »Deutschnationale Handlungsgehilfenverband« schloss ebenso wie der bei Professoren beliebte »Alldeutsche Verband« Juden von der Mitgliedschaft aus. Das seit 1924 als »Schwäbisches Tagblatt« in Tübingen erscheinende »NS-Kampfblatt vor Ort« polemisierte offen antisemitisch.

Welch antidemokratischer und antisemitischer Konsens an der Universität herrschte, enthüllte die »Schlacht von Lustnau«. Sie entbrannte im Sommer 1925, als republikfeindliche Studenten unter der Führung des »Hochschulrings deutscher Art« den von republikanischen Studenten und Gewerkschaften eingeladenen Referenten Julius Gumbel, einen Sozialisten und Pazifisten jüdischer Herkunft, gewaltsam am Sprechen hinderten.[13] Für Oberbürgermeister Haußer war es »ein Bürgerkrieg im Kleinen«, was die Studenten dort inszenierten.

Natürlich machte sich die Ablehnung der Republik auch bei den Wahlen bemerkbar. Hohe Stimmenanteile erhielten die republiktragenden Parteien nur unmittelbar nach der Revolution, wo die »Weimarer Koalition« als notwendiger Garant für Ruhe und Ordnung akzeptiert wurde. Während der durch die Inflation hervorgerufenen innenpolitischen Krise aber gaben zehn Prozent der Tübinger der »Deutschvölkischen Freiheitsbewegung«, einer Nachfolgeorganisation der vorübergehend verbotenen NSDAP, ihre Stimme. Das Ergebnis lag deutlich über dem reichsweiten Durchschnitt und war vor allem dem Abstimmungsverhalten der gehobenen Wohngebiete zu verdanken.[14]

Nach kurzer Stabilisierung: Zerfall der liberalen Mitte

Mit der Konsolidierung der wirtschaftlichen Situation im Reich stabilisierte sich auch in Tübingen die Lage. Die 450-Jahr-Feier der Universität 1927 wurde bereits wieder mit vorsichtigem Optimismus gefeiert. Die Studentenzahlen waren auf rund 3500 geklettert, die Einwohnerzahlen auf 21 300. Der Neubau der Kinderklinik und der Mädchenrealschule, heute Wildermuthgymnasium, schienen »einen verheißungsvollen Ausblick auf eine gedeihliche Zukunft« zu erlauben.[15] Doch von den »Goldenen Zwanzigerjahren«, von Bubikopf und Charleston, war in der schwäbischen Universitätsstadt nur wenig zu spüren.

Als Oberbürgermeister Haußer 1927 nach dreißigjähriger Amtszeit starb, übernahm der Fraktionsvorsitzende der linksliberalen DDP im württembergischen Landtag, Adolf Scheef, eine »Stadtgemeinde», die als »eine der bestverwalteten des Landes« galt.[16] Auch er erwarb sich den Ruf eines überparteilichen Verwaltungsexperten. Unter Verzicht auf seine parteipolitischen Ämter vertrat er eine »Kommunalpolitik der Sachlichkeit«.[17] Große Projekte standen am Anfang seiner Amtszeit: die Erschließung der Weststadt im Ammertal ebenso wie der Bau der Deutschen Burse (1930 nach den Plänen Paul Schmitthenners) und der Waschanstalt (1931) in der Keplerstraße, das Feuerwehrhaus (1930) am Kelternplatz, die Erweiterung der Neuen Aula (1932) und der Neubau der Chirurgie (1932). Letzterer in den für Tübinger noch ungewohnten Formen des Neuen Bauens wie auch die kleine Villenkolonie, die Karl Wägenbaur an der Haußerstraße errichtete.[18] Mit dem Bau von 42 Sozialwohnungen in der Schaffhausenstraße war 1931 auch der Wohnungsmangel beseitigt.

Hermann Haußer (1867–1927), Oberbürgermeister von 1897 bis 1927

Als die Weltwirtschaftskrise Ende der Zwanzigerjahre die Inflationsängste erneut mobilisierte, zerfiel die liberale bürgerliche Mitte, die bis dahin im Gemeinderat das Sagen hatte.

Schon 1930, nachdem ein erdrutschartiger Sieg der NSDAP bei den Reichstagswahlen im September auch in Tübingen knapp 14 Prozent

Festumzug zum 450-jährigen Jubiläum der Universität 1927

an nationalsozialistischen Wählern gezeitigt hatte, verkaufte der jüdische Besitzer der »Tübinger Chronik« die Lokalzeitung – bis dahin ein Organ der Demokratischen Partei – und emigrierte in die Schweiz.[19] Bei den Kommunalwahlen 1931 schrieben die zu einem »Mittelstandskartell« zusammengeschlossenen Geschäftsleute den Spitzenkandidaten der NSDAP, Frisörmeister Hans Keck, auf ihre Liste und zwar an erster Stelle. Prompt erhielt er die meisten Stimmen.

Insgesamt zogen Ende 1931 vier »Braunhemden« in den Gemeinderat. Die »Tübinger Chronik« kommentierte zutreffend: »Tübingen hat sich den Rechtsparteien zugekehrt.«[20]

Die Stadt in der NS-Zeit

Widerstandslose Machtübernahme

Die Nationalsozialisten kamen in Tübingen also nicht von auswärts, und sie kamen auch nicht über Nacht, wie ein lokales Rechtfertigungsmuster zäh behauptet. Die Universität, die seit langem als Einfallstor für die nationalsozialistische Bewegung gedient hatte, begrüßte die »Machtergreifung« als »nationale Erhebung«. Entschlossene Gegner hatte das neue Regime an der Universität keine. Das Säuberungs-Gesetz, das die neuen Machthaber als Gesetz »zur Wiederherstellung des Berufsbeamtentums« schon im April 1933 erließen, traf nur drei der 169 Hochschullehrer: den späteren Physik-Nobelpreisträger Hans Albrecht Bethe und den außerordentlichen Professor für Philosophie Traugott Konstantin Oesterreich, 1937 noch den Mathematiker Erich Kamke[1] – eine nirgends sonst erreichte geringe Zahl.[2] Wie sich die Hochschule mehrfach brüstete, hatte sie schon immer »Juden fernzuhalten gewußt«.[3] Die Mehrheit der Hochschullehrer war von dem Willen durchdrungen, an der Errichtung des »Dritten Reiches« mitzuhelfen, nicht wenige versuchten eigenständig nationalsozialistische Forderungen zu verwirklichen. So praktizierte das Stift, die traditionsreiche Ausbildungsstätte der evangelischen Landeskirche, die sich rühmte, der nationalsozialistischen Bewegung schon früh »eine Heimat« geboten zu haben, schon 1934 den Arierpara-

Professor Dr. Hermann Hoffmann (1891–1944): Psychiater, von 1937 bis 1939 Rektor der Universität

graphen, noch bevor er verordnet wurde.[4]

Auch in der Stadt verlief der Machtwechsel nahezu bruchlos. Bei der Stadtverwaltung sahen die Nazis keinen Anlass zu Entlassungen, und der Gemeinderat wurde per Gesetz nach dem Ergebnis der für den 5. März ausgeschriebenen Reichstagswahl gleichgeschaltet. Nur wenige Mitglieder der organisierten Arbeiterschaft beteiligten sich am Generalstreik im nahen Mössingen – dem einzigen Versuch in Württemberg überhaupt.[5] Doch nach dessen Niederschlagung kam es zu keinem weiteren Versuch von organisiertem Widerstand, nur vereinzelt noch zu praktizierter Solidarität mit Verfolgten. Die wenigen Funktionäre der kleinen Arbeiterbewegung, vorab Karl Zeeb und Hugo Benzinger von der KPD sowie Gottlob Frank von der SPD, wurden im neu geschaffenen »Schutzhaftlager« Heuberg auf der Schwäbischen Alb, später auf dem Ulmer Kuhberg, inhaftiert. Wer vom

Der seit 1927 amtierende Oberbürgermeister Adolf Scheef mit SA-Mitgliedern auf dem Marktplatz vor dem Tübinger Rathaus

»Heuberg« oder aus Dachau zurückkam, vermied fortan den Konflikt mit dem Regime. Und die anderen Tübinger schwiegen im Sog des nationalen Aufschwungs zur verfassungswidrigen »Schutzhaft«, zumal der davon betroffene Gemeinderat ein Kommunist war.[6]

Auch bei der letzten, schon nicht mehr freien Reichstagswahl lag das Tübinger Ergebnis mit mehr als 49 Prozent der Stimmen für die NSDAP über dem Reichsdurchschnitt und 15 Prozent über dem des Landes.[7] Die verbliebenen Gemeinderäte der republiktragenden Parteien verließen das gleichgeschaltete Gemeindeparlament aus freien Stücken, die Ratsherren der rechten Parteien fanden als Hospitanten bei der NSDAP Unterschlupf, und die bürgerlichen Vereine schalteten sich selbst gleich, oft in vorauseilendem Gehorsam. Nach wie vor dem Machtwechsel fanden sich deshalb in den Vorständen der meisten Verbände und Vereine vielfach die gleichen Namen. Nachhaltiger Widerstand blieb auch aus, als die Gewerkschaft zerschlagen wurde.

Nach der Wahl beauftragte der neue Reichskanzler Kommissare mit der »Vernichtung des Marxismus«. In der Neckarstadt fanden die von Dietrich von Jagow, der inzwischen zum »Reichspolizeikommissar« aufgestiegen war, als Hilfspolizisten ernannten SA-, SS- und Stahlhelm-Männer, angeführt von »Unterkommissar« Gottlob Berger, nur wenig Gelegenheit zum Einsatz.[8]

Sinnfällig symbolisiert den bruchlosen Übergang von der ungeliebten Republik in die NS-Diktatur der damalige Oberbürgermeister, Adolf Scheef. Dereinstige »Führer der schwäbischen Demokratie«, der als DDP-Fraktionsvorsitzender im württembergischen Landtag die NSDAP entschieden bekämpft hatte,[9] überstand den Machtwechsel unangefochten, weil die neuen Machthaber dem weit über die Stadt hinaus respektierten Verwaltungsfachmann keine gleichwertige personelle Alternative entgegensetzen konnten, und weil er sich offensichtlich mit dem Nationalsozialismus arrangierte.

Straßenumbenennungen – die zentrale Mühlstraße etwa wurde zur Adolf-Hitler-Straße – gingen unter seinem Vorsitz schon im Mai 1933 ebenso widerspruchslos über die Bühne wie offen praktizierter Antise-

Innenraum der 1882 erbauten Synagoge an der Gartenstraße

mitismus, etwa der Abbruch der langjährigen Geschäftsbeziehung zum Bankhaus Siegmund Weil oder das Verbot des Freibadbesuchs für »Juden und Fremdrassige« – das früheste Beispiel im Reich.[10]

Zum Boykott jüdischer Geschäfte und Praxen im April 1933, darunter die Anwaltskanzlei des demokratischen Noch-Gemeinderats Dr. Simon Hayum, schwieg Scheef ebenso wie zum Abbrennen der Synagoge im November 1938. Die Nationalsozialisten honorierten so viel Anpassungsfähigkeit bei seinem Ausscheiden 1939 mit der Ehrenbürgerwürde.

Stadt der NS-Schulen und NS-Wirtschaftswunder

NS-Hochschulpolitik und Aufrüstung veränderten die Situation in der Stadt grundlegend, bis Kriegsbeginn halbierten sie die Zahl der Studierenden auf knapp 1500. Zum Ausgleich bemühte sich die Stadtverwaltung, aus Tübingen eine »Stadt der NS-Schulen« zu machen. So begann sich der Charakter der Stadt zu wandeln, erkenntlich auch am äußeren Erscheinungsbild. Öffentliche Großbauten demonstrierten den Aufbauwillen des »Dritten Reichs«, setzten steinerne Propagandamarken an den Rändern der Stadt. Neben der »Dietrich-Eckart-Siedlung« im 1934 eingemeindeten Derendingen und der »Aichhalden-Siedlung« in Lustnau waren das 1934 die NSKK-Motorsportschule am Galgenberg, die Jugendherberge samt HJ-Heim in der Gartenstraße 1935 und 1936 die Reichssanitätsschule am Abhang des Österbergs. Zudem belegte die Stadt sieben Häuser der 1938 aufgelösten Verbindungen, die in städtischen Besitz übergegangen waren, mit Einrichtungen der Partei und ihrer Gliederungen, darunter die SS-Bräuteschule (Normannia), die NS-Studentenkompagnie (Stuttgardia) und die NS-Schwesternschule (Eberhardina). Die Partei selbst richtete sich im Wingolf-Haus ein. »Hier sind Programmpunkte der Bewegung in vorbildlicher Weise in die Tat umgesetzt«, lobte die Partei.[11]

Das NS-Wirtschaftswunder – mittels Arbeitsbeschaffungsmaßnahmen, der Abschaffung von Arbeitnehmerrechten und Zwangsarbeitsdienst nicht nur beim Bau der Lustnauer Umgehungsstraße wirksam in Szene gesetzt – trug auch in Tübingen spürbar dazu bei, Anhänger wie Mitläufer bei Laune zu halten.

Die massive Aufrüstung der NS-Regierung bescherte den Tübingern neben dem völligen Rückgang der Arbeitslosen 1935 den Bau der »Hindenburg-Kaserne« am Burgholz und 1938 die Errichtung eines Lazaretts auf dem Sand, darüber hinaus die rapide Vergrößerung von Himmelwerk und Montanwerk, den wichtigsten Metall verarbeitenden Betrieben in der Stadt.[12]

Leben in der nationalsozialistischen Volksgemeinschaft

Großveranstaltungen der Partei am 1. Mai, zum »Heldengedenktag«, zu »Führers Geburtstag« oder zum »Erntedank« formierten die Bevölkerung zur nationalsozia-

Ausgegrenzt: der jüdische Frauenverein, Foto von 1936

Sport und Wehrertüchtigung gehen eine Symbiose ein.

listischen »Volksgemeinschaft« und propagierten die neue Ordnung. Sie wurden anfangs enthusiastisch, zunehmend aber ernüchtert bis unwillig von den Tübingern mitgemacht. Bis heute zeigt das Silcher-Denkmal von Julius Frick, als Zentrum einer nationalsozialistischen »Thingstätte« 1941 auf der Platanenallee errichtet, wie volkstümliche Traditionen dabei nationalsozialistisch vereinnahmt wurden.[13]

Zum Straßenbild Tübingens gehörten jetzt Uniformen. Neben den braunen der Parteiformationen auch die des Militärs und die der Staatsjugend. »Heimabende«, Zeltlager und Geländespiele der zahlreichen »HJ-Fähnlein« und »Jungmädelgruppen des BDM« übten auf viele Jugendliche eine große Faszination aus. In »vorschriftsmäßiger Dienstkleidung«, manchmal auch in »Räuberzivil« übten sie das Leben in der »Volksgemeinschaft« ein, wurden diszipliniert, militarisiert und auf die NS-Gemeinschaft eingeschworen unter dem Motto: »Du bist nichts, dein Volk ist alles.« Doch erst das Ausgrenzen der rassisch und sozial Unerwünschten ermöglichte das Funktionieren der »Volksgemeinschaft«. Dabei übernahm die Universität eine führende Rolle. Sie entwickelte Tübingen zu einem Zentrum theoretischer und praktischer »Rassenhygiene«. Auffallend viele Tübinger Hochschullehrer beteiligten sich als Exponenten einer völkisch-rassistischen Wissenschaft an der Ausgrenzung von Menschen, vorbereiteten, legitimierten und realisierten sie.

Der Psychiater und Chef der Nervenklinik Robert Gaupp warb schon vor 1933 für »die Unfruchtbarmachung geistig und sittlich Kranker und Minderwertiger«. Der Vererbungsforscher Hermann F. Hoffmann – für die Rektorengalerie ließ sich der ehrgeizige Psychiater in SA-Uniform malen – bereitete mit seinen Vorstellungen von der Vererbbarkeit krimineller Veranlagungen die rassenhygienische Gesetzgebung des NS-Staats vor.[14] Der Leiter der Frauenklinik August Mayer wollte die Frauenklinik zur zentralen »Erbgesundheitsklinik« des Landes machen. Der Direktor des ersten Rassenbiologischen Instituts im Reich, Wilhelm Gieseler, propagierte breitenwirksam eine sozialrassistische »Erbgesundheitspflege« und der »Zigeunerforscher« Robert Ritter, einst Oberarzt an der Kinderabteilung der Universitätsnervenklinik, wurde später in Berlin zum Schrittmacher des rassenhygienisch begründeten Mordes an Tausenden Sinti und Roma.[15]

Krieg, Entgrenzung und »Tübinger Täter«

Der am 1. September 1939 mit einem fingierten Überfall auf den Sender Gleiwitz begonnene Angriff auf Polen stieß anfangs bei den seit langem propagandistisch und praktisch mit Luftschutzübungen und dem Verkauf von Gasmasken darauf vorbereiteten Tübingern auf wenig Begeisterung. Doch mit den siegreichen »Blitzkriegen« in Holland, Belgien und Frankreich schlug die Stimmung auch in der Universitätsstadt in nationale Begeisterung um. Mit zunehmender Dauer des Krieges wurde der Alltag mühsam. Verdunklung und Lebensmittelbewirtschaftung, Kriegseinsatz und Arbeitskräftemangel, Evakuierungen und fehlende Wohnungen machten das Leben, zumal nach Ausrufung des »totalen Kriegs« schwierig, auch wenn die Versorgung mit Lebensmitteln nicht nur hier während des Krieges besser war als danach. Zudem federte der Einsatz von Zwangsarbeitern und Kriegsgefangenen die individuelle Belastung der »deutschen Volksgenossen« deutlich ab.

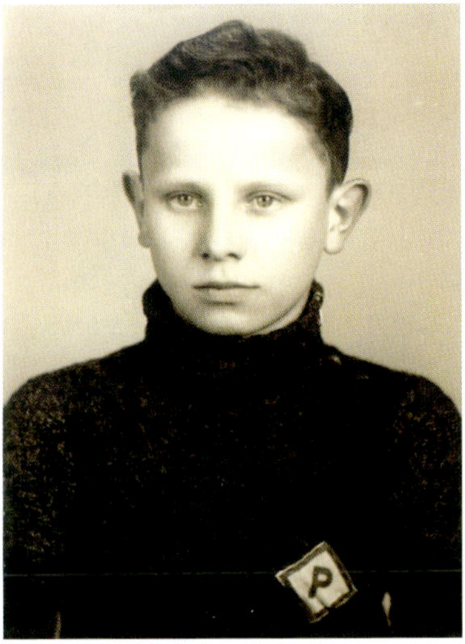

Mit dem »P« gekennzeichneter Zwangsarbeiter aus Polen

Bei Kriegsende lebten über 1600 ausländische Arbeiter, verteilt auf zehn Lager für Kriegsgefangene, 27 für »ausländische Zivilarbeiter«, davon sechs in städtischer Trägerschaft, und rund ein Viertel in Privathaushalten in der Stadt. Sie arbeiteten zu Hungerlöhnen in den Rüstungsbetrieben, vor allem in den Himmelwerken und bei Zanker, aber auch bei der Stadt, der Universität, in den Kliniken, in Gärtnereien und in den kleinen Landwirtschaften. Einige waren in privaten Haushalten eingesetzt. Auch wenn das Regime ihre Ausbeutung als »Arbeitssklaven« vorsah, eine nach »rassischem Wert« gestufte Behandlung vorschrieb und Polen mit dem so genannten »Polenerlass« vom März 1940 unter ein drakonisches Strafmaß stellte, sind die Erinnerungen ehemaliger Zwangsarbeiter an Tübingen ambivalent. Erinnerungen an menschliche, vorurteilsfreie Behandlung mischen sich mit der bitteren Erfahrung von nationaler Überheblichkeit, Verachtung und brutaler Ausbeutung, wie die Besuche ehemaliger Zwangsarbeiter 1991 und 2001 zeigten.[16]

Die von SA- und SS-Leuten am frühen Morgen des 10. November 1938 in Brand gesetzte Synagoge in der Gartenstraße wurde zum Fanal für die forcierte Entrechtung und schließlich Ermordung der letzten Tübinger Juden. Zwanzig der etwa hundert 1933 hier ansässigen Juden lebten bei der Einführung des »Judensterns« im September 1941 noch in der Stadt – isoliert und am Rande des Existenzminimums. Zwischen Dezember 1941 und August 1942 wurden sie in drei Transporten vom Tübinger Hauptbahnhof aus über ein Sammellager in Stuttgart nach Riga, Auschwitz und Theresienstadt verschleppt. Nur zwei überlebten die Vernichtungslager und das Altersghetto.[17]

Der rechtsfreie Raum, den der Krieg in den eroberten Gebieten im Osten schuf, führte zu einer verstärkten Radikalisierung und wirkte moralisch entgrenzend. Das zeigen die Karrieren auffallend vieler ehemaliger Tübinger Studenten: Jung, ehrgeizig und leistungsbereit wurden sie – meist über die Zwischenstation bei der Gestapo-Zentrale in Stuttgart – als Leiter beziehungsweise Mitarbeiter von SS-Einsatzgruppen zu »Exekutoren der Endlösung«. Zu nennen sind: der einstige »Führer der Studentenschaft« Martin Sandberger, der zusammen mit Erich Ehrlinger 1933 als Zeichen der Machtübernahme die Hakenkreuz-Fahne auf der Neuen Aula gehisst hatte, das ehemalige Studentenbundmitglied und späterer Leiter der Stuttgarter Gestapo-Zentrale Eugen Steimle, der ehemalige Medizinstudent und spätere »Reichsstudentenführer« Dr. Gustav Adolf Scheel sowie der ehemalige »Reichsgeschäftsführer« der in Tübingen angesiedelten neuheidnischen »Deutschen Glaubensbewegung« Paul Zapp, ferner die Mediziner Erwin und Ernst Weinmann. Letzterer, SS-Obersturmführer sowie Leiter der Tübinger Außenstelle des SD und seit 1939 Oberbürgermeister der Stadt, erwarb sich den schrecklichen Beinamen »Henker von Belgrad«. Der Jurist Dr. Walter Stahlecker, Sohn des ehemaligen Rektors der Mädchenrealschule, war als Führer der »Einsatzgruppe A« für die unvorstellbare Zahl von 240 410 Ermordeten verantwortlich.

Theodor Dannecker aus der Neckargasse war als einziger kein Angehöriger der Tübinger Alma Mater. Aber auch er machte bei der SS Karriere, wurde »Judenreferent beim SD« und war schließlich als Eichmanns engster Mitarbeiter

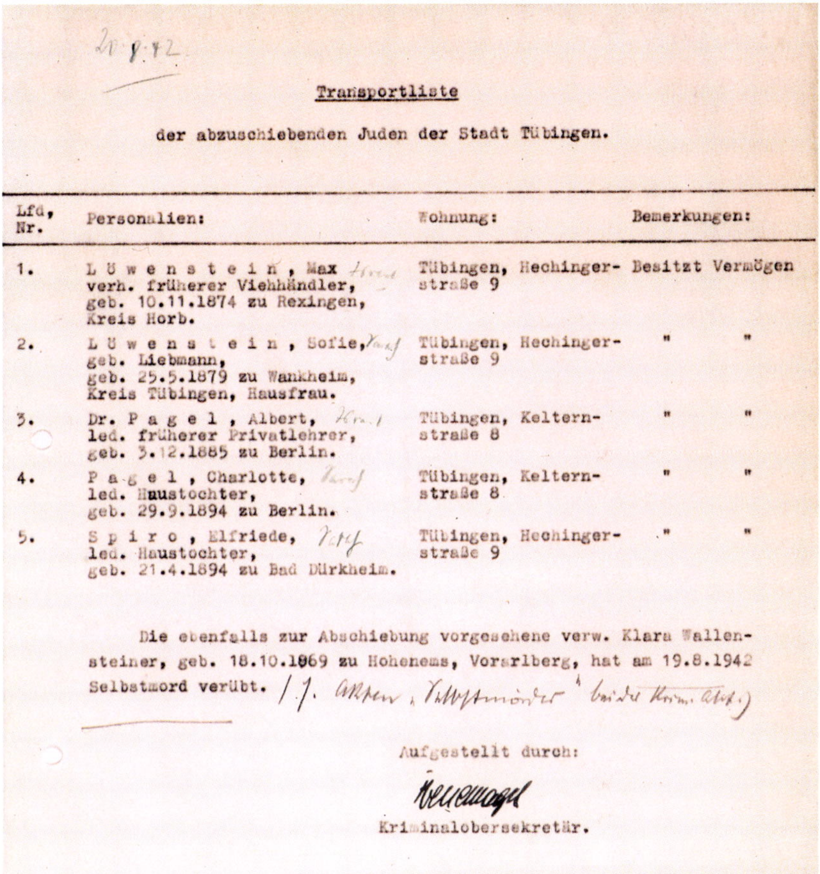

20.8.42

Transportliste

der abzuschiebenden Juden der Stadt Tübingen.

Lfd. Nr.	Personalien:	Wohnung:	Bemerkungen:
1.	L ö w e n s t e i n , Max verh. früherer Viehhändler, geb. 10.11.1874 zu Rexingen, Kreis Horb.	Tübingen, Hechinger-straße 9	Besitzt Vermögen
2.	L ö w e n s t e i n , Sofie, geb. Liebmann, geb. 25.5.1879 zu Wankheim, Kreis Tübingen, Hausfrau.	Tübingen, Hechinger-straße 9	" "
3.	Dr. P a g e l , Albert, led. früherer Privatlehrer, geb. 3.12.1885 zu Berlin.	Tübingen, Keltern-straße 8	" "
4.	P a g e l , Charlotte, led. Haustochter, geb. 29.9.1894 zu Berlin.	Tübingen, Keltern-straße 8	" "
5.	S p i r o , Elfriede, led. Haustochter, geb. 21.4.1894 zu Bad Dürkheim.	Tübingen, Hechinger-straße 9	" "

Die ebenfalls zur Abschiebung vorgesehene verw. Klara Wallensteiner, geb. 18.10.1869 zu Hohenems, Vorarlberg, hat am 19.8.1942 Selbstmord verübt.

Aufgestellt durch:

Kriminalobersekretär.

»Transportliste der abzuschiebenden Juden« vom August 1942: ein Dokument nationalsozialistischer Vernichtungspolitik und das Ende der Tübinger Judengemeinde

für die Deportation der Juden aus Frankreich, der Tschechoslowakei und Bulgarien verantwortlich.[18] Ein anderer Student dagegen fand in der Konfrontation mit den Krankenmorden der »Euthanasie« und den Vergasungen der »Endlösung« zum Widerstand. Der schwierige Weg des SS-Offiziers aus dem Umfeld der Bekennenden Kirche zeigt exemplarisch die Ambivalenz widerständigen Verhaltens in der NS-Diktatur. Kurt Gerstein, der nach einem Ingenieurstudium Ende der

Das Gräberfeld X: Endstation nationalsozialistischer Vernichtungspolitik. Titelblatt der vom städtischen Kulturamt herausgegebenen Dokumentation

1930er-Jahre in Tübingen Medizin studiert hatte, ließ sich als Leitender Ingnieur der Hygiene-Abteilung des SS-Hauptamtes bewusst zum Zeugen der »Endlösung« machen. Doch sein erschütternder Augenzeugenbericht von Vergasungen in Treblinka und Belzec blieb ebenso folgenlos wie seine Versuche, die Lieferung des Zyklon B, für die er verantwortlich war, zu sabotieren. Vergeblich nutzte Gerstein sein Wissen, um das Ausland zu warnen, was Rolf Hochhut 1961 in seinem Drama »Der Stellvertreter« literarisch verarbeitet hat.[19]

Die unvorstellbare Realität des im Osten industriell betriebenen Massenmords an den europäischen Juden enthüllte sich vor dem Kriegsende aber wohl nur für sehr wenige Menschen in der Stadt. Doch das Massengrab auf dem Tübinger Anatomiegräberfeld bezeugt nationalsozialistische Verbrechen, die in der unmittelbaren Nähe erfolgten. Dass man sie wahrnahm, sogar billigend akzeptierte, zeigt das Leichenbuch der Anatomie.

Widerspruchslos profitierten die dortigen Wissenschaftler von einer Politik, die massenhaft Menschen als »Volksschädlinge« hinrichtete oder als Zwangsarbeiter und Kriegsgefangene der »Vernichtung durch Arbeit« preisgab. Mehr als zwei Drittel der Toten, die während des Zweiten Weltkriegs in die Anatomie auf den Österberg gebracht wurden, starben keines natürlichen Todes, sondern wurden Opfer staatlicher Gewalt. Institutsdirektor Robert Wetzel begrüßte ausdrücklich diese »kriegsmäßig abnormen« Möglichkeiten, die ihn von der Sorge um ausreichenden Leichennachschub für die steigende

Anzahl von Medizinstudenten befreiten, Tübingen aber zu einer Endstation der nationalsozialistischen Vernichtungspolitik machten.[20]

Verschwindend gering blieb die Solidarität mit den rassisch oder politisch Verfolgten. Gewiss, hier und da reichte man Lebensmittel über den Gartenzaun, steckte einem hungernden Zwangsarbeiter ein Stück Brot oder einen Apfel zu. Konkrete Hilfe für die Verfolgten und Ausgestoßenen riskierte in Tübingen aber kaum jemand. Nur der ehemalige Stiftsorganist Richard Gölz versteckte mit seiner Frau im Wankheimer Pfarrhaus Juden, die aus Berlin geflohen waren. Denunziert und verhaftet wurde er ins Gestapogefängnis Welzheim gebracht, wo ihn die Amerikaner befreiten.[21]

Einmarsch der Franzosen

Am 19. April 1945, einem Donnerstag, marschierten morgens um 7.30 Uhr französische Truppen vom Ammertal her in Tübingen ein. Dramatische Stunden waren vorbei, in denen die Stadt nur knapp einer Bombardierung entgangen war. Ein Luftangriff und eine Beschießung der Stadt waren bereits vorbereitet gewesen.

Nach allgemeiner Ansicht gilt der Oberfeldarzt Dr. Theodor Dobler (1893–1973), dem die 31 Lazarette in der Stadt mit etwa 6000 bis 7000 Verwundeten unterstanden, als der Retter Tübingens. Zu Recht, doch gebührt dieses Verdienst ihm nicht allein. In den letzten Kriegstagen hat er sich vehement gegen eine Verteidigung der Stadt ausgesprochen und tatkräftig für den Abzug des deutschen Militärs eingesetzt. Und als sich die Franzosen von Rottenburg aus gegen Tübingen in Marsch setzten, war er es, der ihnen zwei Ärzte, Dr. Goerres und Dr. Prediger, zusammen mit einen Dolmetscher, Studienrat Wilhelm Bosch, entgegensandte, um den anrückenden Soldaten eine kampflose Übergabe der Stadt zu vermelden. Doch darf dabei die Rolle der kleinen Gesandtschaft nicht unterschätzt werden. Ihrer Beredsamkeit und Überzeugungskraft ist schließlich die Zurücknahme eines schon ergangenen Bombardierungsbefehls zu verdanken. So vermerkt die Wernersche Chronik denn auch: »Die kühne Fahrt« der Parlamentäre, »die sich der Bedeutung wie Gefährlichkeit ihres Auftrags voll bewusst waren, ist allen Ruhmes wert«.[22] Glücklicherweise hatten auch die deutschen Militärs, trotz anders lautender Befehle, die Verteidigung der Stadt aufgegeben und sich zurückgezogen. So verlief also der Einmarsch der Franzosen weitgehend friedlich. Die Stadt, war im Gegensatz zu anderen, etwa Freudenstadt, glimpflich davongekommen. Allerdings blieben die folgenden Tage nicht ohne Plünderungen und schwere Ausschreitungen. Hunderte von Frauen wurden vergewaltigt.

Am Kriegsende

Am Ende des Krieges hatte Tübingen 1219 gefallene Soldaten (ohne die Studenten) und 505 Vermisste zu beklagen. Zudem hatte es bei den Luftangriffen in den letzten Monaten auch unter der Zivilbevölkerung Tote gegeben: Beim Angriff am 15. Januar 1945 fanden eine »ausländische Arbeiterin« und 13 Tübinger den Tod, darunter drei Kinder, 25 wurden verwundet; beim Angriff am 17. April, zwei Tage vor dem Einmarsch der Franzosen, waren es sieben Zivilisten und zwei »Ostarbeiter«.

Die materielle Substanz Tübingens war weitgehend verschont geblieben. Der Luftkrieg hatte mit rund vier Prozent total oder schwer beschädigter Gebäude, darunter das Uhlandhaus an der Neckarbrücke, die Stadt »nur gestreift«.[23] Auch von Zerstörungen, wie sie deutsche Pioniereinheiten beim Abzug vorzunehmen hatten, wurde Tübingen weit weniger als viele andere Städte betroffen. Zwar sprengten auch hier die Pioniere noch am letzten Tag zahlreiche Brücken über die Steinlach und den Neckar – ärgerlich war vor allem die Zerstörung der Alleenbrücke, weil dadurch auch wichtige Wasserleitungen zerrissen wurden – doch blieben die Blaue Brücke, die Fahrbrücke über die Steinlach, die Ammerbrücken und vor allem die Eberhardsbrücke, die auch die Hauptgas- und -wasserleitungen beherbergte, verschont.

Nach dem Zweiten Weltkrieg bis zum Ende der Achtzigerjahre

Ende und Anfang

Auch für Tübingen brachte der Einmarsch der Franzosen am 19. April nicht nur das Ende einer alten, sondern auch den Beginn einer neuen Zeit. Die Stadt hatte im Vergleich zu anderen großes Glück gehabt, kriegsbedingte Schäden hielten sich in Grenzen. Trotzdem war die Lage schwierig. In der von Menschen überfüllten Stadt mussten nun nach Kriegsende auch noch die Besatzungsmacht und die Einrichtungen der im Aufbau befindlichen neuen Landesregierung untergebracht werden, dazu drängten Studierwillige nach Tübingen, dessen Universität als erste Deutsch-

Zerstörungen durch Fliegerangriffe 1945 an der Neckarbrücke. Auch das Uhland-Haus fiel den Bomben zum Opfer.

lands den Lehrbetrieb noch 1945 wieder aufnahm. Die Bevölkerung war in der Zeit von 1939 bis zum Juli 1945 von 30 418 auf 35 779 angestiegen, die Besatzungskräfte und die in der Stadt lebenden Ausländer, beispielsweise auf ihre Heimkehr wartende Zwangsarbeiter, nicht mitgerechnet.

Die französische Besatzungsmacht hatte, nachdem sie Stuttgart an die Amerikaner abtreten musste, Tübingen als Sitz der Militärregierung ausgewählt. Ihr Agieren war von Improvisation und pragmatischem Handeln geprägt, anders als die Amerikaner erließen die Franzosen auch kein »Fraternisierungsverbot«. Sie beließen zunächst den amtierenden stellvertretenden Oberbürgermeister im Amt und bezogen das Hotel Lamm gegenüber vom Rathaus. Bei der Durchführung ihrer Anordnungen sahen sie sich auf die Mitarbeit der Deutschen angewiesen. Etienne Metzger, der seit 27. April Ortskommandeur war, fand in der »Demokratischen Vereinigung«geeignete Partner. Die zentrale Figur in Tübingen wurde auf deutscher Seite Carlo Schmid, über den der französische Gouverneur Guillaume Widmer schrieb: »Seine Abstammung, seine Kultur, sein Sinn für den Humanismus schienen mir in der Tat der erwünschten Qualifikation zu entsprechen. Anderseits hatte ich bezüglich seiner Haltung während des Krieges befriedigende Auskünfte.«[1]

Die deutschen Mitarbeiter beim Neuanfang rekrutierten die Franzosen in erster Linie aus der Demokratischen Vereinigung (DV). Diese war aus einem Stammtisch, einem »Antifaschistischen Block« von früheren Mitgliedern der KPD und SPD, im Gasthaus »Pflug« hervorgegangen.[2] Die Gründungsmitglieder waren Dreher Karl Kammer, Drucker Ferdinand Zeeb, Justizoberwachtmeister Karl Schuster und Schlosser Wilhelm Baudermann. Auf Anregung von Carlo Schmid, der eine breite demokratische Grundlage anstrebte, wurden weitere Mitglieder aus dem bürgerlichen Lager gewonnen. So wurde aus dem »Antifaschistischen Block« die »Demokratische Vereinigung«. Die Angaben über die Mitgliederzahlen schwanken zwischen 40 und 60.

Die Mitglieder der DV – knapp die Hälfte kam aus den beiden Arbeiterparteien – arbeiteten selbst mit am Aufbau der notwendigsten Einrichtungen für die Versorgung der Bevölkerung. Mit der Formierung der Parteien sank der Einfluss der DV, die letzte protokollierte Sitzung fand schließlich am 24. April 1946 statt.

Stadtverwaltung und Gemeinderat

Die Franzosen hatten den stellvertretenden Oberbürgermeister Dr. Fritz Haußmann bis zu seinem Ausscheiden aus Altersgründen am 18. Juni im Amt belassen. Noch am selben Tag ernannte Ortskommandant Etienne Metzger das DV-Mitglied Viktor Renner, Freund und Kollege von Carlo Schmid, zum Nachfolger. Renner, dessen Maxime es war, »die Mühseligen und Beladenen« aufzurichten und ihnen »ihre Last« zu erleichtern, gelang es bald eine einigermaßen funktionierende Verwaltung herzustellen. Seine Amtsleiter kamen wie er aus der DV. Am 16. Juli 1945 wurde ihm auch noch das Amt des Landrats aufgeladen. Das war auf Dauer nicht zu schaffen und so bat Renner um Entlastung. Er entschied sich, vor die Wahl gestellt, Oberbürgermeister oder Landrat, für das Landratsamt, das allerdings das DKP-Mitglied Ferdinand Zeeb gerne übernommen hätte. Auf Empfehlung von Carlo Schmid wurde dann der SPD-Mann Adolf Hartmeyer am 31. November 1945 Nachfolger im Amt des Oberbürgermeisters. Diese personelle Auseinandersetzung bildete den Hintergrund zum lokalen Bruch zwischen KPD und SPD. Hartmeyer wurde bei der ersten Wahl 1946 mit großer Mehrheit bestätigt, erlitt aber bei der Wahl 1948 gegen Dr. Wolf Mülberger eine vernichtende Niederlage. Mit 20 Prozent hatte er nur noch die sozialdemokratischen Stim-

Carlo Schmid (1896–1979), erster »Regierungschef« von Württemberg-Hohenzollern

men erhalten. Mit seinem Namen verbunden ist das Tübinger Hilfswerk und die Erneuerung des Marktbrunnens als ein Zeichen der Hoffnung.

Parteien und Vereine

Eine Demokratie benötigte zur Bildung und Umsetzung des politischen Willens Parteien. Die ersten beiden Nachkriegsjahre waren von der SPD geprägt, weil sie in der DV stark war und weil Carlo Schmid sich für die Sozialdemokratie entschieden hatte. Die SPD, die vielen als »Spielzeug in den Händen der Franzosen«[3] galt, hatte sich ziemlich schnell wieder formiert und betrieb seit Oktober 1945 die Wiederzulassung der Partei. Sie entwickelte sich im Wesentlichen aus dem Handwerker- und Arbeitermilieu der alten Tübinger Sozialdemokraten, zu ihnen gehörten Adolf Hartmeyer und Gottlieb Karrer. Durch Carlo Schmid waren allerdings auch einige Akademiker dazugekommen.

Die Kommunisten hatten ebenfalls von ihrer starken Stellung in der DV profitiert, sodass sie zunächst einigen Einfluss ausüben konnten. Der populäre Ferdinand Zeeb wurde Leiter des Polizeiamts, Karl Kammer des Wohnungsamts und Will Hans Hebsacker zunächst des Kulturamts. Die allgemeine antikommunistische Strömung und der Konflikt mit der SPD beendete diese erfolgreiche Anfangsphase.

Das Bestreben, mit der CDU eine neue interkonfessionelle christliche Partei zu gründen, entsprang dem Wunsch nach einem Neuanfang. Am 11. April 1946 wurde im Hospiz die neue Partei gegründet, erster Vorsitzender wurde der Schneidermeister Jakob Krauß.

Die Bemühung um die Wiederzulassung einer liberalen Partei erwies sich als schwieriger, weil sie bei den Franzosen keine Fürsprecher hatte. Erst im zweiten Anlauf wurde die DVP am 19. Juli 1946 zugelassen. In Tübingen waren Wilhelm Wirthle und Otto Erbe ihre führenden Vertreter.

Die erste Gemeinderatswahl im September 1946 brachte der CDU mit 33,5 Prozent acht Sitze, die DVP erhielt 26,8 Prozent (sieben Sitze), die SPD

25 Prozent (sechs Sitze), die KPD 10,2 Prozent (zwei Sitze) und die Freien Wähler 4,6 Prozent (einen Sitz).[4] Damit war auch in der Landeshauptstadt die CDU stärkste Kraft geworden. Bei der Wahl von 1948 konnte die DVP die Führungsposition erringen[5], die sie bis 1959 innehatte. Die besondere Situation des liberalen Tübingen in einem konservativen Südwürttemberg verstärkte sich.

Neben den Parteien begannen auch die in der NS-Zeit gleichgeschalteten Vereine sowie soziale und kulturelle Einrichtungen wieder eine öffentliche Rolle zu übernehmen. Beispielsweise kam es 1947 mit Zustimmung der Besatzungsmacht zur Wiedergründung des Bürger- und Verkehrsvereins, zur Gründung der Volkshochschule und zur Errichtung der Stadtbücherei.[6] 1950 wurden die Studentenverbindungen wieder zugelassen, die TSG und die Stadtgarde wieder ins Leben gerufen.[7] Zu einem großen Fest wurde im selben Jahr die Neugründung des Deutschen Turnerbundes in Tübingen. Der abendlichen Feierstunde auf dem Tübinger Marktplatz wohnten rund 10 000 Turner bei.[8]

Franzosen auf dem Marktplatz: General Pierre Koenig auf Besuch, 1946

Flüchtlinge und Heimatvertriebene

Bereits im November 1945 hat das Staatssekretariat Theodor Eschenburg zum ersten »Landeskommissar für das Flüchtlingswesen« ernannt und in der Folge eine leistungsfähige Flüchtlingsverwaltung aufgebaut. Doch die Franzosen weigerten sich strikt, in ihrer Zone größere Flüchtlingskontingente aufzunehmen.[9] Mit der Gründung der Bundesrepublik Deutschland 1949 änderte sich die Lage, wies doch die neue Bundesregierung dem Land noch im selben Jahr 300 000 Flüchtlinge und Heimatvertriebene zu.

Aus dem Durchgangslager in Bad Niedernau wurden dann auch nach Tübingen Flüchtlinge und Heimatvertriebene abgegeben. Eine Zählung belegt schon für 1950 über 3000 in der Stadt, knapp unter zehn Prozent der Bevölkerung. 1953 beherbergte Tübingen schon rund 7000 »Heimatvertriebene und Sowjetzonenflüchtlinge«.[10] Die zum Teil zwangsweise erfolgte Unterbringung brachte große Probleme, zumal auch mentale Vorbehalte weit verbreitet waren, was das »Schwäbische Tagblatt« zum Aufruf veranlasste: »Jeder Einheimische sollte sich einmal vorstellen, wie die Lage wäre, wenn der Flüchtlingsstrom nicht nach Westen, sondern nach dem Osten gegangen wäre. Wie er aufgenommen werden wollte, so sollte er jetzt die Ausgewiesenen aufnehmen.«[11] Insgesamt verlief dann wider Erwarten die Integration doch erstaunlich schnell, wozu sicher auch die wirtschaftlichen Erfolge in den Folgejahren beigetragen haben, schließlich waren die Neubürger nicht nur eine Last, sie brachten auch Wissen, Kenntnisse, Anregungen, Impulse, Arbeits- und Kaufkraft mit.

Tübingen als Landeshauptstadt

Nach der Wahl des ersten Landtags mit Sitz in Bebenhausen am 18. Mai 1947, die der CDU eine Mehrheit von 54 Prozent einbrachte[12], schlug die neue Regierung unter Lorenz Bock einen deutlich konservativeren Kurs ein.

Programmzettel des Tübinger Schauspielhauses: Komödie von Calderon in einer Nachdichtung von Carlo Schmid und Karl Ballhaus

Das hatte sich schon bei der Diskussion der Verfassung ergeben und zeigte sich vor allem in der Einführung der Bekenntnisschulen, die es nun auch wieder in Tübingen gab, obwohl hier eine Mehrheit für die Gemeinschaftsschule gestimmt hatte.

Ein stetes Thema war die Teilung Württembergs. Sie war in der französischen Zone allgemein als schwerer Nachteil empfunden worden, den man so schnell wie möglich überwinden wollte. Um die untergeordnete Rolle Südwürttembergs zu verdeutlichen, nannte sich die Tübinger Regierung deshalb auch zunächst nur »Staatsekretariat«, die Minister hießen ursprünglich »Landesdirektoren«. Als es dann 1952 schließlich per Volksabstimmung zum Zusammenschluss aller drei südwestdeutscher Länder im Land Baden-Württemberg kam, votierten in Tübingen 91,6 Prozent der Wähler für diesen neuen Südweststaat und damit auch für das Ende der Hauptstadt Tübingen.[13] Das mag vernünftig gewesen sein, aber doch irgendwie erstaunlich, denn Tübingen war mit den Regierungsbehörden und -aufgaben eine neue Bedeutung zugewachsen.

Die Funktion als Landeshauptstadt hatte Tübingen vor allem eine kulturelle Blüte beschert. Von nachhaltiger Wirkung waren die Theateraufführungen auf dem Marktplatz, woraus zunächst das Städtetheater Tübingen-Reutlingen, dann das Landestheater Tübingen (LTT) entstand.[14] Von überregionalem Rang waren zahlreiche Kunstausstellungen, die nach einer langen Zeit der Entbehrung den Tübingern auch die Kunst der Moderne vermitteln sollten. Die Besatzungsmacht brachte bedeutende französische Künstler, Musiker, Literaten nach Tübingen. Das Centre d'Etudes Françaises (seit 1946) und das Amerikahaus (seit 1952) unterstützten das Bemühen um einen raschen Anschluss an die westliche Kultur.[15]

Und natürlich bedurfte eine Landeshauptstadt auch eines eigenen Rundfunksenders. Am 20. Juli 1950 ging der Wunsch endlich in Erfüllung: Im Frankonenhaus, Österbergstraße 16, konnte das Landesstudio Tübingen des Südwestfunks eingeweiht werden. 1954 konnte die provisorische Unterbringung gar aufgegeben und auf dem Österberg ein eigenes, neues Funkhaus eröffnet werden.[16]

Die Universität »explodiert«

Am 20. August 1945 hatten die beiden theologischen Fakultäten der Universität als erste in Deutschland den Lehrbetrieb wieder aufgenommen. Am 15. Oktober begann für alle das erste Semester nach dem Krieg. Dass dies möglich war, war auch ein Verdienst des jungen Capitaine Réné Cheval.[17] Die pragmatische Einstellung der Franzosen, die im Vergleich günstigen Arbeitsverhältnisse in Tübingen und das persönliche Engagement von Carlo Schmid machten es möglich, dass eine ganze Reihe hervorragender Wissenschaftler berufen werden konnte: Friedrich Beißner, Adolf Butenandt, Helmuth von Glasenapp, Romano Guardini, Alfred Kühn, Eduard Spranger, Helmut Thielicke. Tübingen war nach dem Urteil von Cheval »eine der wichtigsten und sicher die brillanteste« Universität in Deutschland.

Neue Wege wurden auch beschritten mit der Einrichtung des Leibniz-Kollegs, den internationalen Sommerkursen und den ersten französischen Studenten.[18] Neben diesen frühen Bemühungen um einen Anschluss an den demokratischen Westen war allerdings auch die Wiederkehr entnazifizierter Professoren unübersehbar.

Der ausgezeichnete Ruf Tübingens und die frühe Wiedereröffnung der Universität übten eine große Anziehungskraft auf die Studierwilligen in Deutschland aus. Die Wohnraumknappheit, noch verstärkt dadurch, dass Tübingen Sitz der französischen Militärregierung und Hauptstadt des Landes Württemberg-Hohenzollern geworden war, sowie enorme Versorgungsschwierigkeiten führten schließlich zu einem rigorosen Numerus clausus in Höhe von rund

STAATSSEKRETARIAT
FÜR DAS FRANZÖSISCH BESETZTE GEBIET
WÜRTTEMBERGS UND HOHENZOLLERNS

LANDESDIREKTION FÜR KULTUS,
ERZIEHUNG UND KUNST

Säuberungsausschuss
zur Überprüfung des Lehrkörpers
der Universität Tübingen
Der Vorsitzende

Entnazifizierung an der Universität

3500 Studierenden. Bevorzugt wurden ältere Jahrgänge und Kriegsteilnehmer. Noch im Wintersemester 1948/49 bestand die weitgehend männliche Studentenschaft zu 90 Prozent aus ehemaligen Soldaten. Erst im Jahr 1953 konnte der Numerus clausus gänzlich aufgehoben werden.

Nun allerdings wuchs die Zahl der Studierenden – 1954 überstieg sie erstmals 5000 – und mit ihr wuchsen die universitären Einrichtungen, der Lehrkörper. Die gesamte Infrastruktur entwickelte sich in einem gewaltigen, beispiellosen Maß. Beschleunigt wurde das Anwachsen der Studentenzahl noch durch die zum 1. Juli 1957 ins Leben gerufene Studienstiftung nach dem Honnefer Modell. Nur wenige hatten mit diesem gewaltigen Ansturm, diesem Wachstum gerechnet, sodass die Steigerung die Stadt und die Universität weitgehend unvorbereitet traf. So ging etwa der Wissenschaftsrat noch 1960 von einer Richtzahl von künftig maximal 7850 Studierenden in Tübingen aus, doch schon im Jahr 1962 überstieg deren Zahl die Zehntausender-Grenze, 1973 waren es erstmals über 15 000, 1980 über 20 000.

In ähnlicher Weise wie die Zahl der Studierenden wuchs auch die Zahl der an der Universität Lehrenden und anderweitig Beschäftigten. So stieg die Zahl der Lehrstuhlinhaber von 99 im Jahr 1949 auf 183 im Jahr 1965 rasant an und verdoppelte sich damit nahezu innerhalb eines Zeitraums von kaum mehr als 15 Jahren. 1977, im Jahr des 500-jährigen Universitätsjubiläums, verfügte die Universität über 1612 Lehrkräfte, darunter 233 ordentliche und 109 außerplanmäßige Professoren. Insgesamt beschäftigte die Hochschule damals einschließlich ihrer Kliniken rund 6000 Personen; die Universität war längst der größte Arbeitgeber im Regierungsbezirk. Hand in Hand weitete sich der Etat entsprechend aus: Im ersten Jahr nach der Währungsreform 1948/49 belief sich das Haushaltsvolumen der Universität auf etwas mehr als sechs Millionen Mark, 1960 waren es gute 30 Millionen, 1968 erstmals über 100, 1975 schon 300 Millionen.

Räumlich versuchte man nach dem Krieg den wachsenden Bedarf der Universität und der ihr zugehörenden Personen ohne jegliche Gesamtplanung, so gut es eben ging, zu

Die Universität und die Stadt dehnen sich aus. Luftaufnahme um 1975

befriedigen.[19] Dort, wo gerade der Druck am größten war, wurde an-, um- und ausgebaut, oder – sofern man einen günstigen Platz hatte oder erwerben konnte – auch mal ein Neubau errichtet. So baute man etwa gleichzeitig die Medizinische Klinik auf dem Schnarrenberg, die Sternwarte und das Astronomische Institut aber auf der Waldhäuser Höhe.

Schließlich beschloss man 1958 einen Generalbebauungsplan, der, bis heute gültig, die Verlegung der Medizinischen Fakultäten mitsamt den Kliniken auf den Schnarrenberg[20] beinhaltet, wo man bereits mit dem Bau eines neuen Mathematisch-Naturwissenschaftlichen Zentrums und der Anlage eines neuen Botanischen Gartens begonnen hatte. Die übrigen Fächer sollten im Altbereich unter Weiterverwendung beziehungsweise Neunutzung der durch den Umzug auf die Höhen frei werdenden Räume und Gebäude befriedigt werden. Und tatsächlich kam es in der Folgezeit zu vielerlei Rochaden und Umnutzungen.

So wurde beispielsweise die spätmittelalterliche Bursa, seit 1803/05 Klinikum, nach dem Auszug der Zahnmedizin den Philosophen, Pädagogen und Kunsthistorikern übergeben. Aus der alten Medizinischen Klinik wurde das Theologicum – die Theologen kamen aus der Neuen Aula –, ins Alte Botanische Institut zog die Universitätsverwaltung, die Historiker und die Neuphilologen erhielten entlang der Wilhelmstraße Neubauten. Das einst den Naturwissenschaften zur Verfügung stehende Schloss belegen heute neben dem dort seit den 1930er-Jahren untergebrachten Ludwig-Uhland-Institut geisteswissenschaftliche Fächer.

Neue Stadtquartiere entstehen in den Fünfziger- und Sechzigerjahren

Bei dem rasanten Wachstum der Universität wurde natürlich ganz schnell auch deutlich, dass die Universität und die ihr angehörenden Menschen nicht nur Räume, Häuser, Gebäude für Institute, Kliniken, Bibliotheken, Labors und Büros für Kurse und Vorlesungen benötigten. Neben der Forschung, der Lehre und dem Studium wurden eben auch Örtlichkeiten für sportliche und kulturelle Betätigung, für soziale Belange, zum Essen, Parken, für die Freizeit und – vor allem – zum Wohnen gebraucht. In einem weit bescheidenerem Maße meldeten nach der Währungsreform von 1948 auch neue und alte Gewerbebetriebe Raumbedarf an. Neue Unternehmen im Verlagswesen, wie der Max Niemeyer Verlag, oder im Textilsektor, wie die Firma Ackel oder die Firma Rösch, siedelten sich in Tübingen an. Stark expandierten die Erbe Elektromedizin GmbH, die Montanwerke Walter und vor allem die Hermann Zanker KG, die in den 1970er-Jahren zum größten Tübinger Wirtschaftsunternehmen heranwuchs.

Vor allem gefördert und gefordert von der universitären Entwicklung setzte bald an allen Enden und Ecken der Stadt eine rege Bautätigkeit, eine expansive Besiedlungsphase ein.[21] Das Postulat »mehr Studenten,

Überall wurde in den 1950er- und 1960er-Jahren gebaut.

mehr Einwohner, mehr Flächenverbrauch, mehr Wohnungen, mehr Arbeitsplätze, mehr Verkehr und mehr öffentliche Einrichtungen« wurde zum politischen Credo der Wirtschaftswunderzeit.

Schon zu Anfang der Fünfzigerjahre entstand auf dem »Sand« die Eberhard-Wildermuth-Siedlung aus einfachen Mehrfamilien- und Reihenhäusern. Rasch schritt die Bebauung an den westlich davon gelegenen Hängen, der »Unteren und Oberen Viehweide«, voran, wobei die neuen Max-Planck-Institute zu Schrittmachern wurden. Schließlich entstand ab 1960 auf der »Wanne« eine neue, mit aller notwendigen Infrastruktur – Ladenzentrum, Schulen, Kindergarten, Studentenwohnheime, Altersheim, Kunsthalle, Kirchen – ausgestattete Siedlung mit etwa 5000 Einwohnern. Ein ganz anderes Aussehen erhielt das 1968 begonnene Wohngebiet Waldhäuser-Ost. Hochhäuser mit zum Teil über zwanzig Geschossen bestimmen seitdem die Skyline Gesamt-Tübingens.[22] In einer weitgehend verdichteten Bauweise wurde Wohnraum für über 10 000 Menschen geschaffen: Die Bauweise sollte auch eine »optimale Versorgung der Bewohner mit Bedarfsgütern sowie öffentlicher und privater Dienstleistungen auf kürzestem Weg und ohne Gefährdung durch Kraftfahrzeuge sowie gute Nahverkehrsverbindungen gewährleisten«[23].

Ohne großes gesamtplanerisches, städtebauliches Konzept ging es im Westen zu – bereits in den Fünfzigerjahren entstanden dort im Anschluss an die Hermann-Hepper-Turnhalle Wohnblöcke. Ebenso im Süden der Stadt, wo um die Sperrzonen der von den Franzosen besetzten Kasernen herum »im Jenseits« – jenseits des Neckars, jenseits der Eisenbahnlinie, jenseits der Universität – ein durchmischtes Gebiet wuchs, bestimmt von Großmärkten, Schuppen, Fabrikanlagen, Depots und sozialem Wohnungsbau.

Neu akzentuiert wurde im äußeren Südwesten das sich an der Steinlach entlangziehende Wohngebiet mit dem 1949 gebauten katholischen Gemeindezentrum samt Michaelskirche und dem 1954 begonnenen Bau der Gewerblichen und Kaufmännischen Berufsschule, der den Auftakt zur Entstehung eines umfangreichen Schulzentrums bildete.

Fortschrittsgläubigkeit und »moderner« Gestaltungswille haben auch für manch herben Verlust, den Abriss alter Bausubstanz gesorgt. Eine neue Verkehrsführung zwischen Altstadt und Museum an der Ecke Grabenstraße/Wilhelmstraße führte 1959 zum Abriss mehrerer Häuser, darunter das einstige Wohnhaus von Friedrich Silcher. 1964 wurde vor dem Haagtor die Schweickhardt'sche Mühle abgebrochen, ihr folgte das Palmenhaus im alten Botanischen Garten, 1969 das alte Wirtshaus »Zum Pflug« beim Haagtor.

Verkehr

Die Erweiterung von Stadt und Universität war zunächst noch ganz unter der Leitidee der autogerechten Stadt erfolgt. Durch den in einem ungeahnten Maße wachsenden Verkehr drohte die Kernstadt zu ersticken, deswegen wurden auch für sie verkehrsgerechte Lösungen gesucht, denn der Verkehr galt als Schlüssel von Wachstum und Wohlstand. In einem ersten Plan wurde eine Schneise, eine vierspurige Straße quer durch die Altstadt vom Haagtor zum Lustnauer Tor, favorisiert. Gegen diese Planung erhob sich massiver Protest, sodass diese Idee des Baubürgermeisters Jäger schließlich aufgegeben wurde. Gebaut wurden dage-

Dem Verkehr werden reichlich Opfer gebracht: Silchers Wohnhaus (oben) gegenüber dem Museum vor dem Lustnauer Tor musste 1959 einer Abbiegespur weichen.

gen zwei Tunnel durch den Schlossberg: 1973 zunächst ein Tunnel vom Haagtor zur Alleenbrücke, der Fußgängern und Radfahrern von der Weststadt zu den Gymnasien und dem Bahnhof einen neuen Weg bescherte und sodann 1978 weiter im Westen ein vierspuriger Autotunnel, der den Verkehr großräumig um die Altstadt herum lenkte. Vor allem aber sollte die »Nordtangente« die Stadt vom Verkehr entlasten. Ihre Verkehrsführung von Lustnau in die Weststadt sollte am nördlichen Rand der Altstadt auf dem Straßenzug Hölderlinstraße, Rümelinstraße, Kelternstraße vierspurig mit zwei Tunneln verlaufen. Zahlreiche Häuser wären der Realisierung zum Opfer gefallen. Doch stießen diese vom Gemeinderat beschlossenen Pläne auf vehementen Widerstand innerhalb der Bürgerschaft. Zwar scheiterte ein Bürgerbegehren gegen die damit in Zusammenhang stehende neue Frondsbergauffahrt und den Abriss des Gasthauses König, doch ein erneuter Bürgerentscheid über die Haupttrasse der Nordtangente vom 8. Februar 1979 brachte bei einer Wahlbeteiligung von 50,5 Prozent mit 84 Prozent der abgegebenen Stimmen der Nordtangente das Aus.[24]

Die Studentenunruhen der Sechzigerjahre

Zunehmend hatte die Massenuniversität nicht nur mit dem Ansturm von Studierenden, mit Raum- und Personalnot zu kämpfen, offen gelegt wurden in den Sechzigerjahren auch Probleme in der Organisation, der Struktur, der Verfassung der Universität. Zeitgleich kam es zu einer Politisierung der akademischen Jugend, die vielfältige Wurzeln aufweist: Zum einen waren es gesamtgesellschaftliche Vorgänge – außerparlamentarische Opposition, »Kalter Krieg«, Vietnamkrieg, Wiederaufrüstung – und zum anderen die am Studium orientierten Wünsche und Ängste – Anonymität in der Massenuniversität, Seminarüberfüllung, Beschäftigung mit der NS-Vergangenheit, »autoritäre Verkrustung der Ordinarienuniversität«.

Als sichtbarer Auftakt der sich wie in den anderen westdeutsche Universitäten schnell ausbreitenden und immer heftiger werdenden studentischen Protestbewegung gelten in Tübingen die im Februar 1964 erschienenen »Notizen«, eine Monats-Publikation des AStA (Allgemeiner Studentenausschuss). Sie thematisierten die »braune Universität« und zeigten als Titelbild das Portrait des Psychiaters Hermann Hofmann (1891–1944), der sich als Rektor der Universität 1937/39 nicht wie alle seine Vorgänger im Talar, sondern in der Uniform eines SA-Obersturmführeres samt Hakenkreuz hatte malen lassen.

Zwar lief in Tübingen vieles ruhiger, überlegter und friedlicher ab als anderswo, doch auch hier wurden Vorlesungen, Seminare und Prüfungen boykottiert oder »bestreikt«, Sitzungen der Universitätsgremien gestört. Am 14. August 1967 wurde die traditionelle Immatrikulationsfeier mit dem in Hamburg geprägten Ruf »Unter den Talaren – Muff von tausend Jahren« gesprengt. Am 25. Mai 1968 besetzten Studenten vorübergehend das Rathaus, am 13. Januar 1969 das Rektorat der Universität. Doch dank der Besonnenheit der Be-

Studenten besetzten am 25. Mai 1968 vorübergehend das Rathaus und diskutierten mit Oberbürgermeister Hans Gmelin.

troffenen wurden jeweils den Konflikten entsprechende Lösungen gefunden.

Die Politisierung der akademischen Jugend, die »respektlosen Protestaktionen« wirkten sich, abgesehen von den gesamtgesellschaftlichen Folgen, auch beschleunigend auf die anstehende Hochschulreform aus. Am 1. Oktober 1969 trat, vom baden-württembergischen Landtag verabschiedet, ein neues Hochschulgesetz in Kraft, das unter anderem den Nichtordinarien und Studierenden ein gewisses Mitspracherecht in den Selbstverwaltungsgremien der Universität einräumte und eine Präsidialverfassung einführte. Von nun an wurde die Hochschule nicht mehr von einem Rektor, sondern von einem auf acht Jahre gewählten Präsidenten geleitet. Überdies wurden die alten sechs Fakultäten in 17 Fachbereiche eingeteilt.

Eingemeindungen 1970 bis 1974

Ein Ziel der 1966 gebildeten Landesregierung, eine »Große Koalition« aus CDU und SPD, war die Verwaltungsreform der Kommunen und Landkreise. Kleine Gemeinden unter 3000 Einwohnern sollten sich entweder an eine größere Gemeinde anschließen oder mit anderen eine neue Gemeinde bilden. Mit positiven Anreizen sollte die Bereitschaft der Kleinen gefördert werden, wer sich dennoch widersetzte, wurde unter Zwang »reformiert«.[25]

Mit Zehnjahresverträgen und geschickten Verhandlungen lockte der Tübinger Oberbürgermeister Hans Gmelin die umliegenden Gemeinden. Bühl, Hagelloch und Pfrondorf kamen mehr oder weniger freiwillig. In Kilchberg und Weilheim sprach sich zunächst eine Mehrheit der Bürger gegen Tübingen aus. In Kilchberg bestand jedoch der Gemeinderat mit dem Bürgermeister Richard Henne mit fünf zu drei Stimmen gleichwohl auf einer Eingemeindung. Weilheim resignierte schließlich. In Hirschau bemühte sich Bürgermeister Franz Reisch um die Selbständigkeit, verhandelte aber auch mit Wurmlingen wegen eines Zusammenschlusses. Die Hirschauer Bürger jedoch sprachen sich mehrheitlich für

Tübingen aus. Unterjesingen schwankte eine gewisse Zeit zwischen der Alternative Tübingen und Ammerbuch, um sich dann schließlich für Tübingen zu entscheiden.

Am 14. Juni 1971 unterzeichneten Bühl und Unterjesingen, am 21. Juni Hagelloch, Hirschau, Kilchberg, Pfrondorf und am 28. Juli Weilheim Eingliederungsverträge mit Tübingen. Nur Bebenhausen ließ sich durch keine Versprechungen locken. Erst als es gar nicht mehr anders ging, kam die »Perle des Schönbuchs«, die »reiche Braut« – schuldenfrei – als letzte Gemeinde am 18. Juni 1974 nach Tübingen. Jeder Eingliederung waren vertragliche Vereinbarungen vorausgegangen, wobei vor allem Verpflichtungen der Stadt Tübingen gegenüber den Ortschaften fixiert wurden, beispielsweise die jährlichen Zuschüsse an Vereine.

Im Unterschied zu den 1934 eingemeindeten Dörfern Lustnau und Derendingen behielten die neuen »Teilorte« eine Verwaltungsstelle mit Ortsvorsteher und Ortschaftsrat. Durch die Verwaltungsreform hat Tübingen mit den neuen acht Stadtteilen seine Einwohnerzahl schlagartig um etwa 11 500 auf rund 70 000 Einwohner erhöht und seine Markung von 4500 Hektar auf über 10 000 Hektar mehr als verdoppelt.

Die Altstadtsanierung

Ein zentrales kommunalpolitisches Thema der späten 1960er-, der 70er- und 80er-Jahre wurde die lang vernachlässigte Altstadt.[26] Dass diese etwas Besonderes sei, war der Stadtverwaltung und dem Gemeinderat schon immer klar. Dennoch schwankte die Stimmung nach dem Zweiten Weltkrieg immer mal wieder zwischen den Absichten, »die Altstadt in eine Art Museum zu verwandeln wie Rothenburg ob der Tauber« oder einen »Abbruch der vorhandenen Bausubstanz mit Ausnahme der denkmalgeschützten Objekte und einen Neubau nach den heutigen Erkenntnissen der Stadtplanung« zu veranlassen. Schließlich setzte sich ein Kompromiss durch, der festschrieb: das »Erhalten der wesentlichen Teile der Stadt in ihrem derzeitigen Charakter und

Das Viertel hinter dem Rathaus, der Rathausblock, wird saniert.

Maßstab, wobei den Bedürfnissen unserer Zeit sowohl in hygienischer wie auch in technischer Hinsicht weitgehend Rechnung getragen«[27] werden soll. Mit der Umsetzung dieses Grundsatzes wurde das 1963 eigens gegründete Sonderamt »Altstadt« beauftragt, das 1968 ein erstes Sanierungskonzept vorlegte. Als Modellvorhaben vom Bund anerkannt und entsprechend dem Städtebaufördergesetz finanziell unterstützt, wurden schließlich 1971 drei Gebiete der Altstadt (Lammblock, Rathausblock, Hintere Grabenstraße) als Sanierungsgebiete festgelegt.

Tübingen zählt damit zu den ersten Städten in Deutschland, die bewusst ihre Altstadt unter Bewahrung alter Bausubstanzen und alter Strukturen – Mischung von Wohnen, Arbeiten, Einkaufen, Freizeit – revitalisierten, den Bevölkerungsrückgang stoppten und wieder zum Bewohnen attraktiv machten. Die Maßnahmen verzeichneten bald einen großartigen Erfolg, zumal sich in den folgenden Jahrzehnten »in großen Teilen der Bevölkerung ein erstaunlicher Bewußtseinswandel vollzog« von den anfänglichen Vorbehalten hin zum »Verständnis für das historische Erbe«.[28] Dies war außerordentlich wichtig, denn ohne das Engagement der Privateigentümer wären alle Sanierungsmaßnahmen nur Stückwerk geblieben. Allein im Zeitraum von 1982 bis 1990 wurden in der Altstadt 305 Vorhaben aus Mitteln der Stadtbildpflege bezuschusst.[29]

Hand in Hand ging ab 1971, zunächst von der Tübinger Geschäftswelt heftig angefeindet, der Auf- und Ausbau einer Fußgängerzone, die zunächst die Kirchgasse, den Holzmarkt und Neckargasse umfasste. Bald folgten die Kronenstraße und die obere Lange Gasse, der Marktplatz, die Kornhausstraße, die Marktgasse. Den Abschluss bildeten 1978 das Wiener Gässle und die Münzgasse. Die Fußgängerzone brachte der Altstadt weit mehr als nur eine Verkehrsberuhigung, sie veränderte deren Aussehen, deren Atmosphäre nachhaltig. Die Verbannung der Autos – der Marktplatz war bis dahin ein beliebter Parkplatz – schuf Freiräume für Aktivitäten aller Art, für Straßencafés, Musikanten, fliegende Händler, Informationsstände, Jongleure. Flankiert wurde die Verkehrsberuhigung vom Aufbau von Parkhäusern, was wie beim Abriss der Gaststätte »König« und dem Bau des gleichnamigen Parkhauses zum Teil heftige Kontroversen und Bürgerinitiativen auslöste.

Die alternativen 1980er-Jahre

Der Wechsel von Oberbürgermeister Hans Gmelin, der 1975 in Ruhestand ging, zu Oberbürgermeister Eugen Schmid ließ Veränderungen erahnen, bedeutete in manchen Bereichen gar eine Zäsur. Was sich in den 1970er-Jahren ankündigte, ein Bewusstseinswandel in der Gesellschaft, vielfach gespeist aus Protestbewegungen gegen herrschende Zustände oder geplante Projekte, gegen den Abriss von Gebäuden – »König«, »Schwabenhaus«, »Schimpf«, »Palmenhaus« – und den weiteren Ausbau von Straßen – Frondsbergauffahrt, Nordtangente – kulminierte in den 1980er-Jahren. Gesellschaftliche und politische Leitthemen gerade auch in der kommunalen Politik Tübingens waren, um nur einige Schlagworte aufzugreifen, Frieden, neue Frauenbewegung, Umwelt, alternative Kultur, NS-Vergangenheit. Zahlreiche Bürgerinitiativen nahmen sich der verschiedensten Fassetten dieser Themen an. Neue Vereine wurden gegründet: Friedensplenum, Verein für Friedenspädagogik, »Kultur des Friedens«. 1984 bildete der Tübinger Gemeinderat eine Kommission für »Partnerschaften und Friedensarbeit«.

Aus der Frauenbewegung heraus entstanden in Tübingen zwei Frauenhäuser, eines in autonomer, eines in städtischer Verwaltung, ein Frauenzentrum in der Haaggasse und ein Frauenbuchladen in der Bursagasse. Der neuen Bewegung Rechnung trug auch der Gemeinderat mit der Schaffung einer Stelle: »Frauenbeauftragte« beziehungsweise »Gleichstellungsbeauftragte«.

Einen hohen Rang nahmen auch Umweltschutzthemen ein. Mit der Anlage eines Baumkatasters wurde ebenso begonnen wie mit einem Radwegeplan. Auch hier setzte der Gemeinderat durch zwei neue Beauftragten-Stellen, »Umweltschutz« und »Energie«, Akzente.

Die gesellschaftlichen Veränderungen, die in Tübingen weit früher einsetzten als sonst wo in der Region, drückten sich auch im Ergebnis der Gemeinderatswahlen aus: 1980 erstmals bei den Gemeinderatswahlen angetreten, gelang es der Alternativ-Grünen Liste auf Anhieb sieben der 58 Sitze zu erlangen. 1984 konnte sie ihr Ergebnis verdoppeln und wurde, bundesweit beachtet, mit 21,5 Prozent der Stimmen zweitgrößte Fraktion vor der SPD. 1990 wählte der Tübinger Gemeinderat Gabriele Steffen zur Ersten Bürgermeisterin, eine der ersten »grünen« Bürgermeisterinnen in Deutschland.

Am sichtbarsten aber wurde der Wandel in den späten 1970er- und 1980er-Jahren im Kulturbereich, der ausgesprochen boomte.[30] Einige Institutionen erhielten eigene Gebäude: das LTT, das die ehemalige Stuhlfabrik Schäfer übernahm, die Musikschule, die in der ehemaligen Waldorfschule untergebracht werden konnte, oder die VHS, die das zuvor vom Abriss bedrohte Schwabenhaus erhielt. Für Aufsehen in der ganzen Bundesrepublik sorgte die 1972 gegründete Kunsthalle, deren Ausstellungen zur klassischen Moderne in den 80er- und 90er-Jahren hunderttausende von Besuchern anlockten. Vor allem aber entstand nach dem Motto »Kultur von allen für alle« eine ganze Zahl neuer Kultureinrichtungen, -veranstalter und -träger. Weit über die Grenzen Tübingens hinaus bekannt wurden das – heute legendäre – Folkfestival des Club

Voltaire, das Zentrum Zoo und das Sudhaus in der ehemaligen Möbelfabrik Beck oder die Französischen Filmtage.

Neue Impulse bekamen auch Tübingens städtepartnerschaftliche Beziehungen. Zu den bestehenden Partnerschaften mit Monthey und Aigle in der Schweiz, Durham in England, Ann Arbor in den USA und Aix-en-Provence in Frankreich, für die Tübingen bereits 1965 als vierte deutsche Stadt mit dem Europapreis ausgezeichnet worden war, gesellten sich 1984 Perugia in Italien und 1989 Petrosawodsk/Karelien, damals noch UdSSR. Diese letzte Partnerschaft, der eine große politische Bedeutung zukam, erlebt eine hohe gesellschaftliche Akzeptanz, wird von vielen mit privatem Engagement begleitet.

Vom Umgang mit der Vergangenheit

Auch was den Umgang mit der eigenen jüngeren Stadtgeschichte anbelangt, insbesondere mit der NS-Vergangenheit, stellten die späten 1970er- und die 1980er-Jahre neue Weichen. Zum Symbol wurde das Buch von Lilli Zapf »Die Tübinger Juden«, in dem sie 1975 die Ergebnisse ihrer jahrelangen Korrespondenz mit den emigrierten ehemaligen Mitbürgern veröffentlichte. Wurde bis dahin die NS-Zeit in offiziellen Verlautbarungen weitgehend ausgeblendet und die Beschäftigung mit ihr privaten Initiativen überlassen, denen man zudem gerne den Rat gab, alte Dinge endlich ruhen zu lassen, übernahm nun die Stadtverwaltung eine aktivere Rolle. Als eine der ersten Städte in Deutschland lud Tübingen 1981 seine einst ausgegrenzten und vertriebenen Mitbürger zu einem Besuch ein. Eine Einladung an ehemalige Zwangsarbeiter erfolgte 1991, ein Jahrzehnt, bevor das Thema

Lilli Zapf war die Erste, die an die ehemaligen Tübinger Juden erinnerte.

Tübinger Juden zum Besuch in ihrer einstigen Heimatstadt im Jahr 1981

in den Blickwinkel des großen öffentlichen Interesses trat. Zahlreiche Veröffentlichungen zur Geschichte der NS-Zeit finden sich von nun an in den städtischen Publikationsreihen.

Nicht von ungefähr eröffnete der Wechselausstellungsbetrieb des neu errichteten Stadtmuseums im Kornhaus 1992 mit der Ausstellung »Vorbei und vergessen. Nationalsozialismus in Tübingen«, die innerhalb weniger Wochen beinahe 20 000 Besucher anzog. Seit 1983 beziehungsweise 1995 erinnern Gedenktafeln an der Stiftskirchenmauer an die Verbrechen an den Juden und an den Sinti und Roma. 2011 wurden in der Südstadt 26 Stolpersteine zur Erinnerung an Tübinger Juden verlegt.

Um einen weiteren Damm gegen das Vergessen zu errichten, gründeten 2010 engagierte Bürger einen Verein zum Aufbau eines Lern- und Dokumentationszentrums zur NS-Geschichte. Welche Schwierigkeiten das Erinnern dennoch bereiten kann, belegen die Vorgänge um ein Synagogendenkmal, das nach ersten Versuchen 1978 schließlich im Jahr 2000 errichtet werden konnte[31] sowie die neuesten Diskussionen um die Ehrenbürgerwürde belasteter Personen.

Im vereinigten Deutschland

Vom Abzug der Franzosen 1991, dem Aufbau des Französischen Viertels und weiterer Stadtquartiere

Die großen weltpolitischen Veränderungen führten 1991 zum Abzug der schon Ende der Siebzigerjahre ausgedünnten französischen Truppen mit ihren Familien aus der Hindenburg- und der Lorettokaserne sowie den sie umgeben-

Neues urbanes Leben: Blick ins neue »Französische Viertel« bei den ehemaligen Pferdeställen.

Auf dem Gelände der ehemaligen Frottierweberei Egeria in Lustnau entsteht seit 2012 das neue Stadtquartier »Alte Weberei«.

den Wohnquartieren.[1] Schlagartig und überraschend begann sich nun die Südstadt mit einem neuen Nutzungskonzept für das brachliegende Militärgelände zu verändern.[2] In erstaunlicher Geschwindigkeit – die letzten Baulücken wurden 2007 geschlossen – wuchsen in den frei gewordenen Gebieten zwei neue lebendige Stadtquartiere – das Französische Viertel und das Loretto-Areal –, deren planerische Grundsätze ein enormes Interesse der Medien und der Fachleute hervorgerufen hat.

Heute leben in den beiden, rund 20 Hektar umfassenden Quartieren etwa 4000 Menschen. Nicht wenige von ihnen arbeiten in den gut 250 neuen Betrieben, die insgesamt etwa 1200 Jobs geschaffen haben. Zu den Unternehmen zählen Kleinbetriebe und Dienstleister ebenso wie Gaststätten verschiedener Couleurs, die Volkshochschule, eine Klinik, Kindergärten oder ein Kinderhaus.

Unter dem Motto »Rückbesinnung auf die große Flexibilität, die für die europäische Stadt selbstverständlich war«, erhielten die neuen Quartiere einen innerstädtischen Charakter. Sie sind geprägt von der

Vielfalt urbaner Strukturen und vereinen alle Funktionen städtischen Lebens: Wohnen, Arbeiten, Einkaufen, Lernen, Freizeit, soziale Fürsorge. Maßgeblich geprägt wurde das äußere Gesicht der neuen Viertel durch private Baugemeinschaften und nicht durch einen Großinvestor. So entstanden, zusammengehalten von einem Generalplan, aber doch geboren von den Ideen vieler Bauherren und Architekten, außergewöhnliche und ganz unterschiedliche Gebäudekomplexe, die unterschiedlichen Nutzungen dienen. So wuchs der Süden Tübingens individuell, ähnlich wie eine mittelalterliche Stadt, wobei die Stadtplanung auf Nutzungsmischung achtete, eine hervorragende soziale und kulturelle Infrastruktur aufbaute und für weitgehend autofreie Straßen und Freiflächen sorgte.

Doch nicht allein der Abzug des französischen Militärs schuf die Voraussetzung zur Entwicklung neuer Areale. Wiederholt boten sich auch ehemalige Industriegebiete an. So entstand im rund vier Hektar großen »Mühlenviertel« in Derendingen ein weiteres lebendiges und gemischt genutztes Quartier für über 600 Bewohner, dessen Zentrum, der »Magazinplatz«, im Frühjahr 2011 eingeweiht wurde. Über rund 100 Arbeitsplätze verfügen die dortigen neuen Kleinbetriebe. Etwa 700 Menschen sollen in den kommenden Jahren auf dem rund sechs Hektar großen Gelände der ehemaligen Frottierweberei Egeria in Lustnau ein neues Zuhause finden. Eine interessante Entwicklungsmöglichkeit bieten neuerdings auch die Flächen des ehemaligen Güterbahnhofs.

Die mageren Jahre

Die große politische Wende um 1990 bescherte der Stadt und ihrer Universität aber nicht nur neue Entwicklungschancen. Sie brachte im ersten Jahrzehnt vor allem auch einen Rückgang der öffentlichen Mittel, eine dramatische Kürzung der finanziellen Ausstattung mit entsprechenden Auswirkungen in allen öffentlichen Bereichen. Ein Blick in den Verwaltungshaushalt der Stadt zeigt, dass zwischen

1992 und 1998 die Einnahmen stagnierten, ja, gar leicht rückläufig waren. Erst in den Jahren danach ging es wieder leicht aufwärts.

Doch Not macht bekanntlich ja auch erfinderisch und schafft Neues. Beispielhaft ist die Diskussion um den alten 1829 eingeweihten Stadtfriedhof.[3] Nach einem Gemeinderatsbeschluss sollte er nach einer gewissen Übergangszeit vom Bergfriedhof abgelöst und in einen Park umgewandelt werden. Um Kosten zu senken, wollte man dazu die meisten Gräber nach Ablauf einebnen und große leicht pflegbare Rasenflächen schaffen. Eine Gruppe von Bürgern, organisiert im Schwäbischen Heimatbund, erhob Bedenken und verwies auf die Einmaligkeit des Bestandes als Kulturdenkmal sowie als historisches und kunstgeschichtliches Dokument. Das Ergebnis nach mehrjähriger Diskussion: Der Friedhof wurde 2001 in seiner Gesamtheit gerettet. Der Heimatbund übernahm eine Art Patenschaft. Zudem wurden die Kosten durch eine nun wieder mögliche Belegung und die Übernahme individueller Grabprotektionen aufgefangen.

Von den Nöten der Altstadt

Ein Kleinod Tübingens ist nach wie vor die einst von Mauern umgebene Altstadt.[4] Ihre Attraktivität ist ungebrochen, wie steigende Besucherzahlen belegen. Dabei hat sie, vor allem als Einkaufsstätte, einige Verluste hinnehmen müssen. So machen ihr nicht nur Supermärkte auf der grünen Wiese Konkurrenz, durch die Verlegung von Schulen, durch den Wegzug des Landratsamtes und der Kreissparkasse ins Mühlbachviertel sind ihr Kunden weggebrochen.

Anderseits gab es eine ganze Reihe von Maßnahmen und Umnutzungen, die ihre Attraktion gestärkt haben. Im ehemaligen Kornhaus konnte 1992 ein ansehnliches Stadtmuseum eröffnet werden, aus der alten Trafostation der Stadtwerke in der Nonnengasse wurde 1998 eine »Kulturhalle«, Podium und Ausstellungsort der Bildenden Kunst. Im herzoglichen Fruchtkasten, einem der ältesten und schönsten Fachwerkhäuser der Stadt, ist seit 2003 das »Bürgeramt« untergebracht. Die neu präsentierten Schausammlungen der Universität auf dem Schloss erhielten 2012 mit einer Auswahl der Eiszeitfiguren aus Elfenbein, den ältesten Kunstwerken der Menschheit, einen neuen Besuchsmagneten. Und zum weit über die Grenzen der Stadt hinaus bekannten Hölderlinturm gesellte sich 2013 mit der Hesse-Gedenkstätte im Antiquariat Heckenhauer ein neues literarisches Museum.

Eine große Anziehungskraft besitzt auch das alle zwei Jahre in der Altstadt angesiedelte großartige Bücherfest. Jeweils mehr als 100 000 Besucher verzeichnen der Umbrisch-Provenzalische Markt (seit 1996) mit seinem mediterranen Flair und das Schokoladenfestival chocolArt auf dem Schokoladen-Spezialisten aus der ganzen Welt ihre feinen Produkte vorstellen und verkaufen.

Auch das gehört zu Tübingen: Deutschlands größtes Schokoladenfestival »chocolART«.

Vom Wandel in der Bevölkerung und in der Politik

Tübingens Bevölkerung ist in den letzten 25 Jahren nicht nur von 80 auf 90 000 Einwohner gewachsen, sie hat sich auch zunehmend zur multikulturellen Gesellschaft gewandelt.[5] Menschen aus mehr als 130 Nationen leben und arbeiten in der Stadt, was nur zum kleineren Teil der Universität geschuldet ist. Mehr als 10 000, etwa zwölf Prozent der Tübinger, besitzen einen nichtdeutschen Pass. Die größte Gruppe darunter mit rund 1150 Personen stellen die Türkinnen und Türken, diejenigen mit griechischer Staatsangehörigkeit rund 1000 Personen, die italienischer etwa 900.

Ein Viertel aller Tübingerinnen und Tübinger mit einem deutschen Pass hat einen Migrationshintergrund. Dabei stellen die Einwohnerinnen und Einwohner aus dem Gebiet der ehemaligen Sowjetunion die größte Gruppe mit 2800 Personen. Aus Rumänien stammen rund 900, aus Polen 850. Stark verschoben haben sich die konfessionellen Bindungen. Bekannten sich 1960 noch über 70 Prozent der Bevölkerung zur Evangelischen Landeskirche, so ist deren Zahl inzwischen auf 43 Prozent gesunken. Die Zahl der römisch-katholischen Bürger ist in etwa gleich geblieben. Der Altersdurchschnitt aller Einwohner liegt bei 40 Jahren, so dass Tübingen zu den »jüngsten Städten« Deutschlands gehört.

Die gesellschaftlichen Veränderungen spiegeln sich auch in den Ergebnissen der Tübinger Gemeinderatswahlen. Eine Besonderheit bildete die Zersplitterung der Wählerstimmen in den 1980ern und 1990ern auf sieben bis acht Parteien. Da nach den Eingemeindungen in den 1970er-Jahren zur »ausreichenden und proportionalen Repräsentation der Ortsteile das Prinzip der »unechten Teilortswahl«, eingeführt worden war, trug dies dazu bei, dass das »Stadtparlament« in jener Zeit auf 60 und mehr (bis zu 66) Köpfe anwuchs und im Lande zeitweilig im Geruch stand »unregierbar« zu sein. Zur Wahl 1999 wurde das Prinzip abgeschafft, die Zahl der Sitze im Gemeinderat auf 48, bei der Wahl 2012 auf 40 reduziert.

Doch nicht nur die Zahl der Mandate, sondern auch die politischen Verhältnisse änderten sich. Der Anteil der unabhängigen, parteilosen Wählergemeinschaften, der in den 1980er-Jahren noch bei 30 Prozent lag, reduzierte sich in den 1990er-Jahren auf rund 20 Prozent. Bei den Wahlen von 2012 erlangte von den 40 Sitzen die WUT noch zwei, die UFW drei. Inzwischen hat sich die UFW-Fraktion aufgelöst, zwei ihrer Abgeordneten wechselten zur Piratenpartei. Eine landesweite Besonderheit bildeten die Kommunisten – heute in der »Linken« aufgegangen –, die es in den vergangenen Jahrzehnten regelmäßig auf zwei bis drei Sitze in Gemeinderat schafften.

Den höchsten Anteil haben heute die Grünen (AL – Alternative Liste, seit 1980 im Gemeinderat vertreten) mit 14 Sitzen, die CDU verfügt über acht, die SPD über sieben.

Tübingen wird grün und macht blau

Schon gegen Ende der 24-jährigen, von 1974 bis 1998 dauernden, Amtszeit des parteilosen Oberbürgermeisters Dr. Eugen Schmid kündigte sich eine Politisierung auch in der Rathausspitze an. Erstmals wurden die Posten der beigeordneten Bürgermeister nach einem Parteienproporz besetzt. Nachfolgerin Schmids wurde schließlich im 2. Wahlgang bei 40,5 Prozent der Stimmen die Kandidatin der SPD Brigitte Russ-Scherer vor Wolf-Dieter Hasenclever (Grüne) mit 37,5 Prozent. Ihre Amtszeit blieb aber eher eine Episode. Zwar gelang ihr das eine oder andere kommunalpolitische Erzeugnis – Sanierung des Fruchtkastens, Bau der Paul-Horn-Arena –, doch blieb die eigenwillige ehemalige Staatsanwältin letztendlich glück- und erfolglos.

Bei der Oberbürgermeisterwahl im Jahr 2006 sorgte Boris Palmer von den Grünen für eine Überraschung.[6] Allgemein wurden eine Stichwahl und ein zweiter Wahlgang erwartet, doch erreichte er bereits im 1. Wahlgang die absolute Mehrheit und schlug die amtierende Oberbürgermeisterin, die selbst nur 30 Prozent der Stimmen erhielt, deutlich.

Konsequent ging Oberbürgermeister Palmer, der sich in den folgenden Jahren auch bei der Diskussion um Stuttgart 21 gekonnt in Szene setzte, daran, »grüne« Themen umzusetzen. So kämpfte er vehement gegen einen weiteren Flächenverbrauch durch die Ausweisung neuer Baugebiete und propagierte ein Flächenrecycling, das heißt die Überbauung städtischer Brachflächen, ein Konzept, das schon zahlreiche Preise einheimsen konnte. Vor allem aber engagierte er sich im Energiebereich.

Um sein Hauptziel, mit einer Halbierung des CO_2-Ausstoßes auf maximal 3 Tonnen pro Person und Jahr »einen blauen Himmel« über Tübingen zu erreichen, begann er 2008 mit der Klimaschutzkampagne »Tübingen macht blau«, die sich auf ein Bündel von Maßnahmen stützt, wie zum Beispiel auf Aktionstage, Beratungsangebote, eine Solardachbörse oder die Förderung des Car-Sharing und den Aufbau eines öffentlichen Fahrradverleihs sowie den Ausbau von Fahrradwegen.[7] Über 10 000 Ökostrom-Kunden ver-

Die neu gestaltete Mühlstraße am Ostrand der Altstadt

»Tübingen macht blau«: der gut besuchte Tübinger Klimatag mit Informationsständen auf dem Marktplatz

zeichnen inzwischen die Stadtwerke. Um Zeichen zu setzen, wurden die städtischen Gebäude auf regenerative Energien umgerüstet und Palmer absolviert seine Dienstfahrten in der Regel mit dem Fahrrad oder der Bahn, der Dienstwagen wurde abgeschafft.

Doch nicht alles neu Gedachte oder Geplante fand eine Mehrheit im Gemeinderat oder Wohlwollen in der breiten Öffentlichkeit. Umstritten sind vor allem Themen des Verkehrs, wie das flächendeckende Tempo 30 oder die von Palmer favorisierte City-Maut.

Auf dem Weg zur Exzellenzuniversität

Das erste Jahrzehnt nach der deutschen Wiedervereinigung bescherte auch der Tübinger Universität zunehmend Kürzungen bei der personellen und finanziellen Ausstattung. In einem »Solidarpakt« mit dem Land verpflichtete sich die Hochschule schließlich, ab 1997 ihr Personal einschließlich Klinikum nach und nach um zehn Pro-

Bildungsministerin Annette Schavan eröffnet in Tübingen das bundesweit erste Zentrum für islamische Theologie.

zent auf etwa 10 000 Beschäftigte zu kürzen. Doch mit Hilfe von sogenannten Drittmitteln gelang es ihr dann diesen Abwärtstrend zu stoppen und schließlich gar zu drehen. Im Jahr 2013 beschäftigte die Universität dank der neuen Finanzhilfen insgesamt 12 000 Menschen, darunter 4000 Wissenschaftler.

Von großer Bedeutung wurde die in diesem Zusammenhang 1998 umgesetzte Verselbständigung der Medizinischen Fakultät und ihrer Kliniken zum Universitätsklinikum Tübingen, einer Anstalt des öffentlichen Rechts. Geschaffen wurde damit eine neue Einrichtung, die sowohl der Ausbildung, Lehre und Forschung als auch der Krankenversorgung dient. Heute zählt das »UKT«, dem 68 vorklinische, klinische und medizinisch-theoretische Abteilungen und Institute angehören, zu den führenden Zentren der Hochschulmedizin in Deutschland.

Zu ihrem guten Ruf beigetragen hat auch die konsequente Modernisierung des Klinikums und dessen Erweiterung vor allem auf dem Schnarrenberg, wo zahlreiche Neubauten entstanden: neue Kinderklinik (1998), Lehrgebäude für die Anatomie (2000), Forschungszentrum für die Mikrobiologie und Virologie (2001), neue HNO-Klinik (2002), Nuklearmedizin (2003), ein neuer Bettenbau für die Medizinische Klinik (2007), das bundesweit erste Behandlungs- und Forschungszentrum für seltene Erkrankungen (2010). Mit ihren derzeit (2013) rund 8700 Voll- und Teilzeitkräften ist die UKT der größte Arbeitgeber der Region.

Gekennzeichnet ist dieser Umbau der Universität auch von einer Nutzungs-Rochade im Altklinikbereich. 2002 beispielsweise konnten die Frauenklinik, die Neonatologie und die Medizinische Genetik in die komplett neu renovierte, denkmalgeschützte »Alte Chirurgie« in der Calwerstraße einziehen. Die dadurch geräumte »alte Frauenklinik« wurde nach einer Umbauphase den Psychologen (2011) überlassen. Weitere Rochaden und Veränderungen wird die Verwirklichung der nicht unumstrittenen »Campuspläne« für die Wilhelmstraße bringen.[8]

Eine gewisse Berg- und Talfahrt belegen die Studentenzahlen. Im letzten Jahrzehnt des 20. Jahrhunderts sanken sie von 25 218 im Sommersemester 1992 auf 18 599 im Sommersemester 2000. Im dann folgenden Dezennium stiegen sie wieder kontinuierlich an über 22 689 im Sommer 2005 auf 24 817 im Sommer 2012. Einen Rekord bescherte das Turbo-Abitur im Wintersemester 2012/13 durch den Ansturm von zwei Abiturjahrgängen mit 27 895 Studierenden. Verändert hat sich auch das Geschlechterverhältnis. Waren 1992 die männlichen Studierenden noch deutlich in der Mehrzahl (14 106/11 112), so kippte dies um die Jahrtausendwende. 2012/13 hatten die Frauen deutlich die Nase vorn (16 275/11 620).[9]

Unter den Rektoren Eberhard Schaich (1999–2006) und Bernd Engler (ab 2006) wurde die Universität auf allen Gebieten mit dem Ziel, in den illustren Kreis der Exzellenzuniversitäten aufgenommen zu werden, ausgebaut. Neuerungen und Modernisierungen betrafen nicht nur den medizinischen Bereich. Neue Studiengänge und neue Fächer wurden geschaffen. So wurden beispielsweise 2002 in Zusammenarbeit mit dem Schwäbischen Tagblatt die erste Kinderuniversität im deutschen

Die 2002 unter dem Namen Kinderuniversität ins Leben gerufene Vorlesungsreihe wurde auf Anhieb zu einem Riesenerfolg.

Sprachraum (vielleicht gar weltweit) und 2011 bundesweit das erste Zentrum für islamische Theologie eingeweiht.[10] Nach einer Zusammenlegung wurden die alten Fachbereiche und die alte Struktur mit sieben Fakultäten wieder aufgenommen.

Unter dem Motto »Research – Relevance – Responsibility« (Forschung – Relevanz – Verantwortung) gelang der Universität 2012 schließlich mit einem schlüssigen Zukunftskonzept die Aufnahme in den exklusiven Kreis der elf sogenannten Exzellenzuniversitäten Deutschlands.[11] Damit erzielte sie nicht nur einen Prestigegewinn und erhöhte ihre Attraktivität – verbunden mit diesem Erfolg war die Zusage einer finanziellen Förderung durch Bund und Länder in den folgenden fünf Jahren in Höhe von weit über 100 Millionen Euro.

Tübingen heute

»Tübingen hat keine Universität, Tübingen ist eine Universität.« Dieses Bonmot, wohl auch schon auf andere Universitätsstädte angewandt, trifft auf keine so gut zu wie auf Tübingen. Seit über 500 Jahren sind Universität und Stadt auf engem Raum verwoben, sind untrennbar verbunden im Mit- und Gegeneinander.

Heute ist Tübingen eine moderne 90 000 Einwohner beherbergende Stadt, ein Ort mit Vergangenheit – unverwechselbar, einzigartig, individuell. Eine Stadt, in der man der Vergangenheit auf Schritt und Tritt begegnen kann, etwa in der behutsam sanierten, Touristen verzaubernden, »mittelalterlichen« und doch vitalen Altstadt. Eine Stadt, wo man auch mit den »großen Toten« auf Du und Du leben kann, mit Hölderlin und Hauff, mit Mörike und Hesse, mit Bloch und Schelling, mit Uhland und Silcher. Tübingen ist eine Stadt, in der die »concordia discors«, die Widersprüche, als eine Stärke des Gemeinwesens verstanden werden, und dies nicht erst seit Hegel. Hier lebte und lebt man mit dem »Sowohl-als-auch« in »einträchtiger Zwietracht« oder »zwieträchtiger Eintracht«.

»In Tübingen ist alles anders als anderswo«, wird oft gesagt. Und wer diese Stadt und ihr Leben beobachtet, wird dies bestätigen können. Hier werden viele Themen schon angepackt, bevor sie anderswo diskutiert werden, hier wird vorgedacht, oft sehr kontrovers, wird experimentiert, wird verworfen und als tauglich befunden. Tübingen ist noch immer obere und untere Stadt, Provinznest, Universitätsdorf und Weltstadt. Tübingen ist, wie Walter Jens es ausdrückte, noch immer die »kleine große Stadt«.

Quellen- und Literaturverzeichnis

Adam, Uwe Dietrich: Hochschule und Nationalsozialismus. Die Universität im Dritten Reich. Mit einem Anhang von Wilfried Setzler »Die Tübinger Studentenfrequenz im Dritten Reich«. (Contubernium, Band 23). Tübingen 1977.

Aderbauer, Herbert: Vom Pfründnerheim zur Armen- und Arbeitsanstalt. Das Tübinger Spital und der Wandel seiner sozialen Funktion in der frühen Neuzeit. (Beiträge zur Tübinger Geschichte, Band 9). Stuttgart 1997.

Die Alamannen, herausgegeben vom Archäologischen Landesmuseum Baden-Württemberg. Stuttgart 1997.

Arbeitertübingen. Zur Geschichte der Arbeiterbewegung in einer Universitätsstadt. Herausgegeben vom DGB Tübingen. Tübingen 1980.

Begov, Franz: Die Anfänge des Turnens in Tübingen, in: Beiträge zur Geschichte des Turnens in Württemberg. Gerlingen 1988.

Beyrer, Klaus (Hrsg.): Die Reise nach Tübingen. Stadtansichten zwischen 1700 und 1850. Tübingen 1987.

Biastoch, Martin: Tübinger Studenten im Kaiserreich. Eine sozialgeschichtliche Untersuchung. (Contubernium, Band 44). Sigmaringen 1996.

Binder, Hans-Otto: »gelegentlich sehr tapfer«: Carlo Schmid zum 100. Geburtstag, in: Tübinger Blätter 83 (1997), S. 23–28.

Binder, Hans-Otto (Hrsg.): Mit Ernst und Liebe. Zur Geschichte der Alten Silcherschule in Tübingen. (Tübinger Kataloge, Band 72). Tübingen 2005.

Bittel, Kurt (u. a.): Die Kelten in Baden-Württemberg. Stuttgart 1981.

Brecht, Martin und Ehmer, Hermann: Südwestdeutsche Reformationsgeschichte. Zur Einführung der Reformation im Herzogtum Württemberg 1534. Stuttgart 1984.

Brendle, Franz: Dynastie, Reich und Reformation. Die württembergischen Herzöge Ulrich und Christoph, die Habsburger und Frankreich. Stuttgart 1998.

Brinkhus, Gerd: Zwischen Privilegien und Zensur. Das Verhältnis von Buchgewerbe und Universität, in: Eine Stadt des Buches. Tübingen 1498–1998. (Tübinger Kataloge, Nr. 50). Tübingen 1998, S. 11–20.

Decker-Hauff, Hansmartin/Quarthal, Franz/Setzler, Wilfried: Die Pfalzgrafen von Tübingen. Städtepolitik, Pfalzgrafenamt, Adelsherrschaft im Breisgau. Sigmaringen 1981.

Decker-Hauff, Hansmartin/Setzler, Wilfried: Die Universität Tübingen 1477–1977 in Bildern und Dokumenten. Tübingen 1977.

Eck, Helmut: Johann Georg Gmelin. Sibirienforscher und Professor für Botanik und Chemie. 1709–1755, in: Lebensbilder aus Baden-Württemberg, Band 19, Stuttgart 1989, S. 146–162.

Eifert, Max: Geschichte und Beschreibung der Stadt Tübingen. Tübingen 1849.
Eimer, Manfred: Tübingen. Burg und Stadt bis 1600. Tübingen 1945.
Ferchl, Irene/Setzler, Wilfried: Mit Mörike von Ort zu Ort. Lebensstationen des Dichters in Baden-Württemberg. Tübingen 2004.
Forderer, Josef: Die Danneckersche Nymphengruppe am Anlagensee, in: Tübinger Blätter 18 (1925/26), S. 36–38.
Frasch, Werner: Ein Mann namens Ulrich. Württembergs verehrter und gehaßter Herzog in seiner Zeit. Leinfelden-Echterdingen 1991.
Freytag-Löringhoff, Bruno von: Wilhelm Schickards Tübinger Rechenmaschine von 1623. (Kleine Tübinger Schriften, Heft 4). 5. erweiterte Auflage, bearbeitet von Friedrich Seck. Tübingen 2002.
Friedländer, Saul: Kurt Gerstein oder die Zwiespältigkeit des Guten. Gütersloh 1968.
Gamer-Wallert, Ingrid: Geschichtsträchtiger Boden. Die archäologischen Grabungen unter dem Kornhaus, in: Pachnicke, 2000, S. 10–20.
Geppert, Karlheinz: Vom Amt zum Landkreis, in: Der Kreis Tübingen, herausgegeben von Wilhelm Gfrörer. Stuttgart 1988, S. 144–154.
Geschichtswerkstatt Tübingen (Hrsg.): Zerstörte Hoffnungen. Wege der Tübinger Juden. (Beiträge zur Tübinger Geschichte, Band 8). Stuttgart 1995.
Gögler, Max/Richter, Gregor (Hrsg.): Das Land Württemberg-Hohenzollern 1945–1952. Darstellungen und Erinnerungen. Sigmaringen 1982.
Grube, Walter: Der Tübinger Vertrag vom 8. Juli 1514. Faksimile-Ausgabe mit Transkription und geschichtlicher Würdigung. Stuttgart 1964.
Häffner, Michaela: Die Demokratische Vereinigung 1945–1946. Eine Studie zur Nachkriegsgeschichte am Beispiel Tübingens. (Kleine Tübinger Schriften, Heft 20). Tübingen 1997.
Hahn, Joachim/Mayer, Hans: Das Evangelische Stift in Tübingen. Geschichte und Gegenwart – Zwischen Weltgeist und Frömmigkeit. Stuttgart 1985.
Hartmann, Julius (Hrsg.): Uhland, Tagbuch 1810–1820. Stuttgart 1898.
Hauer, Wolfram: Tübingen als »Schulstadt« von den Anfängen im Spätmittelalter bis zur letzten Jahrhundertwende, in: Binder, Hans-Otto: Mit Ernst und Liebe. Zur Geschichte der Alten Silcherschule in Tübingen. Tübingen 2005, S. 9–14.
Hesse, Wolfgang/Hoffmann-Curtius, Kathrin/Schönhagen, Benigna: Mit Gott für Kaiser, König und Vaterland. Krieg und Kriegsbild Tübingen 1870/71. (Tübinger Kataloge, Nr. 26). Tübingen 1986.
Hey, Bernd: Kurt Gerstein (1905–1945): Widerstand in SS-Uniform. Bielefeld 2000.
Hoeper, Michael: Alamannische Besiedlungsgeschichte nach archäologischen Quellen. Ein kurzer Abriss der Besiedlungsentwicklung des frühen Mittelalters in Südwestdeutschland, in: Lorenz, Sönke/Scholkmann, Barbara: Die Alamannen und das Christentum. Zeugnisse des kulturellen Umbruchs. (Schriften zur südwestdeutschen Landeskunde, Band 48). Leinfelden-Echterdingen 2003, S. 13–37.
Hornbogen, Helmut: Tübinger Dichter-Häuser. Literaturgeschichten

aus Schwaben. Ein Wegweiser. Tübingen 1989. (3. Aufl. Tübingen 1999).

Jantzen, Hermann: Stiftskirche in Tübingen (Beiträge zur Tübinger Geschichte, Band 5). Tübingen 1993.

Johner, Moriz: Das Gutenzeller Haus in Tübingen und die Gutenzeller Güter in und um Tübingen, in: Tübinger Blätter 17 (1922/24), S. 60f.

Junginger, Horst: Das tragische Leben von Hans Alexander Winkler (1900–1945) und seiner armenischen Frau Hayastan (1901–1937), in: Bausteine zur Tübinger Universitätsgeschichte 7 (1995), S. 83–110.

Keller, Marita: Die Geschichte des Tübinger Klinikums im ersten Halbjahrhundert seines Bestehens. Tübingen 1969.

Kißener, Michael/Scholtyseck, Joachim: Die Führer der Provinz. NS-Biographien aus Baden und Württemberg. Karlsruher Beiträge zur Geschichte des Nationalsozialismus. Konstanz 1997.

Klüpfel, Karl: Geschichte und Beschreibung der Universität Tübingen. Tübingen 1849.

Köpf, Ulrich (u. a.): »Brunnen des Lebens« – Orte der Wissenschaft. Ein Rundgang durch 525 Jahre Universität Tübingen. Tübingen 2002.

Krausnick, Helmut: Hitlers Einsatzgruppen. Die Truppe des Weltanschauungskrieges 1938–1942. Frankfurt 1985.

Kurz, Isolde: Hermann Kurz. Ein Beitrag zu seiner Lebensgeschichte. Stuttgart 1919.

Lächele, Rainer: Vom Reichssicherheitshauptamt in ein evangelisches Gymnasium – Die Geschichte des Eugen Steimle, in: Lächele, Rainer/Thierfelder, Jörg (Hrsg.): Evangelisches Württemberg zwischen Weltkrieg und Wiederaufbau. (Quellen und Forschungen zur württembergischen Kirchengeschichte, 13). Stuttgart 1995, S. 260–288.

Der Landkreis Tübingen. Amtliche Kreisbeschreibung, Band 3. Stuttgart 1974.

Lange, Ralph: Von der »Affäre Gumbel« zum »Fall Willbrandt«: Die »Lustnauer Schlacht«, in: Bausteine zur Tübinger Universitätsgeschichte 9 (1999), S. 29–54.

Langewiesche, Dieter: Die Eberhard-Karls-Universität in Tübingen in der Weimarer Republik. Krisenerfahrung und Distanz zur Demokratie an deutschen Universitäten, in: Zeitschrift für württembergische Landesgeschichte 51 (1992), S. 345–381.

Langewiesche, Dieter: Nation, Nationalismus, Nationalstaat in Deutschland und Europa. München 2000.

Laufner, Richard: Die Fragmente des ältesten Pilgerbruderschaftsbuches von St. Matthias, Trier, zwischen 1150 und 1230, in: Archiv für mittelrheinische Kirchengeschichte 7 (1955), S. 237–263.

Lehmann, Hans-Dieter: Das frühe Tübingen. Burg und Markt an einer vergessenen Reichsstraße, in: Zeitschrift für württembergische Landesgeschichte 52 (1993), S. 450–457.

Lembke, Detlef: Universitätsbau in Tübingen. Die Bauten der Universität in 500 Jahren. Attempto 61/62 (1977).

Lembke, Detlef: Das Universitätsklinikum Tübingen und der Entwicklungsstand im universitären Klinikbau. Tübingen 1982.

Leonhardt, Martin: Hermann F. Hoffmann (1891–1944). Die Tübinger

Psychiatrie auf dem Weg in den Nationalsozialismus. (Contubernium, Band 45). Sigmaringen 1996.
Lorenz, Sönke: Tübingen im Silberglanz. Der Tübinger Pfennig und der Aufstieg der Stadt, in: Markl/Lorenz, S. 159–191.
Lorenz, Sönke/Schäfer, Volker (Hrsg.): Tubingensia. Impulse zur Stadt- und Universitätsgeschichte. Festschrift für Wilfried Setzler zum 65. Geburtstag. Ostfildern 2008.
Markl, Gregor/Lorenz, Sönke (Hrsg.): Silber. Kupfer. Kobalt. Bergbau im Schwarzwald. Filderstadt 2004.
Marstaller, Tilmann: Ein spätmittelalterliches »Musterhaus«? Zur Geschichte des Tübinger Fruchtkastens, in: Tübinger Blätter 89 (2003), S. 22–26.
Matzerath, Josef: Albert Schwegler (1819–1857). (Contubernium, Band 37). Tübingen 1993.
Morrissey, Christoph: Die frühmittelalterlichen Grabfunde Tübingens. Ein Baustein zur Frühgeschichte der Stadt. (Beiträge zur Tübinger Geschichte, Band 12). Stuttgart 2003.
Müth, Reinhard: Studentische Emanzipation und staatliche Repression. (Contubernium, Band 11). Tübingen 1977.
Müth, Reinhard: Tübingen und die französische Julirevolution. Ein Beitrag zur Geschichte des württembergischen Liberalismus in der Metternichzeit, in: Attempto 35/36 (1970), S. 3–21.
Narr, Andreas/Locher, Hubert (Hrsg.): Leidenschaftlich Radio! 50 Jahre SWR-Studio Tübingen. Tübingen 2000.
Oberman, Heiko Augustinus: Via moderna – devotio moderna: Tendenzen im Tübinger Geistesleben 1477–1516, in: Martin Brecht (Hrsg.): Theologen und Theologie an der Universität Tübingen. (Contubernium, Band 15). Tübingen 1977, S. 1–64.
Oesterle, Kurt: Richard Gölz. Ein Wankheimer Licht im deutschen Dunkel. Tübingen 1988.
Pachnicke, Claudine (Hrsg.): Das Tübinger Kornhaus. Geschichte und Architektur eines Baudenkmals. (Tübinger Kataloge, Band 57). Tübingen 2000.
Paletscheck, Sylvia: Die permanente Erfindung einer Tradition. Die Universität Tübingen im Kaiserreich und in der Weimarer Republik. Stuttgart 2001.
Petersmann, Johanna: Wennfeld. Von der alamannischen Siedlung zum städtischen Quartier. (Kleine Tübinger Schriften, Heft 24). Tübingen 1998.
Petersmann, Johanna: Energie für Tübingen. Ein Streifzug durch die Geschichte der Tübinger Energieversorgung. Tübingen 2002.
Petersmann, Johann: Trinkwasser für Tübingen. Tübingen 2004.
Pfrommer, Jochem: »Duwingen obsessa«. Archäologische Aspekte zur Genese der mittelalterlichen Stadt Tübingen, in: Festschrift für Barbara Scholkmann. Tübingen 2001, S. 51ff.
Rapp, Adolf: Briefwechsel zwischen Strauß und Vischer. Band 1. (Veröffentlichungen der deutschen Schillergesellschaft, Band 18). Stuttgart 1952.
Rau, Reinhold: Die Münzgasse im 16. Jahrhundert, in: Tübinger Blätter 44 (1957), S. 34–39.
Rau, Reinhold: Die ältesten Tübinger Steuerlisten. Tübingen 1970.

Rauch, Udo: Sieben Jahre Landeshauptstadt 1945–1952, Tübingen und Württemberg-Hohenzollern. (Tübinger Kataloge, Band 61). Tübingen 2002.
Reformation in Württemberg. Ausstellung zur 450-Jahr-Feier der Evangelischen Landeskirche. Katalog, Teil 1: Reformation in Württemberg. Stuttgart 1984.
Reichardt, Lutz: Ortsnamenbuch des Kreises Tübingen. (Veröffentlichungen der Kommission für geschichtliche Landeskunde Baden-Württemberg, Reihe B, Band 104). Stuttgart 1984.
Reim, Hartmann: Tübingen. Vor- und Frühgeschichte, in: Tübingen und das Obere Gäu. (Führer archäologische Denkmäler Deutschland, Band 3). Stuttgart 1983, S. 232ff.
Reim, Hartmann: Eine frühbronzezeitliche Stele von Tübingen-Weilheim, in: Archäologische Ausgrabungen in Baden-Württemberg 1985. Stuttgart 1986, S. 81–84.
Reuchlin, Johannes: Sämtliche Werke. Band IV. Schriften zum Bücherstreit, 1. Teil. Stuttgart 1999.
Reyhing, Hans: Johannes Stöffler Justingensis: Der erste schwäbische Kalendermann und berühmte Astronom, in: Schwäbischer Heimatkalender 1957, S. 63–66.
Roos, Hans: Die Tübinger Romantik und die Polen. Ein Beitrag zur Geschichte der europäischen Konspiration von 1819–1821, in: Tübinger Blätter 45 (1958), S 33–54.
Roth, Rudolf: Urkunden zur Geschichte der Universität Tübingen aus den Jahren 1476–1550. Tübingen 1877.
Sannwald, Wolfgang (Hrsg.): Persilschein, Käferkauf und Abschlachtprämie. Tübingen 1998.
Schindler, Hermann: Die Reutlinger Wirtschaft von der Mitte des 19. Jahrhunderts bis zum Beginn des Ersten Weltkrieges. Tübingen 1969.
Schmid, Karl/Schmitt, Herbert: Die astronomische Uhr am Tübinger Rathaus. (Kleine Tübinger Schriften, Heft 21). Tübingen 2. Aufl. 2003.
Schmid, Manfred (Bearb.): Tübingen 1945. Eine Chronik von Hermann Werner. (Beiträge zur Tübinger Geschichte, Band 1). Stuttgart 1986.
Schmidgall, Georg: Die alte Tübinger Burschenschaft 1816–1828. Heidelberg 1940.
Schmidgall, Georg: Der Brotkrawall und das Akademische Sicherheitscorps in Tübingen 1847, in: Tübinger Blätter 37 (1950), S. 47–56.
Schönhagen, Benigna: Zwischen Verweigerung und Agitation: Landtagspolitik der NSDAP in Württemberg 1928/29–1933, in: Schnabel, Thomas (Hrsg.): Die Machtergreifung in Südwestdeutschland. Das Ende der Weimarer Republik in Baden und Württemberg 1928–1933. (Schriften zur politischen Landeskunde Baden-Württembergs, Band 6). Stuttgart 1982.
Schönhagen, Benigna: Gräberfeld X. Eine Dokumentation über NS-Opfer auf dem Tübinger Stadtfriedhof. (Kleine Tübinger Schriften, Heft 11). Tübingen 1987.
Schönhagen, Benigna: »Nichtarische« Theologen in der württembergischen Landeskirche. Die Erfahrungen von cand. theol. Hansrudolf Hauth, in: Ausstellungskatalog Stuttgart im Zweiten Weltkrieg, herausgegeben von Marlene P. Hiller. Gerlingen 1989, S. 159–162.

Schönhagen, Benigna (Hrsg.): Nationalsozialismus in Tübingen vorbei und vergessen. (Tübinger Kataloge, Band 36). Tübingen 1992.
Schönhagen, Benigna/Setzler, Wilfried: Jüdisches Tübingen. Schauplätze und Spuren. (Orte jüdischer Kultur; Heft 11). Haigerloch 1999.
Schreiner, Klaus: »Beutegut aus Rüst- und Waffenkammern des Geistes«. Tübinger Bibliotheksverluste im Dreißigjährigen Krieg, in: Brinkhus, Gerd (u. a.): Eine Stadt des Buches Tübingen 1498–1998. (Tübinger Kataloge, Band 50). Tübingen 1998, S. 77–130.
Schuhladen-Krämer, Jürgen: Exekutoren des Terrors, in: Kißener/ Scholtyseck, S. 405–444.
Seigel, Rudolf: Gericht und Rat in Tübingen. Von den Anfängen bis zur Einführung der Gemeindeverfassung 1818–1822. (Veröffentlichungen der Kommission für geschichtliche Landeskunde in Baden-Württemberg, Reihe B, Band 13). Stuttgart 1960.
Setzler, Wilfried: Das Collegium Illustre, in: Der Landkreis Tübingen. Amtliche Kreisbeschreibung. Band 3. Stuttgart 1974, S. 185–189.
Setzler, Wilfried: Die Grafen von Tübingen als Herren von Lichteneck 1356–1634, in: Decker-Hauff, Hansmartin/Quarthal, Franz/Setzler, Wilfried 1981, S. 78–95.
Setzler, Wilfried: Die Geschichte, in: Der Kreis Tübingen, herausgegeben von Wilhelm Gfrörer. Stuttgart 1988, S. 99–133.
Setzler, Wilfried: Die klösterlichen Pfleghöfe in Tübingen, in: Gabriela Rothmund: Der Bebenhäuser Pfleghof in Tübingen. (Kleine Tübinger Schriften, Heft 15). Tübingen 1992, S. 102–111.
Setzler, Wilfried/Quarthal, Franz: Das Zisterzienserkloster Bebenhausen. Beiträge zur Archäologie, Geschichte und Architektur. (Beiträge zur Tübinger Geschichte, Band 6). Tübingen 1995.
Setzler, Wilfried: Das Tübinger Schloßportal. Ein Meisterwerk der Renaissancezeit, in: Schwäbische Heimat 47 Heft 3 (1996), S. 238–241.
Setzler, Wilfried: Die Tübinger Stadtmauer. Ihre Bedeutung für die Stadt und die Universität. Schutz und Zier, Hemmschuh und Ärgernis, in: Gamer-Wallert, Ingrid/ Steffen, Gabriele: Tübingen. Eine Stadt und eine Universität. Tübingen 1999.
Setzler, Wilfried: Auf alten Wegen Neues entdecken. Ein Stadtführer. Tübingen 2003.
Setzler, Wilfried: Tübingen. Augustiner-Eremiten 1262–1534/47; Franziskaner 1275–1535, in: Württembergisches Klosterbuch. Klöster, Stifte und Ordensgemeinschaften von den Anfängen bis in die Gegenwart. Herausgegeben von Wolfgang Zimmermann und Nicole Priesching. Ostfildern 2003, S. 472–474.
Sieber, Eberhard: Stadt und Universität Tübingen in der Revolution von 1848/49. Tübingen 1975.
Der städtische Haushalt Tübingens vom Jahre 1750 bis auf unsere Zeit. Tübingen 1863.
Stahlecker, Reinhold: Das Tagebuch des Martin Crusius, in: Tübinger Blätter 33 (1942), S. 25–31.
Steur, Claudia: Theodor Dannecker. Ein Funktionär der »Endlösung«. (Bibliothek für Zeitgeschichte, Neue Folge, 6). Essen 1997.

Sydow, Jürgen: Querschnitt durch die Tübinger Geschichte, in: Tübinger Blätter 51 (1964), S. 2–16.
Sydow, Jürgen: Geschichte der Stadt Tübingen. 1. Teil. Von den Anfängen bis zum Übergang an Württemberg 1342. Tübingen 1974.
Sydow, Jürgen: Fetter Stier mit Wappen. Die jahrhundertfeiernde Universität und die Stadt Tübingen, in: Tübinger Blätter 64 (1977), S. 11 bis 16.
Sydow, Jürgen: Die Zisterzienserabtei Bebenhausen. (Germania Sacra, neue Folge 16, Das Bistum Konstanz, Band 2). Berlin 1984.
Sydow, Jürgen/Feldtkeller, Andreas: Das Tübinger Rathaus. (Kleine Tübinger Schriften, Heft 8). Tübingen 1984.
Teufel, Waldemar: Universitas Studii Tuwingensis. Die Tübinger Universitätsverfassung in vorreformatorischer Zeit (1477–1534). (Contubernium, Band 12). Tübingen 1977.
Thümmel, Hans-Wolf: Die Tübinger Universitätsverfassung im Zeitalter des Absolutismus (Contubernium, Band 7). Tübingen 1975.
Varnhagen von Ense, Karl August: Denkwürdigkeiten des eigenen Lebens. Herausgegeben von Konrad Feilchenfeldt. Band 1. Frankfurt 1987.
Volkov, Shulamit: Die Juden in Deutschland 1780–1918. (Enzyklopädie deutscher Geschichte, Band 16). München 1994.
Vorndran, Rolf: Südslawische Reformationsdrucke in der Universitätsbibliothek Tübingen. (Contubernium, Band 24). Tübingen 1977.
Wandel, Uwe Jens (Bearb.): »... helfen zu graben ...« 500 Jahre Eberhard-Karls-Universität Tübingen 1477–1977. (Ausstellungskatalog der Universität Tübingen, Heft 8). Tübingen 1977.
Wandel, Uwe Jens: Verdacht von Democratismus? Studien zur Geschichte von Stadt und Universität Tübingen im Zeitalter der französischen Revolution. (Contubernium, Band 31). Tübingen 1981.
Westermayer, Albert (u. a.): Die Grabdenkmäler der Stiftskirche zu St. Georg in Tübingen. Tübingen 1912.
Wildt, Michael: Generation des Unbedingten. Das Führungskorps des Reichssicherheitshauptamtes. Hamburg 2002.
Wilhelmi, Thomas/Seck, Friedrich: Nikodemus Frischlin (1547–1590). Bibliographie. (Tübinger Bausteine zur Landesgeschichte, Band 4). Leinfelden-Echterdingen 2004.
Willms, Agnes/Wildermuth, Adelheid: Ottilie Wildermuths Leben. Nach ihren eigenen Aufzeichnungen zusammengestellt und ergänzt von ihren Töchtern. Stuttgart 1888.
Zapf, Lilli: Die Tübinger Juden. Eine Dokumentation. Tübingen 1981.

Bildnachweis

Institut für geschichtliche Landeskunde an der Universität Tübingen: Seite 85
Privat: Einband, Vorsatzblatt vorn, Seite 10, 13, 17, 22, 25, 26, 27, 28, 32, 35, 38 (Manfred Grohe), 39, 40 (Grohe), 44, 45 (Peter Neumann), 53 (Neumann), 55, 60, 63 (Neumann), 65, 67, 69, 73 (Neumann), 74, 76, 77, 82 und 83 (Schwäbische Verlagsgesellschaft), 91, 96 (Wolfgang Beutter), 98, 101, 104, 107 (Grohe), 108 (Neumann), 113, 116, 118 (Beutter), 119, 121, 122 (Beutter), 125 (Neumann), 128, 131 (Neumann), 135, 141, 144, 147, 148, 149, 152/153, 158, 165, 167, 169, 174, 180, 181, 183, 191, 197, 201, 203 (beide), 208, 212
Silberburg-Verlag/Manfred Grohe: Seite 217, 226
Silberburg-Verlag/Martin Klaus: Seite 34
Stadt Tübingen: Seite 12, 19 (Neumann), 21, 43, 48, 51, 54, 59, 61 (Neumann), 87 (Kleinfeld), 89 (Neumann), 90, 99, 102 (Neumann), 103, 111, 114, 115, 120 (Beutter), 127 (Postkarte), 129, 133, 136, 138, 142/143, 151 (Neumann), 171, 178, 185, 199 (Grohe), 211, 213, 214, 220, 221
Universitätsarchiv: Seite 39, 58, 167, 175 (Grohe), 222 (Friedhelm Albrecht), 224

Aus:

(siehe Literaturverzeichnis)

Brinkhus, 1998: Seite 157
Decker-Hauff/Setzler, 1977: Seite 205
Geschichtswerkstatt, 1995: Seite 176
Köpf, 2002: Vorsatzblatt hinten
Rauch, 2002: Seite 189, 193, 195,
Reim, 1983: Seite 9
Schönhagen, 1987 (Umschlag): Seite 186
Setzler, 2003: Seite 124
Sydow, 1980: Seite 15, 33, 78
Tübinger Blätter (1901): Seite 157; (1941): Seite 163; (1915/21): Seite 164
Tübinger Gemeindeverwaltung in den letzten 50 Jahren, 1927: Seite 173
Vorndran, 1977: Seite 71

Anmerkungen

Abkürzungen

GRP: Gemeinderatsprotokolle im StA
ST: Schwäbisches Tagblatt
StA: Stadtarchiv Tübingen
StA Sig.: Staatsarchiv Sigmaringen
TC: Tübinger Chronik
UAT: Universitätsarchiv Tübingen

Die ersten menschlichen Spuren: Vor- und Frühgeschichte

1 Reim, 1983, S. 232ff.
2 Reim, 1986, S. 81–84.
3 Sydow, 1974, S. 2f.
4 Bittel, 1981, S. 492–494.
5 Sydow, 1974, S. 4f.

Von der alamannischen Besiedlung bis zum Verkauf an Württemberg

1 Zu den Alamannen siehe den 1997 in Stuttgart erschienenen gleichnamigen vom Archäologischen Landesmuseum Baden-Württemberg herausgegebenen Katalog.
2 Hoeper, 2003, S. 13.
3 Zur Diskussion über den Zeitpunkt, etwa das Jahr 259, siehe: Ebd., FN 2.
4 Reichardt, 1984, S. 11 und 95; vgl. Morrisey, 2003, S. 16.
5 Morrissey, 2003, S. 83.
6 Ebd, S. 82.
7 Barbara Scholkmann, in: Schwäbisches Tagblatt September 2005.
8 Die Nachweise zu diesem, wie zu vielen nun folgenden Daten und Informationen zur Frühgeschichte Tübingens (bis 1342) findet man bei Sydow 1974, wo sie im einzelnen auch über die dortigen Register gut erschlossen werden können.
9 Archäologische Ausgrabungen in Baden-Württemberg 1990, S. 249 bis 252.
10 Zur Lage Tübingens an regionalen und überregionalen Straßen siehe: Lehmann, 1993.
11 Rau, 1957, S. 34f.
12 Sydow, 1974, S. 20f.
13 Zu den Grafen siehe: Sydow, 1974, S. 23ff., Decker-Hauff/Quarthal/Setzler, 1978 und Lorenz, 2004.
14 Sydow, 1974, S. 101–108.
15 Siehe Lorenz, 2004.
16 Markl/Lorenz, 2004, S. 165.
17 Sydow, 1974, S. 72.
18 Ebd., S. 79f. und Schönhagen/Setzler, 1999.
19 Setzler, 1995, S. 26.
20 Ebd., S. 24.
21 Petersmann, 1998.
22 Laufner, 1955, S. 247.
23 Gamer-Wallert, 2000, S. 15.
24 Zum Augustinerkloster siehe: Setzler, 2003, S. 472f.
25 Ebd., S. 473f.
26 Siehe Aderbauer, 1997.
27 Gamer-Wallert, 2000, S. 16–18.
28 Rechtsnachfolger des in der Reformation 1534/35 aufgelösten Klosters wurde über mehrere Stufen das Land Baden-Württemberg, das damit unter anderem auch den großen Pfleghof des Klosters in der Stadt erbte.
29 Zum Übergang der Stadt an Württemberg siehe: Sydow, 1974, S. 152–158.

30 Über die Geschichte der Pfalzgrafen von Tübingen nach dem Verkauf ihrer Stadt siehe: Setzler, 1981.

Die »andere« Stadt, die heimliche Hauptstadt Württembergs

1 Seigel, 1960, S. 11–13.
2 Geppert, 1988, S. 145f. und Setzler, 1988, S. 109–112.
3 Hauer, 2005, S. 10.
4 Zur Gründung der Universität siehe vor allem: Teufel, 1977.
5 Siehe: Setzler, 1999.
6 Eifert, 1849, S. 77.
7 Sterra, 1990, S. 9–15.
8 Marstaller, 2003.
9 Siehe Sydow/Feldtkeller, 1984.
10 Schmid/Schmitt, 1997.
11 Pachnicke, 2000, S. 26–28.
12 Siehe: Jantzen, 1993 und die dort angegebene Literatur.
13 Zitiert nach Beyrer, 1987, S. 106.
14 Am Chor der Jakobuskirche befindet sich außen die zeitgenössische Inschrift: »anno domini 1500 in dem 10. Tag des brachmonetz ist gelegt der erst stain an dissen kor«.
15 Siehe: Aderbauer, 1997.
16 Setzler, 1992, S. 102–111.
17 Zum Gutenzeller Pfleghof siehe: Johner, 1922/24.
18 Zum Kloster Bebenhausen und seinem Pfleghof siehe: Sydow, 1984 sowie Setzler/Quarthal, 1995 und die dort angegebene Literatur.
19 Rau, 1970.
20 Seigel, 1960, S. 45ff.
21 Robert von Mohl: Geschichtliche Nachweisungen über die Sitten und das Betragen der Tübinger Studierenden während des 16ten Jahrhunderts. 2. Auflage Tübingen 1871.
22 Freiheitsbrief vom 9. Oktober 1477, gedruckt in: Rudolf Roth, Urkunden zur Geschichte der Universität Tübingen aus den Jahren 1476–1550. Tübingen 1877, S. 36.
23 Zur Gründung und Verfassung der Universität siehe: Teufel, 1977.
24 Brinkhus, 1998, S. 12f.
25 Eifert, 1849, S. 139.
26 Seigel, 1960, S. 137.
27 Ebd., S. 382. Ein Grabstein der Agnes Stoffel und ein Epitaph für das Ehepaar Stoffel-Kingsattler und ihre Kinder befinden sich in der Tübinger Stiftskirche. Beide sind beschrieben bei: Westermayer, 1912, S. 162–164.
28 Reuchlin, 1999, S. 13–168.
29 Zu den Theologen siehe: Oberman, 1977, S. 1–64; zu den Literaten siehe: Hornbogen, 1989, S. 13 bis 24.
30 Reyhing, 1957.
31 Hornbogen, 1989, S. 20ff.
32 Zu Herzog Ulrich siehe: Frasch, 1991.
33 Zur Vorgeschichte und zum Vertrag siehe: Grube, 1964.
34 Zu diesem und dem Folgenden siehe: Brendle, 1998.
35 Brecht/Ehmer, 1984, S. 195–205.
36 Jantzen, 1993, S. 47.
37 Reformation, 1984, S. 100–120.
38 Ebd.
39 Johner, 1922/24.
40 Der Landkreis, 1974, S. 261.
41 Jantzen, 1993, S. 125.
42 Westermayer, 1912, S. 22–34.
43 Brecht/Ehmer, 1984, S. 255–259.
44 Matrikel der Artistenfakultät, Universitätsarchiv Tübingen 15/11, Blatt 30v–31r.
45 Zum Evangelischen Stift siehe: Hahn/Mayer, 1985 und die dort angegebene Literatur.

46 Eifert, 1849, S. 130, 133–137 und Eimer, 1945, S. 190 und 210.
47 Eifert, 1849, S. 118 und Eimer, 1945, S. 190.
48 Eimer, 1945, S. 205.
49 Ebd., S. 193ff.
50 Vorndran, 1977, S. 1–9.
51 Zu Frischlin siehe: Wilhelmi/Seck, 2004.
52 Zu Crusius siehe: Stahlecker, 1942.
53 Decker-Hauff/Setzler, 1977, S. 80–85.
54 Zum Collegium Illustre siehe: Setzler, 1974.
55 Setzler, 1996.
56 Freytag-Löringhoff, 2002.
57 Schreiner, 1998, S. 87.
58 Ebd., S. 89.
59 Ebd., S. 89f.
60 Eifert, 1849, S. 156.
61 Siehe das Tagebuch des Professors Johann Martin Rauscher, Hauptstaatsarchiv Stuttgart J 7, Nr. 24.
62 Siehe: Schreiner, 1998.
63 Sydow, 1984, S. 69–78.
64 Thümmel, 1975, S. 12f.
65 Der städtische Haushalt, 1863, S. 31.
66 Sydow, 1977, S. 14.
67 Jantzen, 1993, S. 153ff.
68 Nach Beyrer, 1987, S. 101.
69 Seigel, 1960, S. 138.
70 Thümmel, 1975, S. 13–21.
71 Decker-Hauff/Setzler, 1977, S. 164ff.
72 Wandel, 1981, S. 7.
73 Ebd., S. 167.
74 Gedruckt in Tübinger Blätter 17 (1922/24), S. 46–51.
75 Decker-Hauff/Setzler, 1977, S. 148f.
76 Siehe: Eck, 1989.
77 Der Landkreis, 1974, S. 17.
78 Ebd., S. 18.
79 Siehe: Seigel, 1960.
80 Sydow, 1964, S. 10ff.
81 Thümmel, 1975, S. 46–75.
82 Der städtische Haushalt, 1863, S. 146.
83 Thümmel, 1975, S. 41–46.
84 Seigel, 1960, S. 137.
85 Der städtische Haushalt, 1863, S. 138–148.
86 Ebd., S. 148.
87 Eifert, 1849, S. 185.
88 Ebd.
89 Ebd., S. 185f.
90 Tübinger Blätter 1 (1898), S. 9.
91 Tübinger Blätter 3 (1900), S. 53.
92 Eifert, 1849, S. 193.

Im Königreich Württemberg

1 Als Unterlagen dienen die Angaben in der Beschreibung des Oberamts Tübingen, die Zahlen der Zollvereinsstatistik, die Angaben von Große und Raith, die Württembergische Gemeindestatistik und die Berechnung von Friedrich Huttenlocher. Die Zahlen schwanken erheblich, je nachdem, ob die Ortsanwesenden oder Ortszugehörigen mit dem Bürgerrecht gemeint waren.
2 Wandel, 1981, S. 50.
3 Matzerath, 1993, S. 60.
4 Hahn/Mayer, 1985, S. 206.
5 Eifert, 1849, S. 198ff.
6 StA E 10/N 41 Nachlass Erbe; Albert Knapp, Lebensbild, Stuttgart 1867, S. 83–85.
7 Der städtische Haushalt, 1863, S. 216.
8 Geschichtswerkstatt, 1995, S. 32.
9 [Friedrich] Fulda, Über die Gewerbs-Verhältnisse der Stadt Tübingen in den letzten vierzig Jahren, in: Württembergische Jahrbücher für vaterländische Geschichte 1837.

10 Varnhagen von Ense, 1987, S. 571 und 578.
11 Sieber, 1975, S. 14f.
12 Eifert, 1849, S. 208.
13 Gründliche Anleitung zur Brodzubereitung aus Holz, Stuttgart 1817.
14 Rede, bey der feyerlichen Einführung des ersten Erndte-Wagens den 28. Jul. 1817, Tübingen 1827.
15 Eifert, 1849, S. 209.
16 StA A 70/2992/32.
17 Hartmann, 1898; Knaus war auch im Gemeinderat.
18 Bericht des Oberamts zitiert Eifert, 1849, S. 207f.
19 Hartmann, 1898.
20 Schmidgall, 1940, S. 59 und 97.
24 Langewiesche, 2000, S. 105.
22 Begov, 1988, S. 39–50.
23 Klüpfel, 1849, S. 311.
24 Müth, 1977, S. 34–77.
25 Vgl. Roos, 1958.
26 Alf-Rüdiger Schmuker und Sebastian Kolb, Die Museumsgesellschaft Tübingen – ein Mittelpunkt kultureller Geselligkeit, Tübingen 1992.
27 S. 15.
28 GRP Sondersitzung 4.12.1826 § 1146.
29 UAT 117/2a Akten betr. die Frage der Verlegung der Universität nach Stuttgart 1826. Reinkonzept.
30 Müth, 1977, S. 94. Zum Ereignis vgl. Müth, 1977, S. 94–99.
31 Eifert, S. 222; Klüpfel, S. 341.
32 Müth, 1970, S. 3–21.
33 Müth, 1977, S. 96.
34 Der Hochwächter ohne Censur 1832, S. 9f.
35 Nachruf Notters in: Paul Pfizer, Politische Aufsätze und Briefe, hrsg. von Georg Küntzel, Frankfurt/M. 1924.
36 Eifert, 1849, S. 225–227.
37 Intelligenzblatt 6.5.1833, S. 193.
38 Es gab Zeitungsberichte im Beobachter, Schwäbischen Merkur, der Württembergischen Zeitung und der Allgemeinen Zeitung.
39 Intelligenzblatt 5.7.1831, S. 272; GRP 22.6.1831, S. 246 b.
40 Historisch-kritische Geschichtsbetrachtung: Ferdinand Christian Baur und seine Schüler/8. Blaubeurer Symposion. Hrsg. von Ulrich Köpf, Sigmaringen 1994.
41 Rapp, 1952, S. 37.
42 Dazu und zu den im Folgenden genannten Dichtern siehe: Hornbogen, 1989.
43 Siehe Marbacher Magazin 11/1978.
44 Hornbogen, 1989, S. 53.
45 Siehe Marbacher Magazin 42/1987.
46 Hornbogen, 1989, Seite 75.
47 Siehe Marbacher Magazin 18/1981.
48 Siehe Ferchl/Setzler, 2004.
49 Zu Kerner siehe Marbacher Magazin 59/1986.
50 Siehe Marbacher Magazin 61/1992.
51 Siehe Marbacher Magazin 37/1986.
52 Siehe Marbacher Magazin 36/1985.
53 Setzler, 2002.
54 Albert Knapp, Lebensbild. Eigene Aufzeichnungen. Stuttgart 1867, S. 81.
55 Aus meinem Jugendland, Stuttgart 1918, S. 67.
56 Poems, Dresden 1853.
57 Bekanntmachung der Anordnungen in Beziehung auf die Straßen-Polizei, Tübingen 1859.
58 StA A 70/3734/14.

59 StA A70/3330 und GRP 1841, 1842; UAT 117/370 1841–1854.
60 TC Extra-Beilage vom 28.2.1842.
61 Der Beobachter druckte nur die zahmeren Briefe von Fallati am 15.3., 16.3. und 18.3.1842. Vgl. dazu Vischer an Strauß am 28.2. und 20.3.1842 in: Rapp, 1952.
62 GRP 1841: § 1553.
63 Innenministerium 3.6.1843. Kopie in UAT 117/370.
64 Vgl. Keller, 1969.
65 Robert Mohl, Lebenserinnerungen S.162–165; Ders., Beschreibung der feierlichen Legung des Grundsteins zum Universitäts-Gebäude in Tübingen, 1841 mit Vorgeschichte.
66 UAT 47/24 Protokolle des Senats 16.11.1837 und 13.9.1838.
67 StA A 500/StVA 15/13 Situationsplan 1881 mit korrigierter Ammer und Käsenbach.
68 Schmidgall, 1950.
69 Sieber, 1975, S. 37.
70 Einen vorzüglichen Einblick in den Gang der Ereignisse bietet das Tagebuch des Statistikers Fallati. Siehe: Klüpfel, K.: Aus Johannes Fallati's Tagebüchern und Briefen. Ein Beitrag zur Geschichte des Jahres 1848, in Württembergische Vierteljahreshefte für Landesgeschichte 8 (1885) S. 1–36.
71 Ebd., S. 6.
72 Sieber, 1975, S. 52.
73 Dazu Hippel, Wolfgang von: Revolution im deutschen Südwesten. Das Großherzogtum Baden 1848/49. Stuttgart 1998, S. 135 bis 138.
74 Aus dem Jahr 1848, in: Tübinger Blätter 1 (1898).
75 Reyscher, August Ludwig: Erinnerungen aus alter und neuer Zeit, 1885, S. 123.
76 GRP 1848: § 900.
77 Vgl. »Proletarier und Akademiker«. 130 Jahre Ortsverein Tübingen, 2005, S. 13.
78 Sieber, 1975, S. 67.
79 Staatsanzeiger 20.3.1851, S. 530.
80 StA A 70/2659.
81 Intelligenzblatt 10.5.1851, S. 293.
82 GRP 1851: § 889; Intelligenzblatt 10.5.1851, 16.5.1851, 28.5.1851.
83 Schindler, 1969, S. 56.
84 StA Sig. Wü 65/36 T1 Bü 322.
85 Sieber, 1975, S. 397 und TC 16. 1. 1849.
86 Sieber, 1975, S. 179f.
87 Ebd., S. 270.
88 StA A 70/3299 und UAT 47/ 20.8.1863 § 3; StA Sig. Wü 65/36 T1 Bü 322 Stadtpolizeiamt an Oberamt 16.10.1863.
89 Intelligenzblatt 10.5.1851.
90 StA Sig. Wü 65/36 T1 Bü 332.
91 UAT 47/8.10.1864.
92 Kurz, 1919, S. 304f.
93 GRP 1866: §§ 268, 372, 376.
94 Petersmann, 2002, S. 10–18.
95 Siehe den Bericht des Stadtbaumeisters Landenberger über die Neckarkorrektionsarbeiten, in: Tübinger Blätter 13 (1911), S. 36 bis 44.
96 GRP 1854: §§ 348, 306.
97 GRP 1855: §§ 1347, 1480, 1561.
98 [W. F. Reichmann] Der Neccarcanal in Tübingen. Tübingen, 8.4.1870.
99 GRP 1872: § 482.
100 Friedrich Payer, Autobiographische Zeugnisse, 1974, S. 124. Zu Sinner vgl. Hesse, 1986.
101 Willms/Wildermuth, 1888, S. 293.
102 Tübinger Chronik vom 8.5. bis 6.11.1870.
103 Der Volksstaat 15.3.1871.
104 Binder, 2005, S. 19.

105 TC 1871, S. 742.
106 UAT 47/34 12.1.1871 § 4.
107 GRP 1868: § 119.
109 UAT 117/387 Akten betr. die Garnison in Tübingen.
110 StA N 18/3.
111 StA Sig. Wü 65/36 T1 Bü 45; GRP 1874: S. 208.
112 GRP 1853: §§ 1535, 1573, 1680.
113 Wilhelm Armbruster in: Tübinger Blätter 10 (1907), S. 45.
114 StA A 500 StVA 15 und Stadtgeometer Eberhardt über die Stadterweiterungspläne für die Wilhelmsvorstadt, in: Tübinger Blätter 1 (1898), S. 23–28.
115 Petersmann, 2004, S. 41.
116 Vgl. Tübinger Stadtverwaltung in den letzten 50 Jahren. Tübingen 1927, S. 44f.
117 StA A 500 StVA 9.
118 Paletschek, 2001, S. 165.
119 TC 26.11.1897;
120 Dazu Hans-Joachim Lang, ST 28.7.2001.
121 Tübinger Blätter 4 (1901), S. 12–15 und TC 15.1.1909.
122 Sydow, 1964.
123 TC 30.12.1888 (Scheurlen) und Tübinger Blätter 1 (1898).
124 TC 15.1.1909.
125 Die Qualität der restlichen 34 Unterschriften blieb ungeprüft.
126 TC 25.1.1909.
127 UAT 117/381/12. Das Zitat Haußers stammt aus einem Gespräch mit Professor Koken.
128 15.3.1909 an Kultusministerium UAT 117/381.
129 Mitteilungen des Württembergischen Bundes für Heimatschutz 1. Jg. Nr. 1, Juni 1909.
130 Biastoch, 1996.
131 F. X. Frey, Das Rhenanenhaus in Tübingen, in: Academische Monatshefte 29 (1913), S. 202–206.
132 Tübinger Blätter 17 (1922/24), S. 44. Die Stadt hatte 747 Tote zu beklagen ohne Derendingen und Lustnau nach: Der Landkreis, 1974, S. 19.
133 Spitta, Heinrich: Heldentod. (Durch Kampf zum Frieden. Tübinger Kriegsschriften X). 1915, S. 19.
134 Tübinger Gogenwitze. Urausgabe. Mit einem Vorwort von Bernd Jürgen Warneken, Wurmlingen [1983].
135 Zu den Tübinger Verbindungen siehe: Gerhard Hirschfeld, Gerd Krumeich, Dieter Langewiesche, Hans-Peter Ullmann (Hg.): Kriegserfahrungen. Studien zur Sozial- und Mentalitätsgeschichte des Ersten Weltkrieges, (Schriften der Bibliothek für Zeitgeschichte; N.F. 5), Essen 1997 und dort vor allem den Aufsatz von Ute Wiedenhoff, »... daß wir auch diese größte Mensur unseres Lebens in Ehren bestehen werden«. Kontinuitäten korporierter Mentalität im Ersten Weltkrieg.
136 Löschner, 1977.
137 Archiv der Grundschule Innenstadt. Vor allem die Protokolle der Lehrerkonvente.
138 Der Landkreis, 1974, S. 19.
139 Begrüßung der aus dem Kriege heimgekehrten Studierenden am 16. Februar 1919 in der Stiftskirche zu Tübingen, 1919.

In der Weimarer Republik

1 Tübinger Blätter 5 (1927/28), S. 1.
2 Arbeitertübingen, 1980, S. 119–123.
3 Ebd.

4 Wandel, 1977, S. 229-329; Langewiesche, 1992, S. 345-381.
5 Ebd., S. 295.
6 Schönhagen, 1991, S. 35–37; Schönhagen, 1992, S. 179–188.
7 Ebd.
8 Schönhagen, 1992, S. 23–33.
9 Schönhagen, 1991, S. 40f.
10 Hornbogen, 1999, S. 383.
11 Volkov, 1994.
12 Klein, 1995, S. 25–38.
13 Lange, 1999, S. 29–54.
14 Schönhagen, 1991, S. 37.
15 Tübinger Blätter 19 (1927/28), S. 43.
16 Ebd., S. 2.
17 Schönhagen, 1991, S. 44ff.
18 Tübinger Blätter 21 (1930), S. 46–51.
19 Schönhagen, 1991, S. 85–92.
20 Ebd., S. 44–100.

Die Stadt in der NS-Zeit

1 Kamke wurde im November 1937 auf Grund des § 6 des Gesetzes zur Wiederherstellung des Berufsbeamtentums entlassen, also angeblich »zur Vereinfachung der Verwaltung«, siehe Adam, 1977, S. 36ff.; Junginger, 1995, S. 83–110.
2 Adam, 1977, S. 36f.
3 Ebd., S. 30.
4 Schönhagen, 1989, S. 159–162.
5 Da ist nirgends nichts gewesen außer hier. Das »rote Mössingen« im Generalstreik gegen Hitler. Geschichte eines schwäbischen Arbeiterdorfes, Berlin 1982.
6 Hugo Benzinger, KPD.
7 SPD 11,4 %, Zentrum 10 %, DDP 3,7 %, CSVD 4,9 %, siehe Schönhagen, 1991, S. 107.
8 Zu von Jagow siehe Hachmann, 1997, S. 267–288; zu Gottlob Berger, der als eigentlicher Begründer der Waffen-SS gilt und ab 1940 als Chef des SS-Hauptamtes in Berlin unmittelbar am NS-Terrorapparat beteiligt war, siehe Scholtyseck, 1979, S. 77–110.
9 Schönhagen, 1982, S. 113–149.
10 Schönhagen, 1991, S. 193f.
11 Ebd., S. 195.
12 Schönhagen, 1992, S. 67–78.
13 Ebd., 1992, S. 346.
14 Leonhardt, 1996. Zum Konterfei in SA-Uniform siehe in diesem Buch S. 205.
15 Schönhagen, 1992, S. 103–111.
16 Akten des Kulturamts der Stadt Tübingen.
17 Zapf, 1981; Schönhagen, 1991, S. 293–301, 335–353; Geschichtswerkstatt 1995; Schönhagen/Setzler, 1999.
18 Krausnick, 1985, S. 179, 360–364; Schönhagen, 1992, S. 208–234; Steur, 1997; Tübinger Exekutoren der Endlösung. Effiziente Massenmörder an vorderster Front der SS-Einsatzgruppen und des Sicherheitsdienstes, in: ST 18.6.2003; Schuhladen-Krämer, 1979, S. 405 bis 444; Wildt, 2002; Lächele, 1995, S. 260–288.
19 Friedländer, 2000.
20 Schönhagen, 1987.
21 Krakauer, 1947; Oesterle, 1988.
22 Schmid, 1986, S. 61.
23 Ebd., S. 31.

Nach dem Zweiten Weltkrieg bis zum Ende der Achtzigerjahre

1 Widmer an Gebhard Müller 9.7.1962 zitiert nach: Die Protokolle der Regierung von Württemberg-Hohenzollern 1. Band.

Bearbeitet von Frank Raberg, S. XXXIII. Zu Carlo Schmid und Tübingen: Binder, 1997.

2 StA E 10 N 11/2 Protokollbuch der Demokratischen Vereinigung; Häffner, 1997.

3 Sannwald, 1998, S. 64.

4 ST 17.9.1946.

5 Ebd., 15. und 17.11.1948.

6 Rauch, 2002, S. 79–82.

7 Ebd., S. 151.

8 Ebd., S. 171–173.

9 Gögler/Richter, 1982, S. 339.

10 Universitätsstadt Tübingen Verwaltungsbericht 1953, S. 10.

11 ST 23.6.1950.

12 Rauch, 2002, S. 80.

13 Ebd., S. 184.

14 Tübinger Blätter 52 (1965), S. 72–75.

15 Siehe: Tübinger Blätter 65 (1978), S. 65–71.

16 Narr/Locher 2000.

17 Siehe: Die Universität in der Besatzungsära, in: Tübinger Blätter 65 (1978), S. 16–19.

18 Ebd., S. 19.

19 Zur baulichen Entwicklung der Universität siehe: Lembke, 1977 (dort auch den Generalentwicklungsplan von 1958 auf S. 112–119) und Lembke 1982, Setzler 2002 sowie Köpf (u. a.), 2002, S. 143–208.

20 Siehe: Das neue Universitätsviertel auf dem Schnarrenberg, in: Tübinger Blätter 75 (1988), S. 71–76.

21 Vgl. dazu und zu der weiteren baulichen Entwicklung die in unregelmäßigen Abständen erschienenen Verwaltungsberichte der Universitätsstadt Tübingen.

22 Siehe: Tübinger Blätter 60 (1973), S. 60–70.

23 Der Landkreis, 1974, S. 244.

24 Bürgerinitiative Schimpf-Nordtangente. Der Tübinger Bürgerentscheid gegen die Nordtangente, eine Dokumentation. Tübingen 1979.

25 Zur Verwaltungsreform und zu den Eingemeindungen siehe die Artikel von Manfred Bitzer und Paul Sting, in: Tübinger Blätter 58 (1971), S. 51–62.

26 Siehe dazu grundsätzlich: Andreas Feldtkeller: Noch ist die Altstadt nicht verloren. Sechs Thesen zur Erneuerung des Tübinger Stadtzentrums, in: Tübinger Blätter 58 (1971), S. 63–65.

27 Verwaltungsbericht 1961–1965, S. 112.

28 Verwaltungsbericht 1982–1990, S. 95.

29 Ebd.

30 Siehe dazu die entsprechenden Verwaltungsberichte und die zahlreichen Aufsätze oder Berichte in den Tübinger Blättern.

31 Dazu siehe: http://www.geschichtswerkstatt-tuebingen.de/index.php?article_id=7.

Im vereinigten Deutschland

1 Siehe die Beiträge von Eugen Schmid und Jean-Claude Ancel in: Tübinger Blätter 78 (1991/92), S. 71–76.

2 Zu dem neuen Viertel siehe: Verwaltungsbericht der Stadt Tübingen 1991–1998, S. 105–110 sowie: http://www.tuebingen.de/1544.html#1608

3 Zur Diskussion: Frieder Miller: Grabmale, Denkmale, Denkanstöße. Der historische Tübinger Stadtfriedhof soll seinen besonderen Charakter behalten, in: Tübinger Blätter 88 (2002), S. 36–40.